Die Vitalpunktmethoden der alten Meister

Fritz Oblinger

Die Vitalpunktmethoden der alten Meister

Kyusho-Jitsu im Karate

Illustrationen
von Dr. Doreen Wachner

Palisander

Autor und Verlag danken Dr. Sven Hensel, Dr. Janett Kühnert, Dr. Doreen Wachner und Norbert Wölfel vom Chemnitzer Karateverein, Ines, Tanja und Fabian Stingelwagner sowie den Söhnen des Autors Stefan und Andreas Oblinger vom TSV Ober- und Unterhaunstadt, Rainer Edelberg und Dominik Breiter vom TSV Oberhaunstadt, Dr. Alexander Steinmann vom Hisatake Dojo Höhenkirchen sowie Dr. Gerhard Kerscher vom SKD Neukirchen für die fachliche Unterstützung bei der Redaktion.

3. Auflage 2024

Umschlaggestaltung: Anja Elstner unter Verwendung einer Zeichnung aus der Zeit der chinesischen Ming-Dynastie und eines Fotos des Autors
Redaktion & Layout: Palisander Verlag
Illustrationen: Dr. Doreen Wachner (www.dw-kunstatelier.de)
Fotos: Dominik Breiter und Fritz Oblinger
Druck- und Bindearbeiten: Jelgavas tipogrāfija SIA
Printed in Latvia
ISBN 978-3-938305-96-6

www.palisander-verlag.de

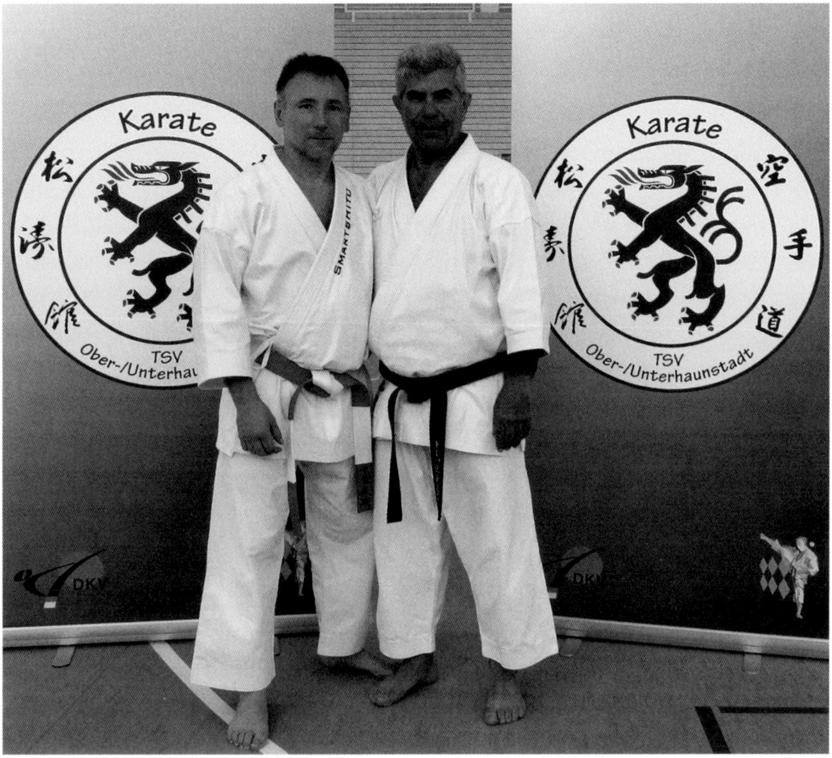

Der Autor (rechts) mit Zsolt Szenasi, dem Chief Instructor der European Kyusho Academy.

Über den Autor

Fritz Oblinger betreibt seit 1968 Karate. Er ist Träger des 7. Dan im Shotokan Karate, des 8. Dan im Stiloffenen Karate und des 5. Dan im Kyusho-Jitsu. Des Weiteren verfügt er über profunde Kenntnisse im Qi Gong, im Capoeira und in der Meditation. Er hat bei vielen namhaften Karatemeistern aus Japan, Deutschland und anderen Ländern trainiert und sich ein umfassendes Wissen und Können auf dem Gebiet der Kampfkünste erarbeitet.

Mit Kyusho-Jitsu und der Vitalpunktlehre setzt sich Fritz Oblinger seit Anfang der 1990er Jahre auseinander. In diesem Zusammenhang besuchte er viele Seminare bei bekannten Spezialisten dieser Künste.

Er ist Initiator und Stilrichtungsreferent für Kyusho-Jitsu im Deutschen Karate Verband, Referent für den Breitensport und für traditionelles Karate-Do sowie Stilrichtungsreferent für Shotokan im Bayerischen Karate Bund. Des Weiteren ist er Mitglied in der Europäischen Kyusho Akademie, wo er ebenfalls Stilrichtungsrepräsentant für Shotokan Karate ist.

Dieses Buch wurde als Nachschlagewerk und Lehrbuch für das Kyusho-Jitsu konzipiert, es soll den Übenden helfen, auch außerhalb des Dojos ihr theoretisches Wissen über diese Kampfkunst zu vertiefen.

Achtung!

Die in diesem Buch gezeigten Techniken und Anwendungen sind potentiell gefährlich und können bei falscher Anwendung zu Verletzungen, Bewusstlosigkeit und zum Tod führen. Deshalb dürfen sie nur unter Anleitung und Aufsicht eines erfahrenen Lehrers geübt werden. Ausführung, Anwendung und Übung der in diesem Buch gezeigten Techniken geschieht auf eigene Gefahr. Für Verletzungen, gesundheitliche Schäden und alle daraus entstehenden Folgen können weder der Verlag noch der Autor haftbar gemacht werden.

Darüber hinaus weisen Verlag und Autor darauf hin, dass der Leser dieses Buches selbst für die Einhaltung der in seinem Land geltenden gesetzlichen Bestimmungen verantwortlich ist.

Inhaltsverzeichnis

Vorwort

Kyusho bezeichnet das Wissen um die vitalen Punkte des menschlichen Körpers. Kyusho-Jitsu ist die Kunst, Angriffe auf diese speziellen Punkte zu richten. Durch die Manipulation dieser Punkte werden energetische bzw. neurologische Vorgänge im menschlichen Körper so beeinflusst, dass dies zu Gleichgewichtsstörungen, Kraftverlust, Schmerz, bis hin zur Ohnmacht oder zum Tod führen kann.

Die ursprüngliche Übersetzung von Kyusho bedeutet so viel wie »Vitalpunkte«. Heute wird unter Kyusho auch »die erste Sekunde« oder »Ein-Sekunden-Kampf« verstanden. Das bedeutet, dass der Anwender mit Taktik und Technik ab der ersten Sekunde die Kontrolle über den Gegner besitzt und die Konfrontation schnellstens beendet. Um dies zu erreichen, werden Vitalpunkte, die sich auf den Meridianen befinden, geschlagen, gerieben oder gedrückt.

Jahrhundertelang wurde Kyusho-Jitsu in vielen asiatischen Ländern, vor allem aber in Indien, in China und auf Okinawa, im Geheimen gelehrt und weitergegeben. Es handelt sich dabei also nicht etwa um eine neue oder eigenständige Kampfkunst oder gar Sportart, sondern es war schon seit jeher ein fester Bestandteil in allen ostasiatischen Kampfkünsten. Die negative Vitalpunktstimulation ist ein Nebenprodukt der Akupunktur. Bei ihren umfassenden Versuchen am Menschen wurden von chinesischen Ärzten nicht nur die positiven, sondern auch die negativen Auswirkungen der Nadelung festgehalten. Die damaligen Ärzte waren fast alle auch Kampfkunstexperten und konnten so ihre Erfahrungen der negativen Vitalpunktstimulation in ihren Kampfkünsten anwenden. Es heißt, dass es bei der Erforschung der Meridiane und Akupunkturpunkte über fünfhundert Tote gegeben haben soll. Die Versuche sollen an Menschen aus den niederen Kasten oder an Strafgefangenen durchgeführt worden sein.

Kyusho-Jitsu ist eine reine Kampfkunst und kann wegen seiner Wirkungen nicht als Kampfsport verwendet werden. Allerdings kann es mit dem richtigen Wissen ohne Probleme ergänzend in jedes Kampfkunstsystem integriert werden.

Die wichtigste Grundvoraussetzung für das Kyusho-Jitsu ist das Studium der traditionellen chinesischen Medizin. Hierzu gehört das Wissen über Yin und Yang, die fünf Elemente und ihr Entstehungs- und Zerstörungszyklus, der Verlauf der Meridiane und ihre Zuordnung zu den Organen sowie deren Polarität. Ebenso wichtig ist die Kenntnis über die Anatomie des menschlichen Körpers und die Reaktion des Körpers auf die Stimulation von Punkten, um einen Angreifer mit minimalem Energieaufwand unter Kontrolle bringen zu können. Das Ziel besteht darin, Vitalpunkte zu manipulieren, um so den Körper des Gegners zu schwächen und ihn zu besiegen. Es ist dabei nicht nötig, mit großer Kraft zu arbeiten. Erforderlich sind hingegen tiefgründige Kenntnisse über den menschlichen Körper.

Auf den 14 Meridianbahnen befinden sich insgesamt 361 Punkte, die in den Kampfkünsten jedoch nicht alle zur Anwendung kommen. Je nach Kampfkunstsystem werden meist zwischen 80 und 120 Punkte verwendet, es gibt aber auch Systeme, die mit mehr oder weniger Punkten arbeiten. Um in einem Kampf wirkungsvolle Angriffe auf Vitalpunkte durchführen zu können, muss jeweils das passende »Werkzeug«, das heißt die für die entsprechenden Schlag-, Druck- oder Reibepunkte geeignete Hand- oder Fußtechnik im richtigen Einwirkungswinkel eingesetzt werden.

Auch Kuatsu – hierunter werden Reanimationstechniken und Techniken der energetischen Wiederherstellung verstanden – ist ein unerlässlicher und außerordentlich bedeutsamer Bestandteil des Kyusho-Jitsu. Denn es ist nicht nur wichtig, einen Angreifer durch Vitalpunkttechniken unter Kontrolle zu bringen, sondern ebenso ist es von Bedeutung, einen derart Getroffenen nach dem Kampf wiederherstellen zu können, um schwerwiegende Folgen für Gesundheit und Leben zu verhindern oder zu beseitigen. Das gleiche gilt natürlich auch für eventuelle Trainingsunfälle.

Im vorliegenden Buch werden beide Aspekte des Kyusho-Jitsu ausführlich und auf nachvollziehbare Weise behandelt. Es versteht sich von selbst, dass die potentiell gesundheits- oder gar lebensgefährdenden Techniken des Kyusho-Jitsu und des Kuatsu nur unter Leitung eines erfahrenen Lehrers praktisch studiert werden dürfen.

Teil I

Die Grundlagen des Kyusho-Jitsu

Der Weg des Kyusho-Jitsu

Dian-Xue, Dim-Mak, Dim-Muk, Dim-Hsueh, Dim-Shao und noch einige Bezeichnungen mehr gab und gibt es für eine sehr alte Kriegskunst, die in Indien und China ihre Ursprünge hat. Die Silben Dian und Xue bedeuten soviel wie »Berühren« und »Punkt«. Der Weg der negativen Vitalpunktstimulation führte über China (Dian-Xue-Dao), Okinawa (Te, To-De) und Japan (Kyusho-Jitsu) nach Amerika und von dort nach Europa. Kyusho wurde in fast allen ostasiatischen Kampfkunstsystemen angewandt.

Der weitverbreitete Glaube, Dian-Xue sei entwickelt worden, um zu töten, ist falsch. Tatsächlich ist es ein Nebenresultat der Erforschung der positiven Eigenschaften der Vitalpunkte. In vielfältigen Experimenten, bei denen der Energieverlauf im menschlichen Körper erforscht wurde, stellte man fest, dass es neben den positiven Eigenschaften von Akupunktur, Moxibustion oder Shiatsu auch zu negativen Reaktionen im menschlichen Körper kam. Lähmung, Atemstillstand und sogar der Tod konnten durch bestimmte Druck-, Schlag- oder Reibetechniken herbeigeführt werden. Auf diese Weise entwickelte sich ein Wissen um die Vitalpunkte, das in den Händen von Kampfkunstexperten zu einer tödlichen Waffe wurde. Die Erfahrungen aus der chinesischen Heilkunde führten so zur Wissenschaft der Vitalpunktmanipulation in den chinesischen Kampfkünsten. Auf dem Weg zu einem guten Kämpfer bzw. Kampfkunstexperten musste man sich daher ein umfangreiches Wissen über die traditionelle chinesische Medizin aneignen.

Die erste schriftliche Erwähnung der Akupunktur und von Steinnadeln in diesem Zusammenhang stammt aus dem 2. Jahrhundert v. Chr. und ist in den sogenannten »Aufzeichnungen des Historikers« zu finden. Das älteste medizinische Werk, der »Innere Klassiker des Gelben Kaisers«, das zwischen dem 2. Jahrhundert v. Chr. und dem 2. Jahrhundert n. Chr. zusammengestellt wurde, bettet dieses Therapieverfahren erstmals in die gesamte chinesische Medizin ein. Es berichtet über die wichtigen Leitbahnen (Meridiane) und über verschiedene Nadel- und Stichtechniken. In der Folgezeit wurden immer wieder neue Lehrbücher oder andere Lehrmaterialien entwickelt und verbreitet, so zum Beispiel im Jahr 1027 zwei lebensgroße Bronzefiguren. Darauf waren alle Leitbahnen markiert, und die darauf liegenden Akupunkturpunkte wurden mit Wachs versiegelt. Dann wurden die Bronzefiguren von außen mit Wachs beschichtet und mit Wasser gefüllt. Wenn ein Medizinstudent einen Akupunkturpunkt korrekt gestochen hatte, trat Wasser aus der durchstochenen Öffnung.

Die Entwicklung der negativen Vitalpunktstimulation in den Kampfkünsten zeitlich zurückzuverfolgen, ist dagegen sehr schwer. Der Grund dafür ist darin zu suchen, dass die damaligen Experten keine Aufzeichnungen über ihre Entdeckungen und Methoden angefertigt haben. Die geheimen Techniken wurden nur an Familienmitglieder oder an einige vertrauenswürdige Meisterschüler bzw. sogenannte innere Schüler weitergegeben. Vermutlich wurde die negative Vitalpunktstimulation in China um 1300 bekannt. Dieses Wissen gelangte auch in die Shaolinklöster, in denen man sich intensiv mit Kampfkunsttechniken, aber auch mit Heilkunst beschäftigte. Hier soll die negative Vitalpunktstimulation nochmals verfeinert worden sein. Aufgrund der Möglichkeit eines verzögerten Auftretens der Wirkung einer Vitalpunkttechnik um Stunden oder gar Tage wurde hier auch von der »vergifteten Hand« analog zu einem Schlangenbiss gesprochen.

In China und später auch auf Okinawa gehörte die negative, aber auch die positive Beeinflussung von Vitalpunkten zu fast jeder dort geübten Kampfkunst.

Von Quanfa und Tode zum Okinawa-Te

Die Ryukyu-Inseln waren von jeher ein Schmelztiegel der Kampfkünste; als kleine Inselkette zwischen den großen asiatischen Nationen China und Japan gelegen, kam hier vieles zusammen – Gutes wie Schlechtes. Okinawa, die Hauptinsel, wurde immer wieder von Piraten heimgesucht oder von seinen japanischen Nachbarn besetzt. Um sich gegen die Besatzer, die mehrfach Waffenverbote verhängten, zu wehren, wurden im Geheimen waffenlose Kampfkünste ausgeübt. Ab 1609 gewann die negative Vitalpunktstimulation in den Kampfkünsten erneut große Bedeutung. Zu dieser Zeit wurde der im japanischen Bürgerkrieg (Schlacht von Sekigahara) unterlegene Satsuma-Klan mit dem Auftrag, Okinawa für Japan zu erobern, nach Okinawa verbannt.

Nachdem Okinawa besetzt und unterworfen war, wurde für das heimische Volk ein rigoroses Waffenverbot ausgesprochen, so dass nur noch die japanischen Samurai bewaffnet waren. Um sich bei den vielen Zusammenstößen gegen die japanischen Samurai wehren zu können, übten die Inselbewohner die auf der Insel bekannten waffenlosen Kampfkünste, die sie bereits in den vergangenen Jahrhunderten durch regen Austausch mit China und durch eigene Praxis erworben hatten, nur umso intensiver. Aus den verschiedenen Kampfkunstschulen wurde in einer Kombination aus dem chinesischen Quanfa und dem okinawanischen To-De ein neuer Kampfstil geboren, das Okinawa-Te. Okinawa-Te hatte einen starken chinesischen Einfluss und war auf effektive und tödliche Anwendung ausgerichtet. Auch das untrennbar damit verbundene Kobudo hatte dabei seine Blütezeit; hier wurden verschiedene landwirtschaftliche Werkzeuge in gefährliche Waffen verwandelt, mit denen man ebenfalls Vitalpunkte angreifen konnte.

Die Herrschaft der Satsuma dauerte 259 Jahre. 1871 wurde Okinawa ein Teil Japans und unterhielt als solcher Unterstützung durch die japanische Regierung, so dass sich die Lebensbedingungen der Insulaner verbesserten. In der langen Zeit der Fremdherrschaft wurden die Kampfkünste immer im Verborgenen gelehrt, und aus Tode wurde Okinawa-Te, aus dem sich später das Karate entwickelte. In der gesamten Besatzungszeit wurde nie aufgehört, die negative Stimulation der Vitalpunkte in den Kampfkünsten zu lehren und zu üben. In den Dao oder später in den Kata wurden die gefährlichen Techniken verschlüsselt, um sie wenigen Auserwählten, das heißt den inneren Schülern, zugänglich zu machen.

Der Wandel in der Kampfkunst Karate

1905 begann Itosu Yasutsune, einer der größten Meister des Okinawa-Te, welches in jenem Jahr auch erstmals als Karate bezeichnet wurde, die Kampfkunst offiziell an Schulen einzuführen und sie auch in der Öffentlichkeit zu unterrichten. Meister Itosu war einer der größten Reformer des Karate; er veränderte viele traditionelle Kata und fügte neue hinzu. Er formte beispielsweise aus der Bassai, Kushanku oder Naihanchi (Tekki) jeweils zwei oder drei Kata und entwickelte die fünf Pinan-Kata (Heian-Kata). Er war aber auch einer der vielen Übermittler, welcher die aus China stammenden Formen weitergab und sie somit für unsere heutige Zeit bewahrte, auch wenn sie seither in den meisten Fällen mehr oder weniger stark abgewandelt wurden.

Kata und ihre Anwendungen waren zu dieser Zeit noch immer der wesentliche Bestandteil des Karate. Um Karate an Schulen lehren zu können, musste Itosu gefährliche Techniken aus dem Lehrprogramm entfernen. Dies führte dazu, dass offene Handtechniken durch Fausttechniken ersetzt wurden, um die Gefährdung von Partnern auszuschließen bzw. zu minimieren. Bis zu diesem Zeitpunkt diente die Kampfkunst in der Anwendung ausschließlich dazu, einen oder mehrere Gegner auszuschalten, d. h. sie kampfunfähig zu machen oder sie zu töten.

Auch die Techniken der negativen Vitalpunktstimulierung wurden wegen ihrer Gefährlichkeit aus dem Schulsport oder dem offenen Training verbannt. Nur wenige Experten übten sie nach wie vor im Geheimen.

Wenn man sich mit alten Kata beschäftigt, wird man feststellen, dass Stellungen wie zum Beispiel Nekoashi Dachi (Katzenfußstellung), Kosa Dachi (Überkreuzstellung), Tsuruashi Dachi (Kranichfußstellung), Sagiashi Dachi (Reiher- oder Kranichstand) oder Kata Hiza Dachi (ein Bein im Kniestand), also Stellungen, bei denen nur ein Fuß ganz am Boden ist und der zweite lediglich mit dem Ballen oder den Zehenspitzen die Erde berührt oder aber gar keine Berührung stattfindet, aus den modernen Kata weitgehend entfernt wurden. Diese Stellungen dienten der negativen Energiesteuerung im Körper des Gegners und hatten sehr großen Einfluss auf die Intensität einer Trefferwirkung. Auch diese Änderung diente dazu, die Kampfkunst Karate zu entschärfen.

Itosu verlagerte den Schwerpunkt des Karate immer mehr auf den gesundheitlichen Aspekt und die körperliche Ertüchtigung. Er wurde, als er Karate der Öffentlichkeit zugänglich machte, von vielen anderen Kampfkunstexperten als Verräter angesehen, da sie mit dem von ihm beschrittenen Weg nicht einverstanden waren. Für sie war Karate auch weiterhin eine kriegerische Kampfkunst für Experten und nicht eine Körperertüchtigung für jedermann.

Heute müssen wir Meister Itosu Yasutsune jedoch danken, diesen Weg beschritten zu haben. Hätte er dies nicht getan, würde Karate vermutlich noch heute im Geheimen gelehrt und trainiert, und wir würden diese Kampfkunst oder Kampfsport, je nach Sichtweise, immer noch nicht kennen.

Auch der Vater des modernen Karate, Funakoshi Gichin, war Schüler von Meister Itosu. Er brachte 1921 als einer der Ersten das Karate von Okinawa nach Japan. Von hier aus erfolgte die Verbreitung über Amerika in die gesamte Welt. In seinem Buch *Karate-Do Kyohan* beschrieb Funakoshi Gichin unter der Überschrift »Vital Points of the Human Body« auch die negative Beeinflussung der Vitalpunkte, was er als Jintai Kyusho bezeichnete. Dies fand jedoch wenig Beachtung und wurde durch den Drang zum sportlichen Karate, nicht zuletzt durch seinen Sohn Funakoshi Yoshitaka, vernachlässigt und rückte gegen den Willen von Funakoshi Gichin immer mehr in den Hintergrund.

Heute besinnen sich jedoch immer mehr Karateka darauf, wieder den Weg der Kampfkunst zu beschreiten und sich mit dem realen Kampf auseinanderzusetzen. Dieser spielt sich in der Regel in der mittleren (nahe an der Reichweite des Gegners) und nahen (innerhalb der Reichweite des Gegners) Distanz ab und endet häufig am Boden. Dahingegen finden Angriffe im Wettkampfsport meist aus weiter Distanz mit langen Techniken statt. Diese schließen dann, bedingt durch den hohen Energieaufwand beim Überwinden der Distanz, fast immer mit einer brachialen Technik ab. Angriffe auf Vitalpunkte finden meist im mittleren oder nahen Bereich mit schnellen aber lockeren Techniken statt, und im Wettkampfsport sind sie verboten. Damit soll jedoch nicht der Eindruck erweckt werden, dass der eine oder andere Weg besser wäre. Eine gesunde Mischung von allem ist der optimale Weg. Ausschlaggebend für die Distanz und die Härte der Technik sind natürlich immer die Situation, das Angriffsverhalten und die Statur des Gegners.

Die Kampfkunst lehrt uns all dies, setzt aber ein bestimmtes Wissen über Meridianbahnen, Vitalpunkte, Energiefluss und einiges mehr aus der traditionellen chinesischen Medizin voraus.

Ohne dieses Grundwissen und einen erfahrenen Lehrer sollte man auf keinem Fall mit Kyusho-Jitsu »spielen«. Mit falschen Techniken erzielt man nicht den beabsichtigten Effekt, sondern zerstört meist nur mit brachialer Gewalt, was nicht das Ziel von Kyusho-Jitsu ist.

Kuatsu, also Reanimationstechniken und Techniken der energetischen Wiederherstellung bzw. Reaktivierung, sind ein absolutes Muss beim Arbeiten mit Kyusho-Jitsu, um entstandene Energieblockaden sofort wieder zu lösen und Spätfolgen zu vermeiden. Im dritten Teil des Buches wird dieses Thema ausführlich behandelt.

Dank George Dillman, der bei den aus Okinawa stammenden Meistern Hohan Soken und Seiyu Oyata lernte, fand die Vitalpunktstimulierung über Amerika den Weg in die breite Kampfkunst und löste eine große Welle aus, die sich momentan rasend schnell auch über Europa und den Rest der Welt verbreitet.

Traditionelle chinesische Medizin

Chinesische Medizin und Kampfkunst

Seit etwa drei Jahrtausenden sind die Theorien der chinesischen Medizin in ihren Grundzügen bekannt und werden in der Praxis erfolgreich angewandt. Der Ursprung liegt in den Naturbeobachtungen chinesischer Denker und weicht somit weit von der westlichen Schulmedizin ab. Doch auch wenn die Begriffe und Erklärungsmodelle stark voneinander abweichen, haben in neuerer Zeit Forschungen erstaunliche Parallelen im Verständnis der beiden Systeme hinsichtlich des physiologischen und pathologischen Geschehens im Körper aufgezeigt.

Das Gleichgewicht zwischen unserem Körper und der Natur sowie das Gleichgewicht zwischen den Energien in unserem Körper ist nach der traditionellen chinesischen Medizin die wichtigste Voraussetzung für unsere Gesundheit. Diese kann durch Naturenergien wie Nässe, Hitze, Trockenheit, Kälte und Wind, die sogenannten äußeren Faktoren, beeinflusst werden. Zusätzlich zu den äußeren Energien gibt es auch innere Faktoren, die unsere Gesundheit ins Ungleichgewicht bringen können. Dazu zählen Gefühle wie Angst, Sorge, Trauer und Zorn.

Ziel des Kyusho-Jitsu ist es nun, dieses Gleichgewicht zu stören, die Energien im menschlichen Körper zu beeinflussen und sie ins Ungleichgewicht zu bringen, um einen Angreifer außer Gefecht zu setzen.

Wesentlicher Bestandteil der traditionellen chinesischen Medizin für die Kampfkunst ist die Arbeit mit dem Qi, mit den Meridianen, den fünf Grundsubstanzen, mit Yin und Yang und den fünf Elementen. All diese Themen werden in den nächsten Kapiteln erläutert.

Die Lebensenergie »Qi«

Im Denken der östlichen Kulturen ist es selbstverständlich, dass in jeder belebten und unbelebten Existenz eine ursprüngliche Kraft am Wirken ist. In China wird diese Kraft »Qi«, in Korea »Gi«, in Indien »Prana« und in Japan »Ki« genannt. Im Westen wird diese Kraft als Lebensenergie bezeichnet. Nach chinesischem Verständnis kann Qi jede Erscheinungsform in der belebten und der unbelebten Natur annehmen. Es kann Licht sein, stoffliche Substanz – dies ist dann Qi in seiner dichtesten Form – oder aber es tritt als die Kraft, die Materie belebt, in Erscheinung.

Es ist kaum möglich, Qi nach den rationalen Prinzipien des westlichen Denkens zu erklären. Die Vorstellung von einer universellen Lebenskraft, von einer allgegenwärtigen Energie, die das Weltall durchdringt und alles Lebendige durchströmt, ist im Westen relativ neu und kämpft noch um Akzeptanz. Qi ist nicht eindeutig definierbar. Es erinnert in einigen seiner Eigenschaften an den elektrischen Strom. Es ist unsichtbar, fließt durch den Körper und ist überall im Körper vorhanden.

Qi steht im Mittelpunkt der chinesischen Medizin und des fernöstlichen Weltverständnisses. Man betrachtet es als grundlegende und beseelte Kraft, die allen Lebewesen das Leben verleiht und von der die körperliche, geistige und seelische Gesundheit abhängt. Durch die Heilbehandlung mittels Akupunktur wird versucht, das Qi überall dorthin zu leiten, wo Energie benötigt wird, oder wo Energieblockaden im Körper beseitigt werden sollen.

Ausgangspunkt nach chinesischer Vorstellung ist ein ständiger Fluss der Lebensenergie Qi durch die Meridianbahnen und die Organe in einem 24-Stunden-Rhythmus. Die nicht fassbare Energie Qi ist in uns, und sie umgibt uns auch. Unsere einzelnen Organe sind direkt oder indirekt durch die Meridianbahnen verbunden. Die Meridiane verlaufen auf der

Körperoberfläche, so dass ein Energieaustausch zwischen Körper und Natur stattfinden kann. Auf den Meridianbahnen befinden sich insgesamt 361 Punkte, in denen der Energieaustausch besonders intensiv ist. Diese Stellen werden auch als Akupunkturpunkte bezeichnet und sind für das Kyusho-Jitsu von entscheidender Bedeutung.

Die Meridiane

Meridiane sind Leitbahnen bzw. Kanäle, in denen das Qi im menschlichen Körper zirkuliert. Symbolisch gesprochen, wird das Yang-Qi des Himmels durch die Atmung und das Yin-Qi der Erde durch die Nahrung aufgenommen. In der traditionellen chinesischen Medizin gibt es 12 Hauptmeridiane, in denen das Qi in Kanälen, in Kreisläufen und bilateral (zweiseitig, links und rechts) durch den Körper fließt. Diese Kanäle sind ein Netzwerk energetischer Leitbahnen, die sämtliche Organe und Gewebeteile des Körpers verbinden.

Akupunktur- oder Kyushopunkte auf den Meridianbahnen sind Stellen, an denen das Qi am einfachsten erreicht und stimuliert werden kann. Daher werden sie auch als Auslöserpunkte bezeichnet. Die Meridiane sind auch mit unterirdischen Bächen vergleichbar, die an bestimmten Stellen an der Oberfläche erscheinen und dann unterirdisch bis zum nächsten Punkt weiterfließen und dort wieder an die Oberfläche treten.

Außer den 12 Hauptmeridianen gibt es noch zwei Sondermeridiane, die in der Mitte des menschlichen Körpers verlaufen. Der eine verläuft an der Vorderseite von unten nach oben zum Kopf – dies ist das Konzeptionsgefäß (Renmai). Er ist für die Energie aller Yin-Meridiane zuständig. Der zweite verläuft an der Körperrückseite von unten nach oben – dies ist das Lenkergefäß (Dumai). Er ist für die Energie aller Yang-Meridiane zuständig.

Die Meridiane werden in Yin und Yang eingeteilt. Alle sechs Yin-Meridiane sind mit den inneren massiven Organen verbunden – Herz, Herzbeutel, Lunge, Milz, Niere und Leber.

Alle sechs Yang-Meridiane sind den inneren hohlen Organen zugeordnet – Dickdarm, Dünndarm, Dreifacherwärmer, Magen, Gallenblase und Blase.

Die fünf Grundsubstanzen

Das Wechselspiel der Gegensätze von Yin und Yang bringt nach traditioneller Vorstellung der chinesischen Medizin die strömende Lebensenergie Qi hervor. Diese Lebensenergie hat im Körper folgende Hauptfunktionen zu erfüllen:

Qi ist Lebensenergie, sie ist die Quelle aller Bewegungen in unserem Körper und schützt uns auch vor schädlichen Einflüssen.

Xue ist das Blut, der stoffliche Energieträger. Er transportiert die notwendigen Nährstoffe für Organe und Gewebe.

Jin-Ye sind unsere Körperflüssigkeiten bzw. Körpersäfte, wie zum Beispiel der Schweiß, der Speichel oder auch das Darmsekret. Als Jin werden dünnflüssige und als Ye dickflüssige Körperflüssigkeiten bezeichnet.

Jing ist das Wesentliche, die Lebenskraft, die uns schon von den Eltern mitgegeben wird. Sie sorgt für das Wachstum, den Erhalt der Organfunktionen sowie für die Fortpflanzung.

Shen ist unser Geist, die treibende Kraft des Menschen, die ihn vom Tier unterscheidet.

Yin und Yang

Die Begriffe Yin und Yang bezeichnen zwei gegensätzliche Seiten einer Einheit. Sie befinden sich in allem, was existiert und in jedem Prozess, den man vorfindet. Yang ist das Universum oder der Himmel, Yin die Erde oder die Natur.

Yin und Yang existieren stets gemeinsam; es gibt das eine ohne das andere nicht. Sie gehören immer zusammen und können niemals getrennt voneinander gesehen werden.

Beim Betrachten des Yin-Yang-Symbols in Abbildung 1 auf der folgenden Seite erkennt man, dass es sich nicht um ein statisches, sondern um ein dynamisches Symbol handelt, welches einen laufenden Wandel veranschaulicht. Yin und Yang bilden zusammen einen Kreis in dem es keine Ecken und Kanten gibt. Sie sind ineinander verwoben, in Yin ist auch Yang und in Yang ist auch Yin, was die beiden Punkte symbolisieren.

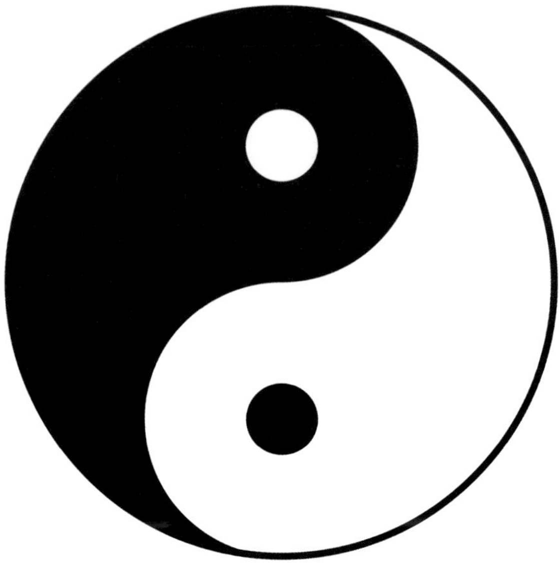

Abb. 1: Das Yin-Yang-Symbol.

Beide Pole sind ständig in Bewegung, und jeder nimmt jeweils im proportionalen Verhältnis zum Gegenpol ab oder zu. Yin und Yang sind niemals absolute, feste Größen, sie ergeben sich durch die relative Betrachtung.

Der schwarze Bereich symbolisiert Yin: das Passive, das Nährende, das Erzeugende, das Weiche. Der weiße Bereich symbolisiert Yang: das Aktive, das Selbstbehauptende, das Harte. Das Leben unterliegt einem fortwährenden Wandel und folgt dem natürlichen Gesetz von Yin und Yang. Alle Veränderungen folgen natürlichen Rhythmen: die Nacht folgt dem Tag, auf Ebbe folgt die Flut, die Jahreszeiten wechseln einander ab, und auch wir verändern uns ständig. Beispielsweise werden wir in der Nacht müde, und am Tag sind wir aktiv.

Die traditionelle chinesische Medizin geht davon aus, dass das Leben die Kombination von Yin und Yang ist. Wenn sich Yin und Yang berühren, entsteht Qi und damit das Leben.

Yin bedeutet nach dem chinesischen Schriftzeichen »Die Schattenseite des Berges«, »Nordhang des Berges« oder »Mondlicht«. Yin steht für Eigenschaften wie dunkel, passiv, kalt, leise oder weiblich. Das dazugehörige Piktogramm symbolisiert einen Berg und eine Wolke:

陰

Yang bedeutet nach dem chinesischen Schriftzeichen »Die Sonnenseite des Berges«, »sonnige Anhöhe« oder »Sonnenlicht«. Yang steht für Eigenschaften wie hell, aktiv, heiß, laut oder männlich. Das dazugehörige Piktogramm symbolisiert einen Berg und die am Horizont aufgehende Sonne:

陽

Verschiedene Zuordnungen für Yin und Yang
Yin: Nacht, dunkel, Mond, Winter, Ruhe, Frau, weich, innen.
Yang: Tag, hell, Sonne, Sommer, Aktivität, Mann, hart, außen.

Yin und Yang sind täglich gewissen Schwankungen unterworfen, die jedoch durch den Selbstregulierungsmechanismus des Körpers ausgeglichen werden. Yin und Yang sind immer in Bewegung und nie vollkommen im Gleichgewicht. Das perfekte Gleichgewicht käme einem Stillstand gleich, und Stillstand ist nicht lebendig.

Wird der harmonische Ablauf von Yin und Yang gestört, ist es meist der Mensch selbst, der sich die Probleme bereitet.

Die Polarität der Meridiane
Alle Yin-Meridiane verlaufen von unten nach oben, das heißt von den Zehen in den Körper (»Stamm«) – in Niere, Milz und Leber – sowie vom Stamm über Lunge, Herzbeutel und Herz in Richtung Fingerspitzen. Alle Yin-Meridiane verlaufen auf der Vorder- bzw. Innenseite von Körper und Armen.

Alle Yang-Meridiane verlaufen von oben nach unten, das heißt vom Kopf in Richtung Zehen – in Magen, Blase und Gallenblase – sowie von den Fingerspitzen in Richtung Stamm – Dickdarm, Dreifacherwärmer und Dünndarm. Alle Yang-Meridiane verlaufen auf der Rück- bzw. Außenseite von Körper und Armen, mit Ausnahme des Magenmeridians, der an der Vorderseite des Körpers nach unten verläuft.

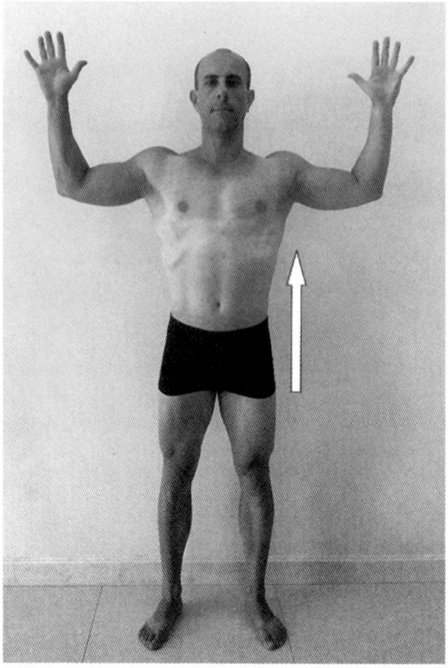

Abb. 2: Aufsteigendes Yin.

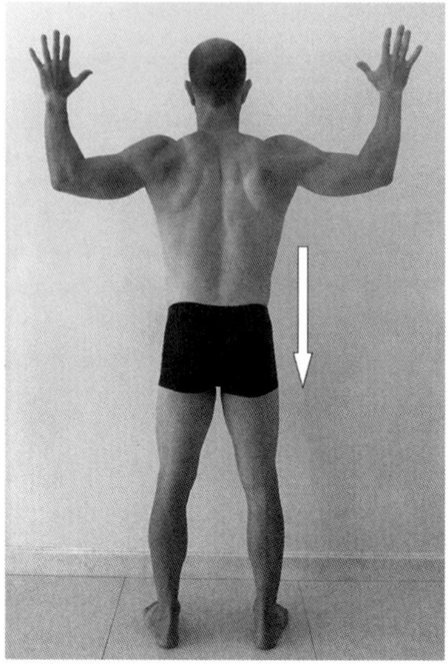

Abb. 3: Absteigendes Yang.

Für das Kyusho-Jitsu wichtige Grundeinteilung des Körpers nach Polarität:

Körperregion beim Mann	**Polarität**
Körpervorderseite	Yin
Körperrückseite	Yang
linke Körperhälfte	Yin
rechte Körperhälfte	Yang
unterhalb der Hüfte	Yin
oberhalb der Hüfte	Yang
rechte Hand als Faust	Yin
rechte Hand offen	Yang
linke Hand offen	Yin
linke Hand als Faust	Yang

Die Angaben in der Tabelle stellen nur eine erste Annäherung an das hochkomplexe Einteilungssystem des Yin und Yang dar. Siehe auch Seite 199 ff.

Achtung: Männer und Frauen haben gespiegelte Polaritäten – was beim Mann Yang und positiv ist, ist bei der Frau Yin und negativ.

Die fünf Elemente

Verschiedene Naturvorgänge und prozesshafte Abläufe wurden von der traditionellen chinesischen Medizin in das System der fünf Elemente eingeordnet. Diese fünf Grundelemente stehen in wechselseitiger Beziehung zueinander und fördern oder zerstören sich gegenseitig. Jedes Element hat ein Gegenelement, und jedes Element beherrscht ein anderes und wird selbst von einem anderen beherrscht. Die fünf Elemente sind Holz, Feuer, Erde, Metall und Wasser.

Die fünf Elemente, die auch als die fünf Wandlungsphasen bezeichnet werden, können jeweils durch ein anderes Element erschaffen oder zerstört werden:

Zyklus der Erschaffung

Dieser findet bei der Heilung wie z. B. durch Akupunktur, Shiatsu usw. seine Verwendung.

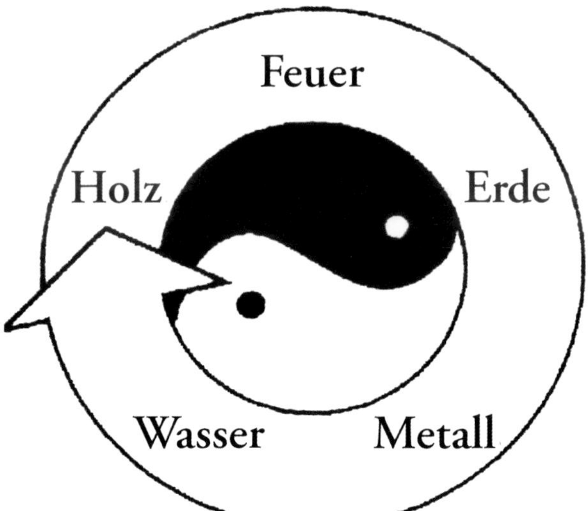

Abb. 4: Holz erzeugt Feuer – Holz brennt; Feuer erzeugt Erde – beim Verbrennen entsteht Asche; Erde erzeugt Metall – Metalle kommen in der Erde vor; Metall erzeugt Wasser – Wasser kondensiert auf kaltem Metall; Wasser erzeugt Holz – Bewässerung lässt Bäume wachsen.

Zyklus der Zerstörung

Dieser findet in verschiedenen Kampfkünsten mit Vitalpunktstimulation Verwendung (siehe Abschnitt »Methode der fünf Elemente«, Seite 198).

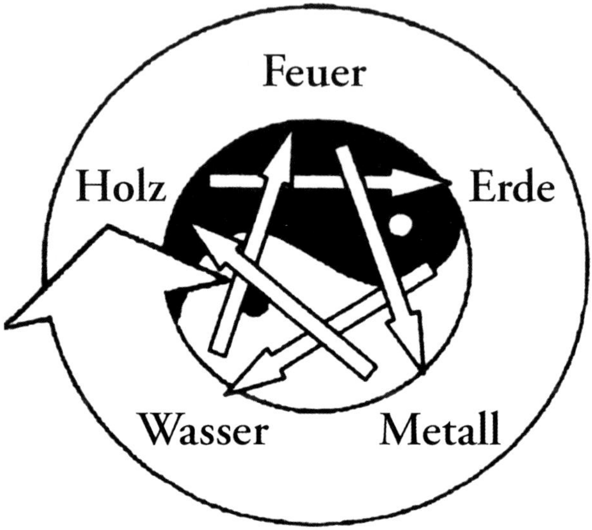

Abb. 5: Holz zerstört Erde – Holz bedeckt Erde; Erde zerstört Wasser – Erde saugt Wasser auf; Wasser zerstört Feuer – Wasser löscht Feuer; Feuer zerstört Metall – Feuer schmilzt Metall; Metall zerstört Holz – Metallaxt spaltet Holz.

Die fünf Elemente der Faust und der Hand

Wie bereits im Abschnitt »Der Wandel in der Kampfkunst Karate« beschrieben, gab es bei der Einführung in den Schulunterricht auf Okinawa und der Verbreitung in der Öffentlichkeit viele Veränderungen, die das Karate ungefährlicher machen sollten. Hierzu gehörte auch die Entschärfung von Faust- und Handtechniken, wie einige Beispiele nachfolgend aufzeigen sollen.

Da für das genaue Bearbeiten von Kyusho-Punkten die Knöchel der Hand bzw. der Faust eingesetzt werden mussten, wurden diese durch kleine Veränderungen der Handhaltung einfach »neutralisiert«. Anders ausgedrückt sind die heutigen Handtechniken im Unterschied zu den alten auf brachiale Gewalt ausgerichtet, während die alten auf Vitalpunkte zielten.

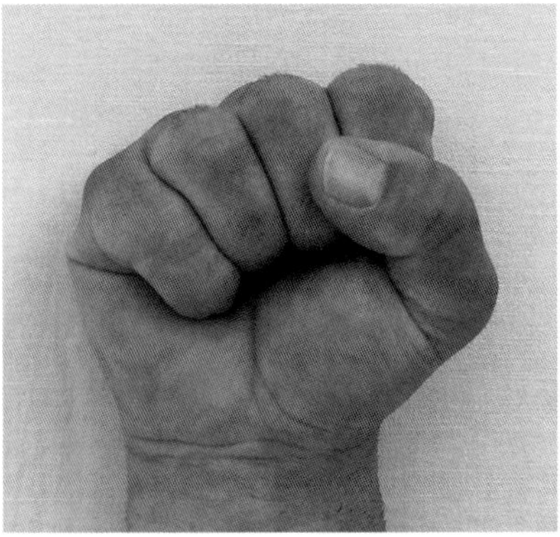

Abb. 6

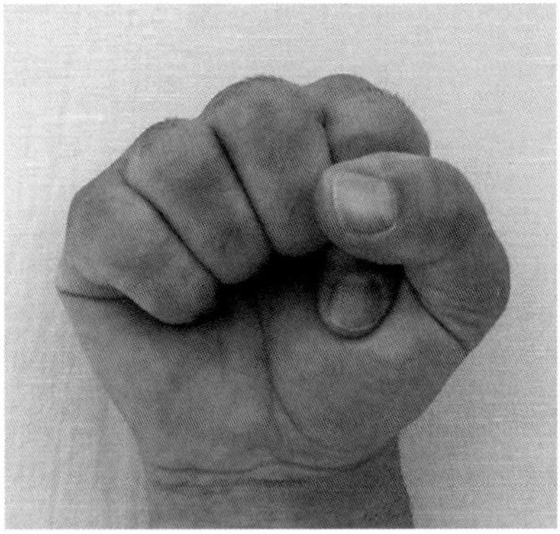

Abb. 7

Abb. 6: Heutige Faust: Das Einrollen aller Finger verhindert, dass man mit einem einzelnen Knöchel Vitalpunkte genau treffen kann. Um einen Gegner kampfunfähig zu schlagen, muss hier immer mit brachialer Kraft gearbeitet werden. – Vgl. auch Abb. 8.

Abb. 7: Dies ist die sogenannte »alte Faust«, wie sie auch noch im Buch »Karate Do Kyohan« von Gichin Funakoshi zu finden ist. – Vgl. auch Abb. 9.

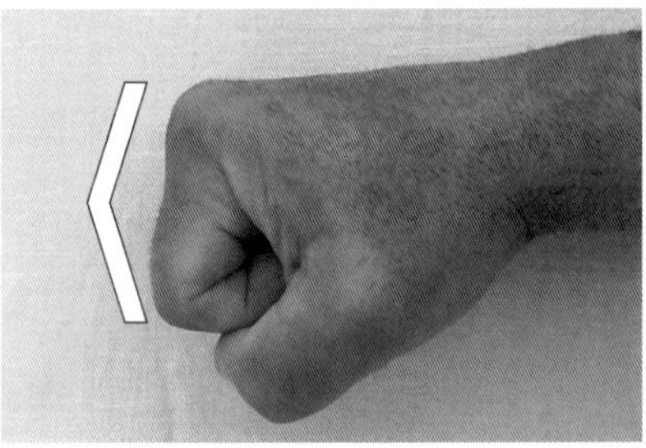

Abb. 8

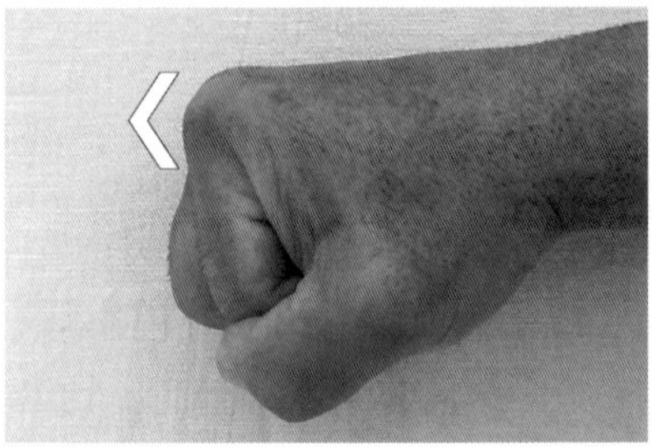

Abb. 9

Abb. 8: Heutige Faust: Die auftreffende Fläche umfasst bei gerader Fausthaltung die gesamte Fläche der unteren Glieder der Zeige- und Mittelfinger.

Abb. 9: »Alte Faust«: Durch diese Fausthaltung verändert sich die Auftrefffläche im Vergleich zur heutigen Faust. Der Knöchel des Zeigefingers tritt deutlich hervor und ermöglicht somit gezielte Angriffe auf Vitalpunkte.

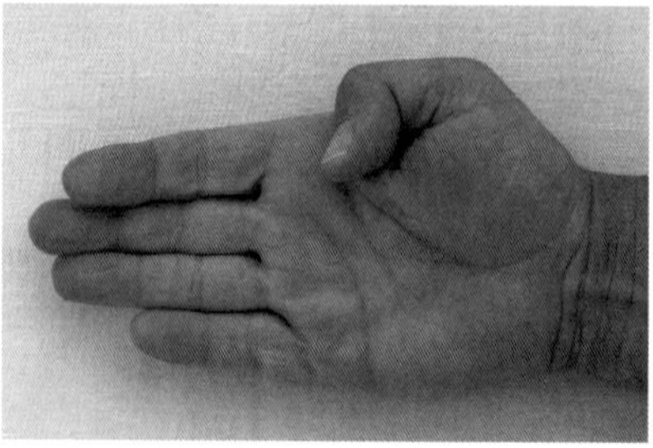

Abb. 10

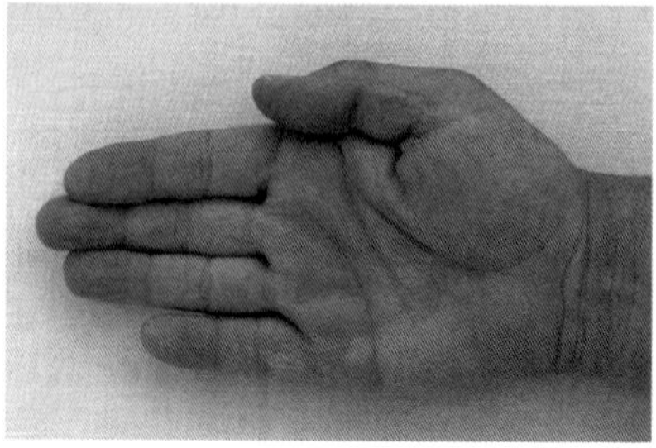

Abb. 11

Abb. 10: Heute übliche Handhaltung: Der angewinkelte Daumen verhindert das Fließen der Energie. Wie bei der Faust hat auch diese Hand mit dem angewinkelten Daumen keine bestimmte energetische Bedeutung mehr und wurde so ebenfalls neutralisiert.

Abb. 11: Alte Handhaltung: Bei dieser Handhaltung wird der Energiefluss nicht unterbrochen, und die Energie kann ungehindert fließen. Auch in der sogenannten »Bibel des Karate«, dem »Bubishi«, findet man Handtechniken nur mit gestreckten Daumen.

Durch das bewusste Verändern der Hand- und Fausthaltung kann die Wirkung von Kyusho-Jitsu-Techniken wesentlich verstärkt werden. Jeder Finger und auch der Daumen ist einem bestimmten Element zugeordnet.

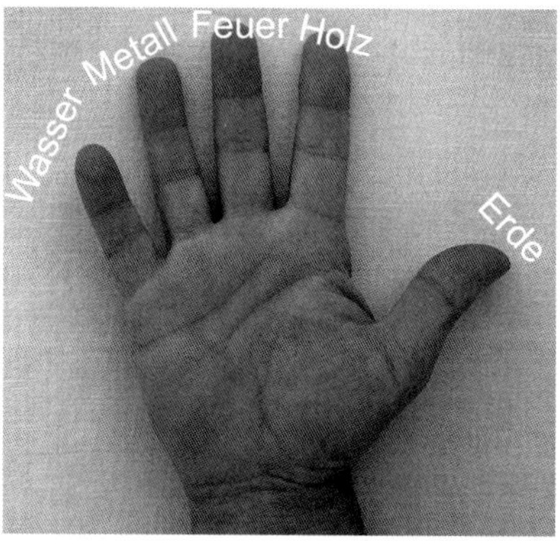

Abb. 12: Die fünf Elemente werden den Fingern wie in der Abbildung dargestellt zugeordnet.

Nach alter Überlieferung der traditionellen chinesischen Medizin und unter Betrachtung des Energieflusses in den Fingern bestimmt der Daumen, welche Energie durch die Hand fließt. Berührt man einen bestimmten Finger mit dem Daumen, kann man dessen Energie bewusst einsetzen. Im Folgenden werden nun verschiedene Beispiele und Möglichkeiten aufgezeigt:

Das Element Holz

Berührt der Daumen den Zeigefinger wie in Abbildung 13 bis 16, wird das Element Holz aktiviert. Holz zerstört Erde. Daher sind alle Vitalpunkte, die sich auf dem Magenmeridian (Yang) und dem Milzmeridian (Yin) befinden, vorrangige Ziele für diese natürlichen Waffen des Menschen, um eine größtmögliche Wirkung zu erreichen.

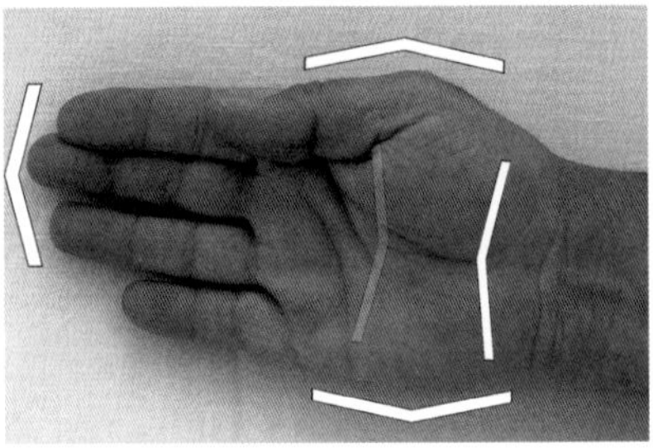

Abb. 13

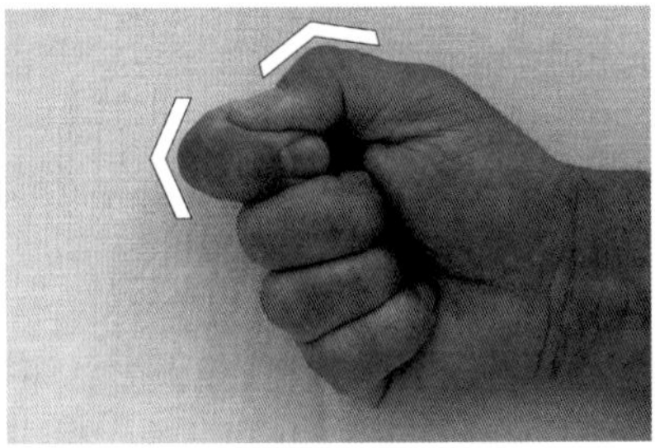

Abb. 14

Abb. 13: Mit dieser Handhaltung gibt es fünf Anwendungsmöglichkeiten, um mit dem Zerstörungszyklus Holz zu arbeiten: Shuto Uchi (Schwerthand), Haito Uchi (Schwertrückenhand), Haishu Uchi (Handrücken), Teisho Uchi (Handballen) und Nukite (Speerhand).

Abb. 14: Ippon-Ken: Hier ist der Zeigefingerknöchel oder der Daumenknöchel die Waffe.

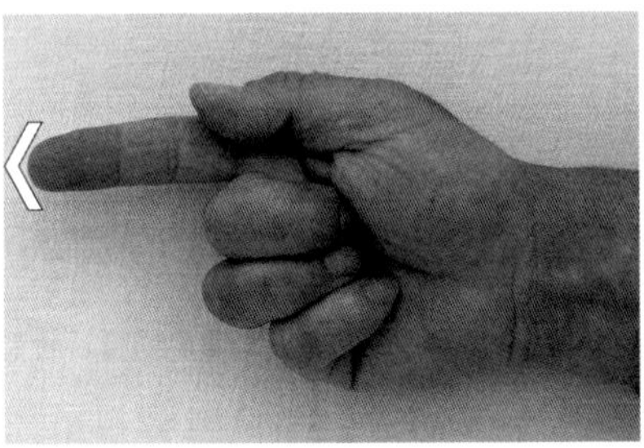

Abb. 15

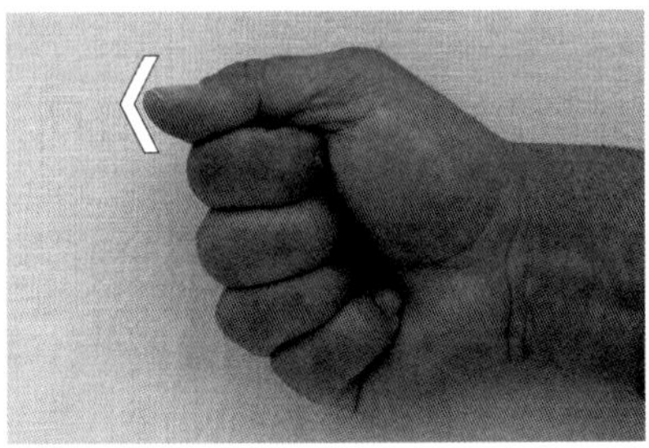

Abb. 16

Abb. 15: Mit Ippon Nukite wird hier der Zeigefinger zur Speerwaffe mit Holz-Energie.

Abb. 16: Bei der Technik Boshi Ken wird die Daumenspitze zur Speerwaffe und ist wie Ippon Nukite geeignet, Weichteile oder Rippenzwischenräume anzugreifen.

Das Element Feuer

Berührt der Daumen den Mittelfinger wie in Abbildung 17 und 18, wird das Element Feuer aktiviert. Feuer zerstört Metall. Daher sind alle Vitalpunkte, die sich auf dem Lungenmeridian (Yin) und dem Dickdarmmeridian (Yang) befinden, das Ziel.

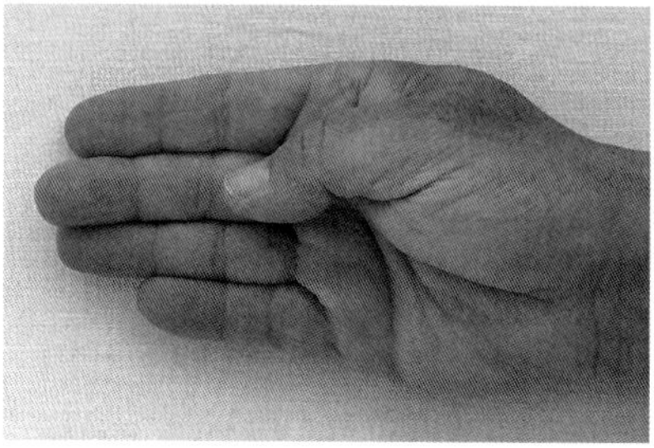

Abb. 17

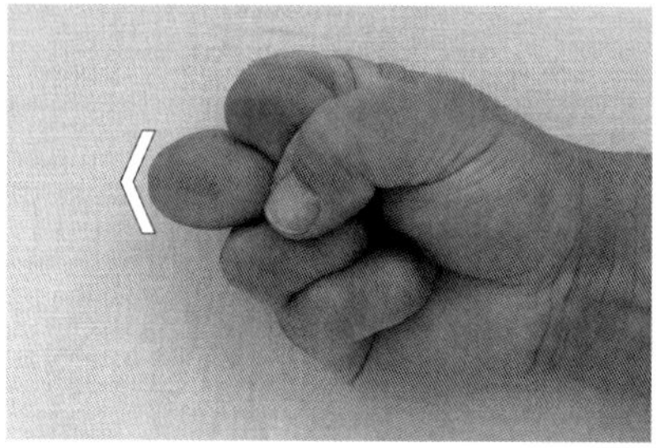

Abb. 18

Abb. 17: Die Anwendungsmöglichkeiten für diese Handhaltung sind die gleichen fünf wie in Abbildung 13. Durch den Kontakt von Daumen und Mittelfinger wird der Zerstörungszyklus Feuer aktiviert.

Abb. 18: Nakadaka Ippon-Ken. Durch den Kontakt zwischen Mittelfinger und Daumen wird diese Handhaltung zur gefährlichen »Feuerfaust«.

Das Element Erde

Berührt der Daumen den Mittel- und Ringfinger gleichzeitig wie in Abbildung 19, wird das Element Erde aktiviert. Erde zerstört Wasser. Daher sind alle Vitalpunkte, die sich auf dem Blasenmeridian (Yang) und dem Nierenmeridian (Yin) befinden, das Ziel.

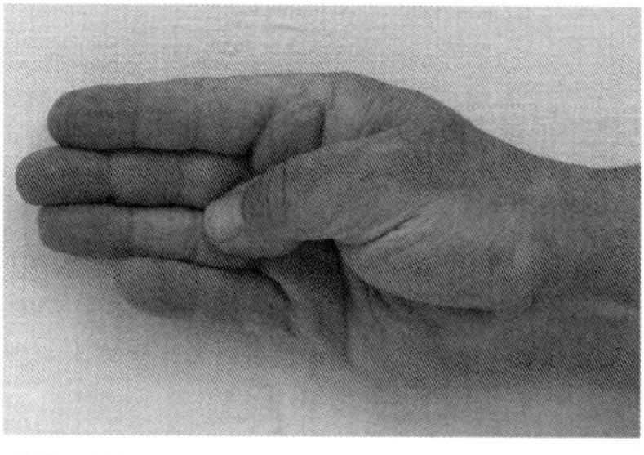

Abb. 19

Abb. 19: Wie schon in Abbildung 13 und 17 gibt es auch hier bei der »Erdhand« mit Shuto Uchi, Haito Uchi, Haishu Uchi, Teisho Uchi und Nukite fünf Techniken, die eingesetzt werden können. Der Unterschied ergibt sich aus der Daumenhaltung, die den Energiefluss steuert.

Das Element Metall

Berührt der Daumen den Ringfinger wie in Abbildung 20 und 21, wird das Element Metall aktiviert. Metall zerstört Holz. Daher sind alle Vitalpunkte, die sich auf dem Gallenblasenmeridian (Yang) und dem Lebermeridian (Yin) befinden, das Ziel.

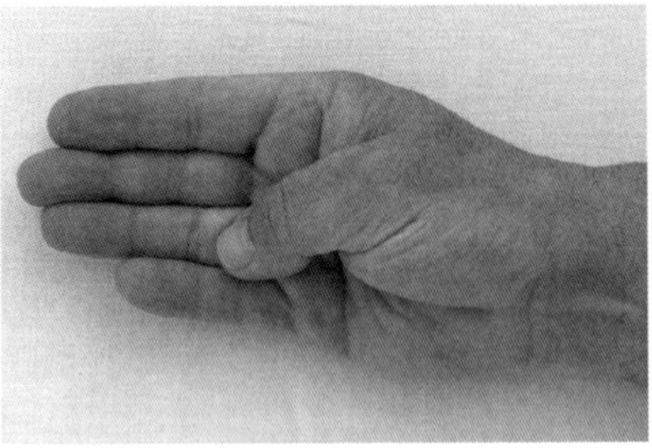

Abb. 20

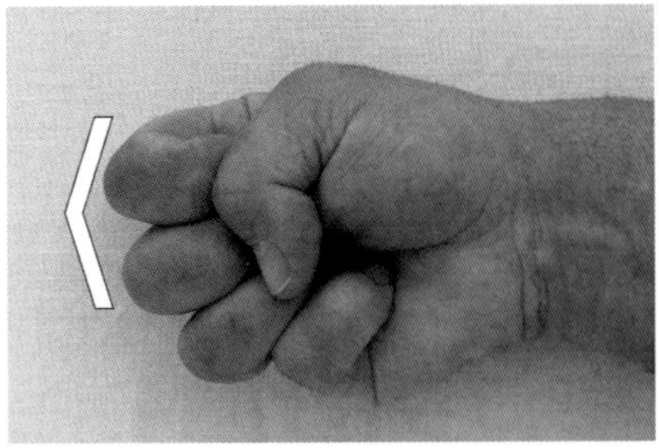

Abb. 21

Abb. 20: Wie schon in den Abbildungen 13, 17 und 19 gibt es auch hier bei der offenen Hand wieder die Möglichkeit, mit Shuto Uchi, Haito Uchi, Haishu Uchi, Teisho Uchi und Nukite anzugreifen oder zu kontern. Durch den Daumenkontakt mit dem Ringfinger wird die »Metallhand« erzeugt.

Abb. 21: Auch der Nihon Ken wird durch den Kontakt des Daumens mit dem Ringfinger zur »Metallhand«.

Das Element Wasser

Berührt der Daumen den kleinen Finger wie in Abbildung 22, wird das Element Wasser aktiviert. Wasser zerstört Feuer. Daher sind alle Vitalpunkte, die sich auf dem Herzmeridian (Yin), dem Dünndarmmeridian (Yang), dem Herzbeutelmeridian (Yin) und dem Dreifacherwärmermeridian (Yang) befinden, das Ziel, um eine optimale Wirkung zu erzeugen.

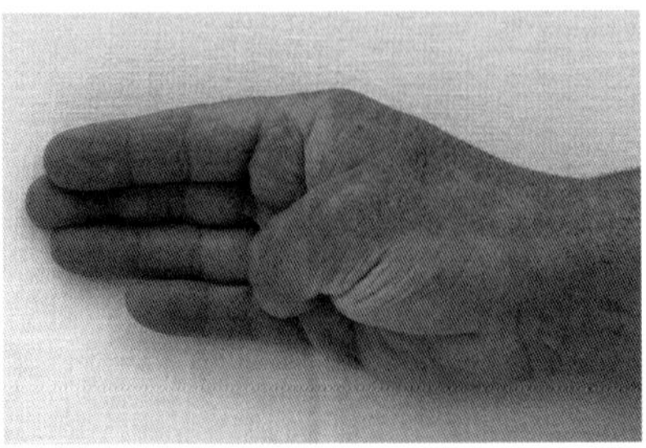

Abb. 22

Abb. 22: Durch die Berührung des kleinen Fingers entsteht die »Wasserhand«. Auch diese kann analog zu Abbildung 13 mit Shuto Uchi, Haito Uchi, Haishu Uchi, Teisho Uchi und Nukite eingesetzt werden.

Meridiane und Vitalpunkte

In der untenstehenden Tabelle werden die Meridianbahnen mit ihrer Polarität, den ihnen zugeordneten Elementen, ihrer Maximalzeit und der Anzahl von Punkten auf dem jeweiligen Meridian aufgezeigt.

Unter dem Begriff »Maximalzeit« wird das Folgende verstanden: Im Tageszyklus von 24 Stunden hat jeder Meridian für zwei Stunden seine höchste Wirksamkeit. Das heißt, um mit Kyusho-Jitsu die optimale Wirkung zu erzielen, wäre dieses Zwei-Stunden-Fenster der ideale Zeitpunkt für einen Angriff auf einen Punkt dieses Meridians. Hierzu ein Beispiel: Will man einen der 11 Punkte des Lungenmeridians angreifen, läge der ideale Zeitpunkt hierfür zwischen 3 Uhr und 5 Uhr. Natürlich kann man die Punkte auch außerhalb des Zwei-Stunden-Fensters manipulieren und gute Ergebnisse erzielen, aber die optimale Wirkung wird in diesem Fall nicht erreicht.

Meridian	Polarität	Element	Maximalzeit	Anzahl Punkte
Lunge	Yin	Metall	3 bis 5 Uhr	11
Dickdarm	Yang	Metall	5 bis 7 Uhr	20
Magen	Yang	Erde	7 bis 9 Uhr	45
Milz	Yin	Erde	9 bis 11 Uhr	21
Herz	Yin	Feuer	11 bis 13 Uhr	9
Dünndarm	Yang	Feuer	13 bis 15 Uhr	19
Blase	Yang	Wasser	15 bis 17 Uhr	67
Niere	Yin	Wasser	17 bis 19 Uhr	27
Herzbeutel	Yin	Feuer	19 bis 21 Uhr	9
Dreifacherwärmer	Yang	Feuer	21 bis 23 Uhr	23
Gallenblase	Yang	Holz	23 bis 1 Uhr	44
Leber	Yin	Holz	1 bis 3 Uhr	14
Konzeptionsgefäß	Yin	–	unbeschränkt	24
Lenkergefäß	Yang	–	unbeschränkt	28

Jedem Element und damit auch jedem damit verbundenen Meridian wird nach der chinesischen Lehre von den fünf Elementen auch eine bestimmte Farbe zugeordnet. Diese Farbzuordnung ist die Folgende: Das Element Metall – Grau (oder Weiß); das Element Erde – Gelb; das Element Feuer – Rot; das Element Wasser – Blau; das Element Holz – Grün.

Der Verlauf der Meridianbahnen

Anmerkung: *Alle Meridiane mit Ausnahme des Konzeptionsgefäßes (Dumai) und des Lenkergefäßes (Renmai) verlaufen spiegelsymmetrisch. In den nachstehenden Zeichnungen ist jeweils nur der Meridian mit seinen Punkten für eine Körperseite eingezeichnet. Die Kyusho-Jitsu-Techniken sind auf beiden Körperseiten auf gleiche Weise anwendbar.*

Der Lungenmeridian

Der Lungenmeridian beginnt unterhalb des Schlüsselbeins, verläuft an der Innenseite des Arms und endet an der Außenseite des Daumennagels.

Energieflussrichtung: *Vom Oberkörper zur Hand*
Polarität: *Yin*
Element: *Metall*
Maximalzeit: *3 bis 5 Uhr*
Anzahl der Punkte: *11*

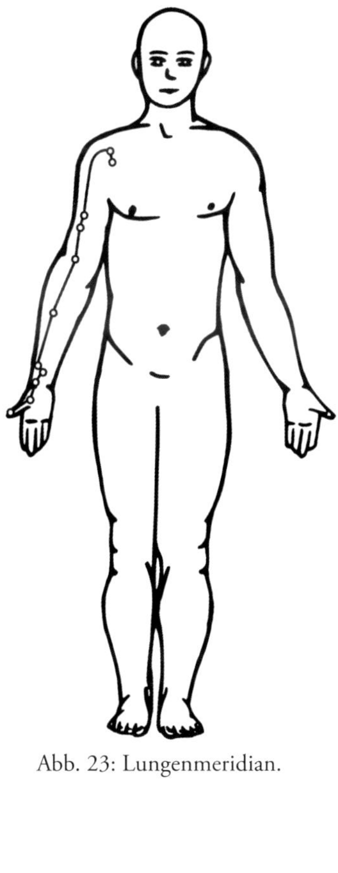

Abb. 23: Lungenmeridian.

Der Dickdarmmeridian

Der Dickdarmmeridian beginnt im Nagelfalzwinkel (siehe Seite 248) des Zeigefingers (Daumenseite) und verläuft über die Außenseite des Arms (Daumenseite) zur Schulter und endet in der Vertiefung am Rand des Nasenflügels.

Energieflussrichtung: *Von der Hand zum Kopf*
Polarität: *Yang*
Element: *Metall*
Maximalzeit: *5 bis 7 Uhr*
Anzahl der Punkte: *20*

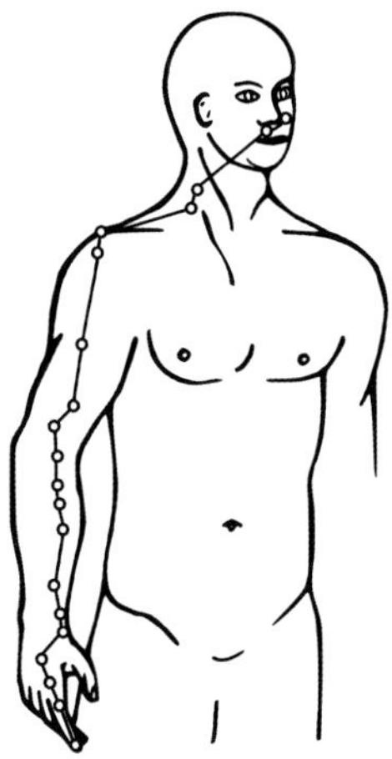

Abb. 24: Dickdarmmeridian.

Der Magenmeridian

Der Magenmeridian beginnt bei geradem Blick etwa 0,7 cun (siehe Seite 47 bis 49) senkrecht unter der Pupille und führt über die Vorderseite von Hals, Oberkörper und Bein zum zweiten Zeh (die Zählung beginnt am großen Zeh) neben dem Nagelfalzwinkel (siehe Seite 248) auf der Kleinzehseite.

Energieflussrichtung: *Vom Kopf zum Bein*
Polarität: *Yang*
Element: *Erde*
Maximalzeit: *7 bis 9 Uhr*
Anzahl der Punkte: *45*

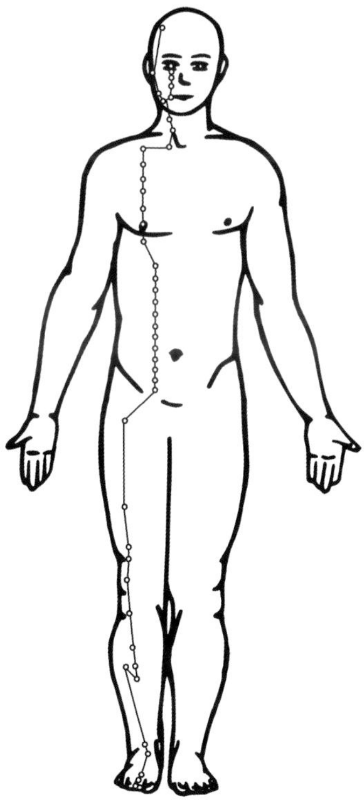

Abb. 25: Magenmeridian.

Der Milzmeridian

Der Milzmeridian beginnt am äußeren Nagelfalzwinkel des großen Zehs und führt über die Innenseite des Beins und des Oberkörpers zur mittleren Axillarlinie (Linie, die von der Mitte der Achselhöhle ausgeht und senkrecht an der Seite nach unten verläuft) im sechsten Interkostalraum (Raum zwischen zwei benachbarten Rippen).

Energieflussrichtung: *Vom Bein zum Oberkörper*
Polarität: *Yin*
Element: *Erde*
Maximalzeit: *9 bis 11 Uhr*
Anzahl der Punkte: *21*

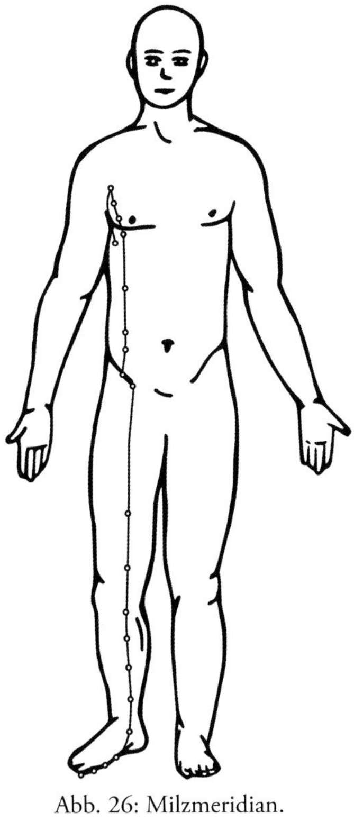

Abb. 26: Milzmeridian.

Der Herzmeridian

Der Herzmeridian beginnt in der Tiefe der Achselhöhle, verläuft über die Innenseite des Arms und endet an der Innenseite des kleinen Fingers (der sogenannten radialen Seite – von »Radius«: lat. Speiche).

Energieflussrichtung: *Von der Achsel zur Hand*
Polarität: *Yin*
Element: *Feuer*
Maximalzeit: *11 bis 13 Uhr*
Anzahl der Punkte: *9*

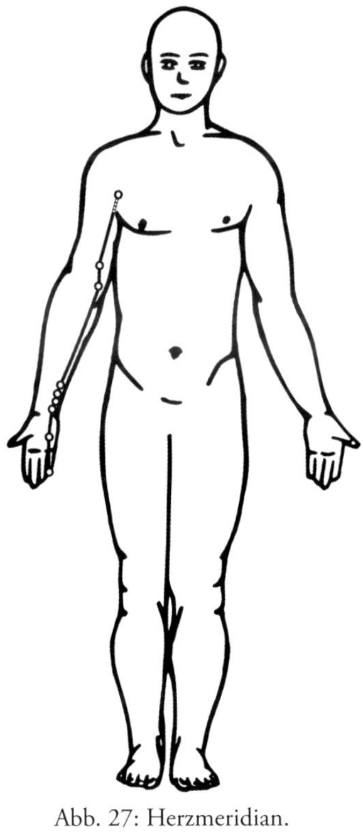

Abb. 27: Herzmeridian.

Der Dünndarmmeridian

Der Dünndarmmeridian beginnt am äußeren Nagelfalzwinkel (Definition siehe Seite 248) des kleinen Fingers und verläuft über die Außenseite des Arms, der Schulter, des Halses und entlang des Jochbeins zum Kiefergelenk vor dem Ohr.

Energieflussrichtung: *Von der Hand zum Kopf*
Polarität: *Yang*
Element: *Feuer*
Maximalzeit: *13 bis 15 Uhr*
Anzahl der Punkte: *19*

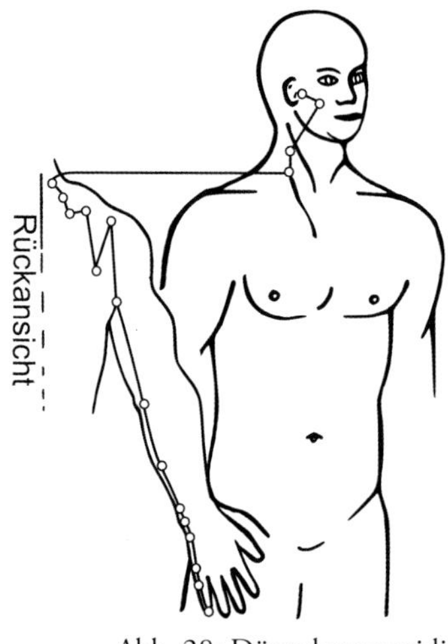

Abb. 28: Dünndarmmeridian.

Der Blasenmeridian

Der Blasenmeridian beginnt am inneren Augenwinkel und verläuft über den Schädel, teilt sich am Hinterkopfansatz und läuft in zwei Bahnen über den Rücken und Oberschenkel. In der Kniekehle laufen die beiden Bahnen wieder zusammen. Der Meridian endet am äußeren Nagelfalzwinkel des kleinen Zehs.

Energieflussrichtung: *Vom Kopf zum Fuß*
Polarität: *Yang*
Element: *Wasser*
Maximalzeit: *15 bis 17 Uhr*
Anzahl der Punkte: *67 (2 Punkte auf dem Schädeldach sind hier nicht sichtbar)*

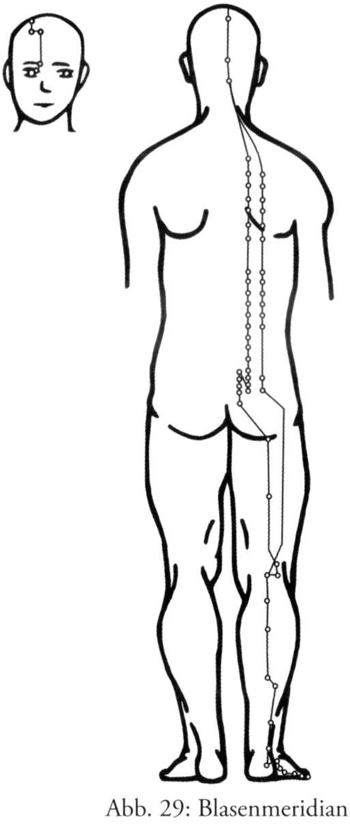

Abb. 29: Blasenmeridian.

Der Nierenmeridian

Der Nierenmeridian beginnt in der Vertiefung auf der Mitte der Fußsohle am Übergang vom vorderen zum mittleren Drittel. Der weitere Verlauf führt über den Innenschenkel und die Vorderseite des Oberkörpers bis zum Zwischenraum von erster Rippe und Schlüsselbein, 2 cun seitlich der Körpermittellinie.

Energieflussrichtung: *Vom Fuß zum Oberkörper*
Polarität: *Yin*
Element: *Wasser*
Maximalzeit: *17 bis 19 Uhr*
Anzahl der Punkte: *27*

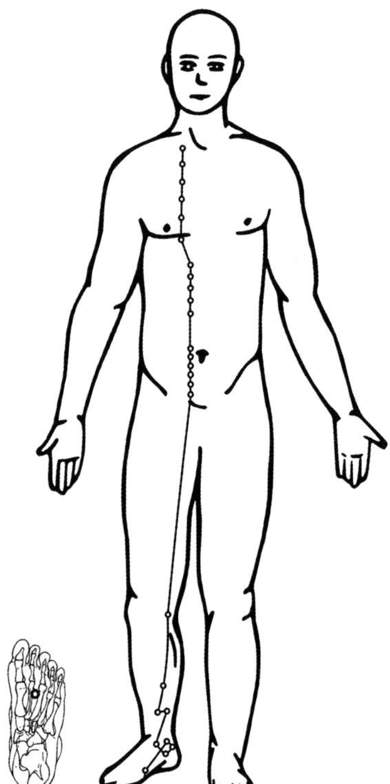

Abb. 30: Nierenmeridian.

Der Herzbeutelmeridian

Der Herzbeutelmeridian beginnt 1 cun neben der Brustwarze und verläuft über den Innenarm zur Spitze des Mittelfingers.

Energieflussrichtung: *Vom Oberkörper zur Hand*
Polarität: *Yin*
Element: *Feuer*
Maximalzeit: *19 bis 21 Uhr*
Anzahl der Punkte: *9*

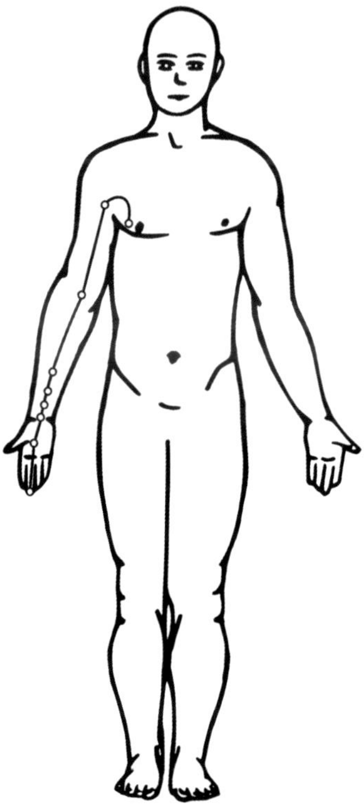

Abb. 31: Herzbeutelmeridian.

Der Dreifacherwärmermeridian

Der Dreifacherwärmermeridian beginnt am äußeren Nagelwinkel des Ringfingers und verläuft über die Außenseite des Armes und der Schulter um das Ohr herum zur Vertiefung neben dem Ende der Augenbraue. – Siehe auch Erläuterungen zum Dreifacherwärmer auf Seite 47.

Energieflussrichtung: *Von der Hand zum Kopf*
Polarität: *Yang*
Element: *Feuer*
Maximalzeit: *21 bis 23 Uhr*
Anzahl der Punkte: *23*

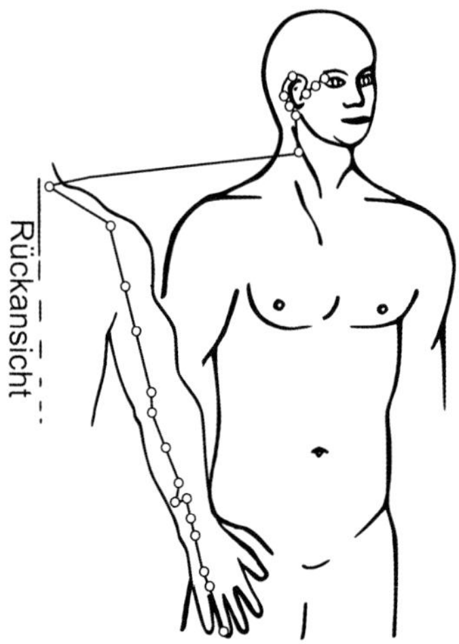

Abb. 32: Dreifacherwärmermeridian.

Der Gallenblasenmeridian

Der Gallenblasenmeridian beginnt 0,5 cun seitlich des äußeren Augenwinkels und verläuft mehrfach über den seitlichen und oberen Kopf. Weiter verläuft er über die Seite des Oberkörpers und des Beins zum äußeren Nagelfalzwinkel des vierten Zehs.

Energieflussrichtung: *Vom Kopf zum Fuß*
Polarität: *Yang*
Element: *Holz*
Maximalzeit: *23 bis 1 Uhr*
Anzahl der Punkte: *44*

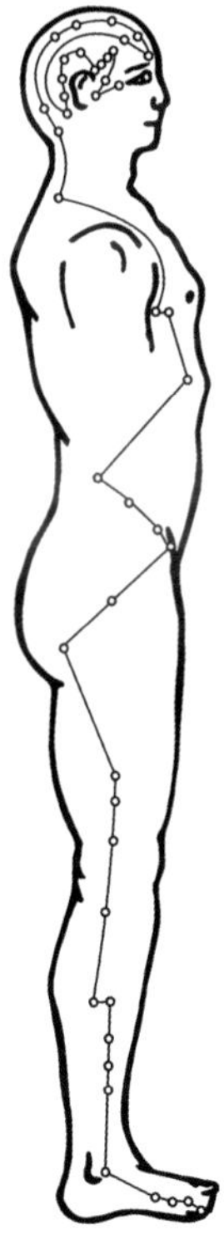

Abb. 33: Gallenblasenmeridian.

Der Lebermeridian

Der Lebermeridian beginnt am inneren Nagelfalzwinkel des großen Zehs und verläuft über die Innenseite des Beins und die Vorderseite des Oberkörpers. Er endet senkrecht unter der Brustwarze im sechsten Interkostalraum.

Energieflussrichtung: *Vom Fuß zum Oberkörper*
Polarität: *Yin*
Element: *Holz*
Maximalzeit: *1 bis 3 Uhr*
Anzahl der Punkte: *14*

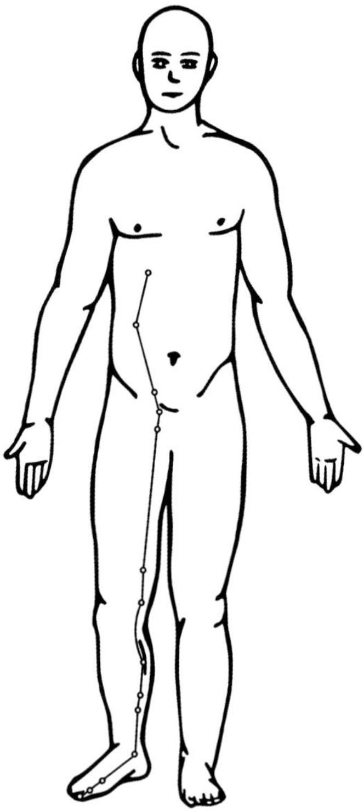

Abb. 34: Lebermeridian.

Das Konzeptionsgefäß (Renmai)

Das Konzeptionsgefäß beginnt in der Mitte des Perineums (Dammbereich) und verläuft über die Körpermitte und den Hals zur Vertiefung am Unterkiefer unterhalb der Unterlippe.

Energieflussrichtung: *Vom Oberkörper zum Kopf*
Polarität: *Yin*
Element: *keines*
Maximalzeit: *unbeschränkt (24 Stunden)*
Anzahl der Punkte: *24*

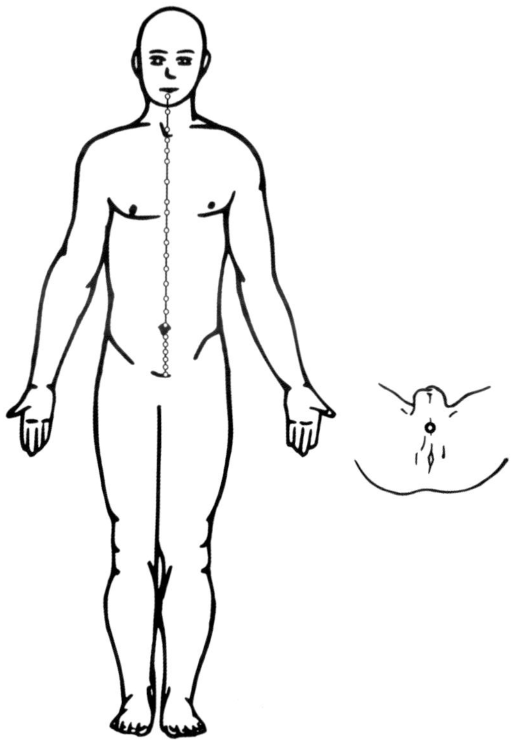

Abb. 35: Konzeptionsgefäß (Renmai).

Das Lenkergefäß (Dumai)

Das Lenkergefäß beginnt zwischen der Spitze des Steißbeins und dem Anus und verläuft über die Rückenmitte, das Genick und den Schädel. Es endet innerhalb der Oberlippe in der Falte zwischen dem Kiefer und der Lippe (dieser Endpunkt ist in der Zeichnung nicht sichtbar).

Energieflussrichtung: *Vom Oberkörper zum Kopf*
Polarität: *Yang*
Element: *keines*
Maximalzeit: *unbeschränkt (24 Stunden)*
Anzahl der Punkte: *28*

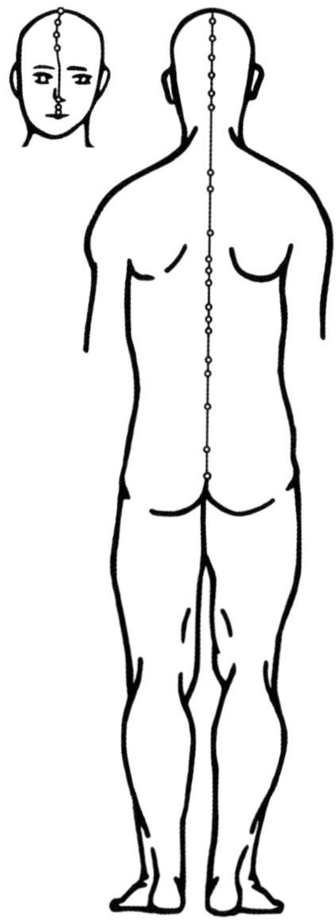

Abb. 36: Lenkergefäß (Dumai).

Erläuterungen zum Dreifacherwärmer

Dem Dreifacherwärmermeridian wird kein Organ direkt zugeordnet. Es handelt sich um einen Meridian, der drei Funktionen steuert: Der obere Erwärmer (Jiao-Shang) erwärmt die Lunge und das Herz, der untere Erwärmer (Jiao-Xiao) reguliert die Leber, die Nieren, den Dünn- und Dickdarm sowie die Blase, während der mittlere Erwärmer (Jiao-Zhong) Magen und Milz beeinflusst. Seine Funktionen beziehen sich auf die Aktivität des inneren Qi. Die Erwärmer sind vergleichbar mit einem Tunnel, durch den Wasser, Körpersäfte und Nahrung transportiert werden: Der obere Erwärmer kontrolliert die Atmung, der mittlere Erwärmer die Verdauung und der untere Erwärmer die Ausscheidung. Des Weiteren kontrolliert dieser Meridian den Geist und die inneren Organe, unterstützt das Lymphsystem und regelt die Körpertemperatur. Zudem wirkt er regulierend auf das autonome Nervensystem. Er speichert Energie und verteilt sie im Körper. Er wird auch als »Meridian der Hoffnung« bezeichnet.

Das Lokalisieren von Vitalpunkten

Vitalpunkte sind Stellen unter der Haut, die sich zwischen Muskeln, Knochen und an Übergängen von Sehnen zu Muskeln befinden. Man findet sie auch an Orten, an denen sich Blut-, Lymph- und Nervenbahnen kreuzen. Diese Körperstellen werden nicht durch Muskeln, Sehnen oder Knochen geschützt und sind daher für Heilung, aber auch für negative Manipulation zugänglich.

Um diese Punkte genau zu finden, benutzt man Methoden, die auch in der Akupunktur verwendet werden und die der traditionellen chinesischen Medizin entstammen. Um Entfernungen am Körper abmessen zu können, verwenden die Chinesen die Einheit » cun«. Hierbei handelt es sich nicht um absolute Angaben, sondern um relative Maße der zu bearbeitenden Person, proportional zu ihrer Körpergröße. Um Abstände festlegen zu können, werden anatomische Bezugspunkte des Körpers zu Hilfe genommen, wie zum Beispiel die Ellenbogenbeuge, die Handgelenksfalte, der Nabel, die Brustwarzen oder die Augenbraue (siehe Abbildungen 37 bis 42).

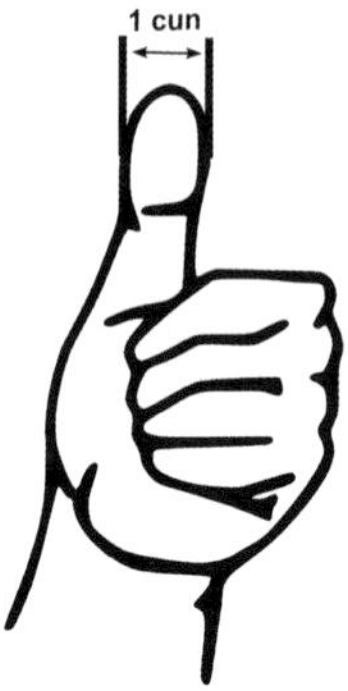

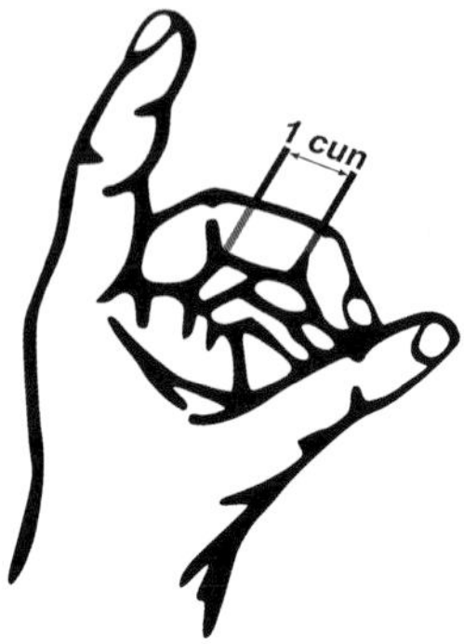

Abb. 37 Abb. 38

Abb. 37: Die Breite des Daumens entspricht 1 cun.

Abb. 38: Wird der Mittelfinger an das obere Daumenglied gelegt, beträgt die Distanz zwischen den Beugefalten 1 cun.

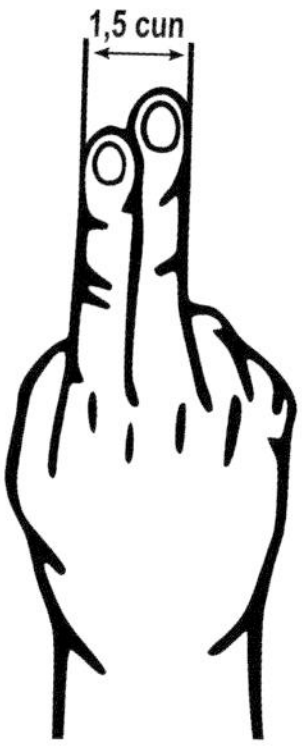

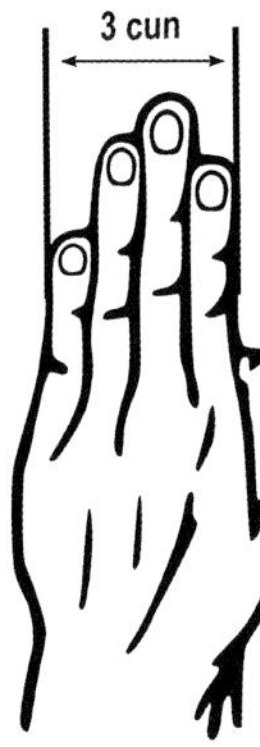

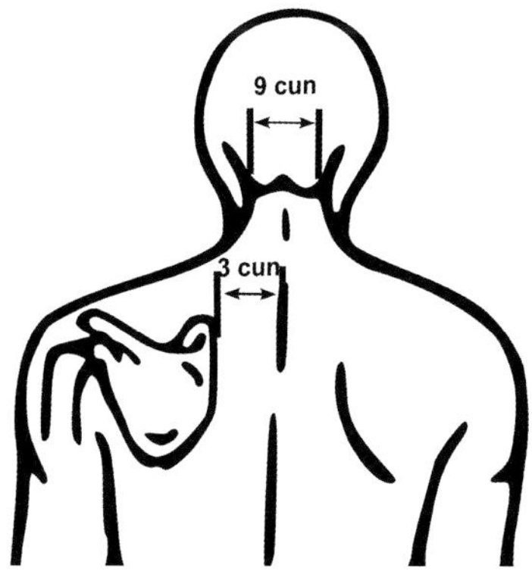

Abb. 39 Abb. 40 Abb. 41

Abb. 39: Die Breite von Zeige- und Mittelfinger zusammen ergibt 1,5 cun.

Abb. 40: Die Breite von Zeige-, Mittel-, Ring- und kleinem Finger zusammen ergibt 3 cun.

Abb. 41: Maße an der Körperrückseite.

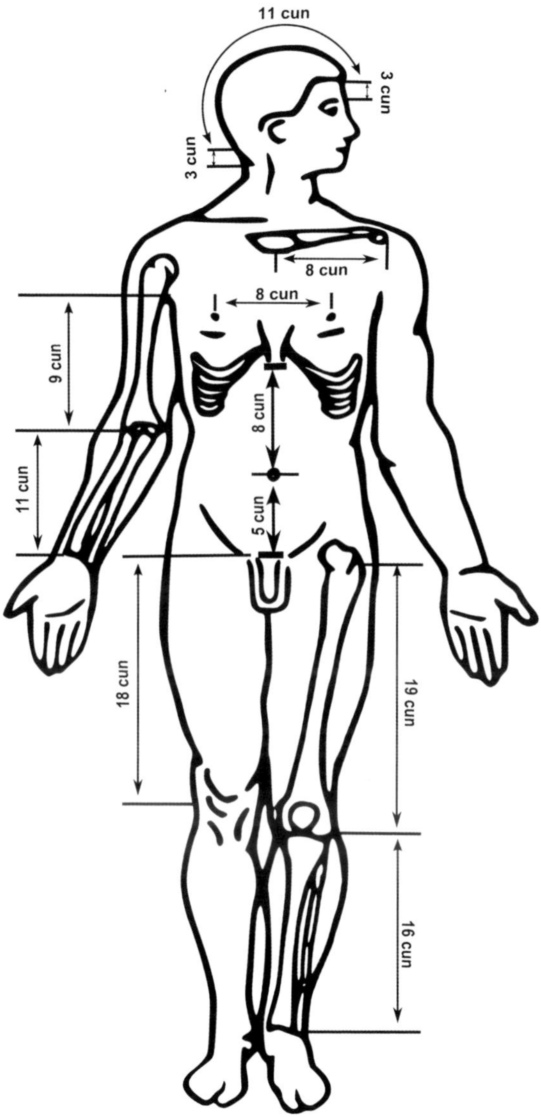

Abb. 42: Maße an der Vorderseite des Körpers.

Teil II

Die Praxis des Kyusho-Jitsu

Die praxisrelevanten Vitalpunkte im Kyusho-Jitsu

Einleitung

Für das Ausüben von Kyusho-Jitsu ist es nicht nötig, alle Akupunkturpunkte zu kennen, es genügt eine gewisse Anzahl, um sich erfolgreich verteidigen zu können. Das Finden dieser Punkte muss aber durch häufiges Üben perfektioniert werden, um sich in einer Ernstfallsituation behaupten zu können.

In der nachfolgenden Aufstellung ist ein Großteil der wichtigsten Vitalpunkte jeweils mit der zugehörigen Meridianbahn aufgeführt. Es gibt verschiedene Arten von Vitalpunkten. Es ist essentiell, sie auf richtige Weise zu aktivieren, um zu dem gewünschten Erfolg zu gelangen. Die Punkte werden entweder durch Schlagen, Reiben oder durch Drücken aktiviert. Von äußerster Wichtigkeit ist es auch, unter welchem Winkel man auf die Punkte einwirkt und was für Elemente (siehe Seite 25 und Seite 198) man berücksichtigen muss, um erfolgreich zu sein.

Grundsätzlich ist es ratsam, zu Beginn des Kyusho-Jitsu-Studiums mit einigen wenigen ausgewählten Punkten intensiv zu üben, anstatt sich oberflächlich mit einer großen Zahl von Punkten zu befassen, was zwangsläufig zu – gefährlichen – Fehlern führen würde.

Die in den tabellarischen Übersichten auf den folgenden Seiten verwendeten Begriffe bedeuten:

Lokalisation	=	Lokalisation des genannten Punktes
Richtung	=	Richtung der Anwendung
Bearbeitung	=	Möglichkeiten für die Manipulation bzw. die Bearbeitung des entsprechenden Punktes
Wirkung	=	Wirkung, die erzielt werden kann
Reaktivierung	=	Gegenmaßnahme, Wiederherstellung, Reanimation

Die Vitalpunkte werden mit zwei Buchstaben des Meridians und der Zahl des entsprechenden Punktes bezeichnet (z. B.: Lu 1 = 1. Vitalpunkt des Lungenmeridians; für eine Übersicht über die verwendeten Abkürzungen für die Meridiane: siehe Seite 248). Die Nummerierung verläuft immer mit dem Energiefluss des Meridians vom ersten bis zum letzten Punkt. Extrapunkte wurden jeweils nach ihrem Auffinden nummeriert und haben daher kein fortlaufendes System wie die Akupunkturpunkte.

Erläuterungen zur tabellarische Übersicht ab Seite 64

Um den für die Wirksamkeit der Techniken des Kyusho-Jitsu erforderlichen Kraftaufwand einschätzen zu können, wird beim Training grundsätzlich mit einer leichten Bearbeitung begonnen, gleichgültig, ob es sich um einen Schlag-, Druck- oder Reibepunkt handelt. Zu berücksichtigen ist auch, dass jeder Mensch seine eigene spezifische Empfindlichkeit hat. Eine Technik kann demzufolge bei identischer Anwendung bei verschiedenen Personen oder auch bei einer Person zu verschiedenen Zeiten zu unterschiedlichen Ergebnissen führen. Dies gilt sowohl für einen Angriff als auch für die Reaktivierung. Um ein Gefühl für den richtigen und wirkungsvollen Einsatz zu erlangen, ist ein intensives, ausdauerndes Training erforderlich. Effektives Kyusho-Jitsu ist vor allem eine Frage der Erfahrung.

Die folgenden Beispiele erklären, was unter einem Schlag-, Druck- und Reibepunkt verstanden wird und wie konkrete Anwendungen ausgeführt werden. Diese Beispiele sollen verdeutlichen, wie die Angaben aus der tabellarischen Übersicht ab Seite 64 in die Praxis umgesetzt werden können.

Beispiel 1: Lungenmeridianpunkt 7 (siehe Seite 65). Lu 7 ist ein Schlag-, Druck- und Reibepunkt.

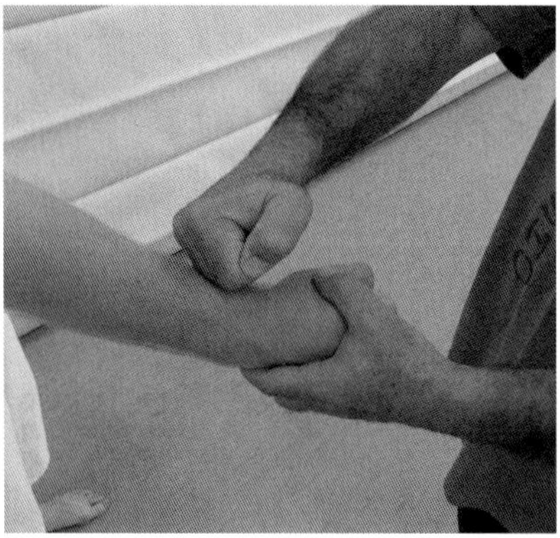

Abb. 43

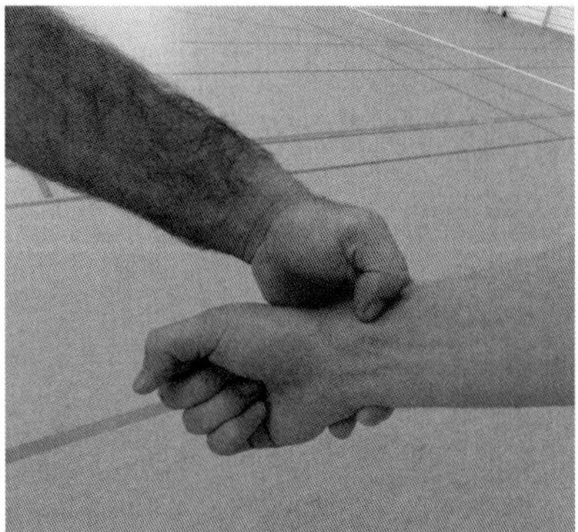

Abb. 44

Abb. 43: Hier wird der Punkt mit den Fingerknöcheln im 90° Winkel zum Arm geschlagen.

Abb. 44: Eine weitere Möglichkeit besteht darin, diesen Punkt mit dem Daumen auf den Speichenknochen des Gegners in Richtung seines Daumens zu drücken.

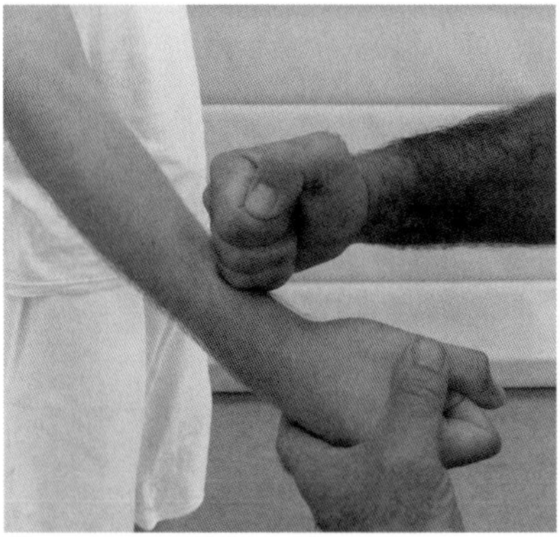

Abb. 45

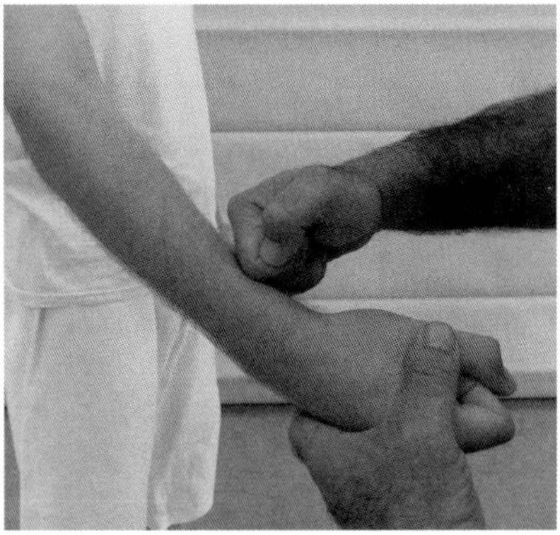

Abb. 46

Abb. 45 und 46: Des Weiteren ist es möglich, den Punkt mittels Reibung zu bearbeiten. Dies kann entweder seitlich von links nach rechts erfolgen (Abb. 45) oder den Speichenknochen entlang von oben nach unten (Abb. 46).

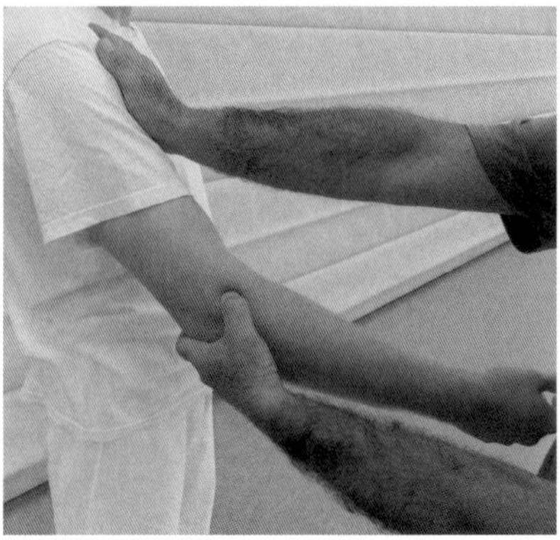

Abb. 47

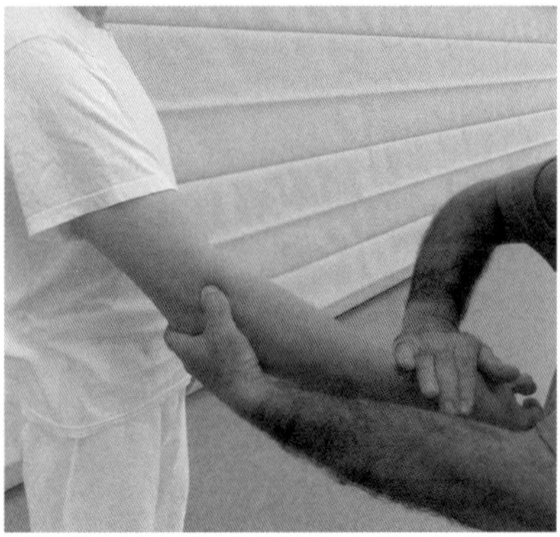

Abb. 48

Abb. 47 und 48: Reaktivierung nach einer Schädigung am Punkt Lu 7: Man greift mit der linken Hand den Punkt Di 11 und reibt mit der rechten Hand mehrmals von Lu 1 zu Lu 11.

Beispiel 2: Lenkergefäßpunkt 26 (siehe Seite 183). LG 26 ist ein Schlag-, Druck- und Reibepunkt.

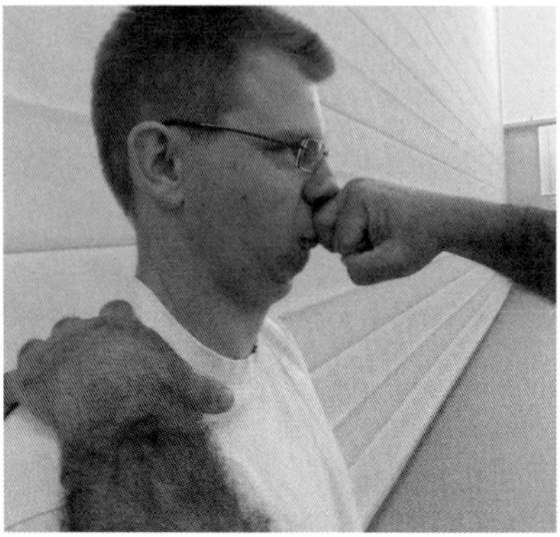

Abb. 49

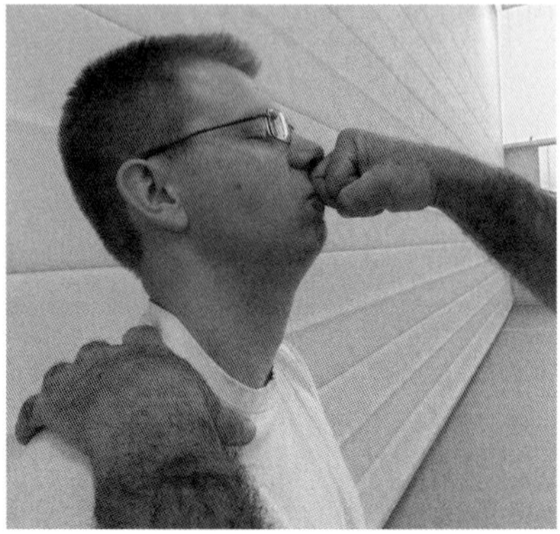

Abb. 50

Abb. 49: Der Angriff kann als Schlagtechnik mit Nakadaka Ippon-Ken (Einknöchelfaust) im Winkel von 45° nach unten erfolgen.

Abb. 50: Ebenso ist es möglich, mit derselben Technik in einem Winkel von 45° aufwärts zu schlagen.

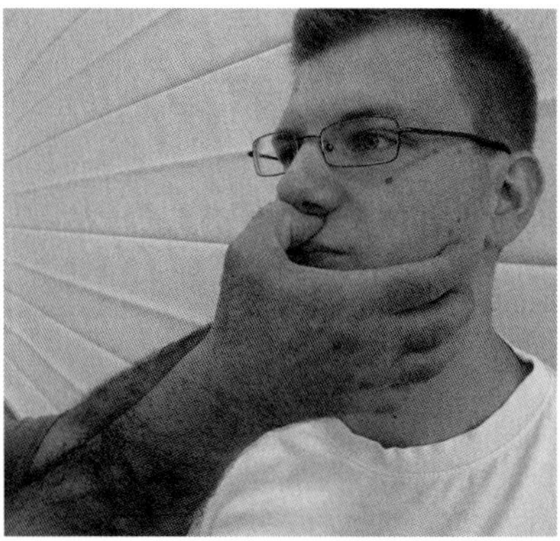

Abb. 51: Die Bearbeitung des Punktes LG 26 mittels Druck mit dem Daumen. Wie schon beim Schlagen, wird auch hier in einem Winkel von 45° nach oben oder unten gearbeitet.

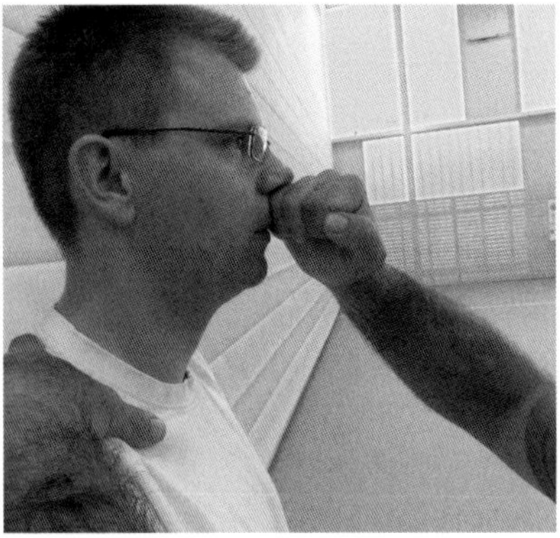

Abb. 52

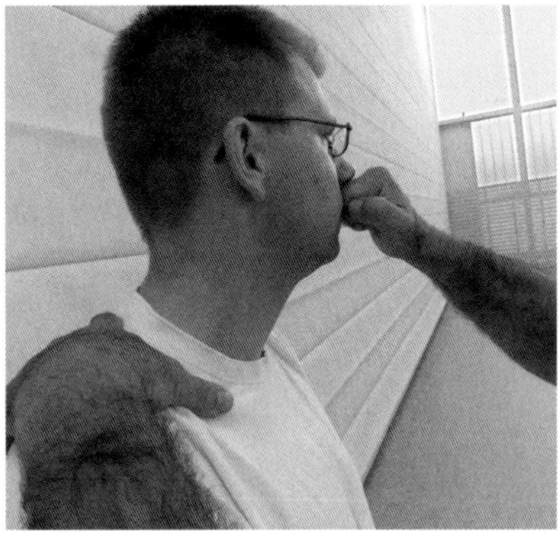

Abb. 53

Abb. 52 und 53: Hier wird der Punkt LG 26 mit den Fingerknöcheln von links nach rechts oder umgekehrt gerieben. Die Reibebewegung wird dabei schnell ausgeführt.

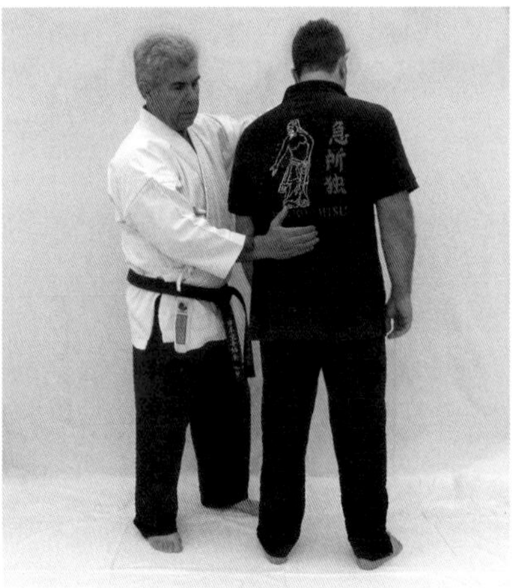

Abb. 54

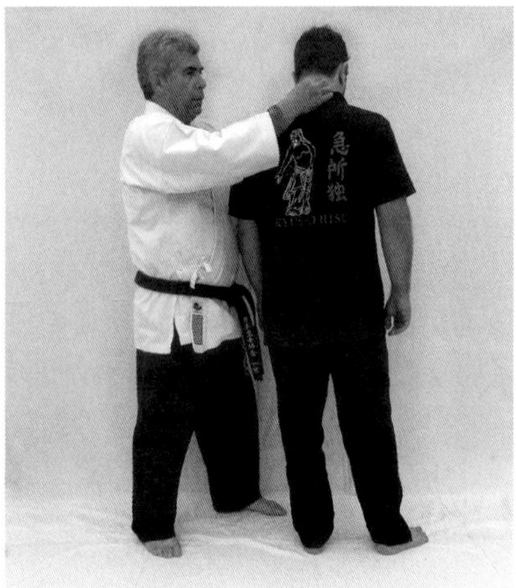

Abb. 55

Abb. 54 und 55: Reaktivierung nach einem Angriff auf LG 26: Mit gekrümmter Hand von unten nach oben über die Wirbelsäule streichen, ohne sie zu berühren (Abb. 54). Danach mit Daumen und Zeigefinger fest über den Nacken in Richtung Kopf reiben (Abb. 54).

Beispiel 3: Gallenblasenmeridianpunkt 24 (siehe Seite 153). Gb 24 ist ein Schlagpunkt.

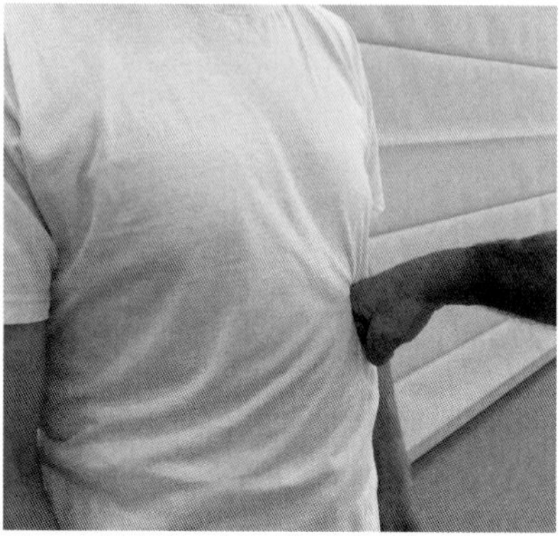

Abb. 56

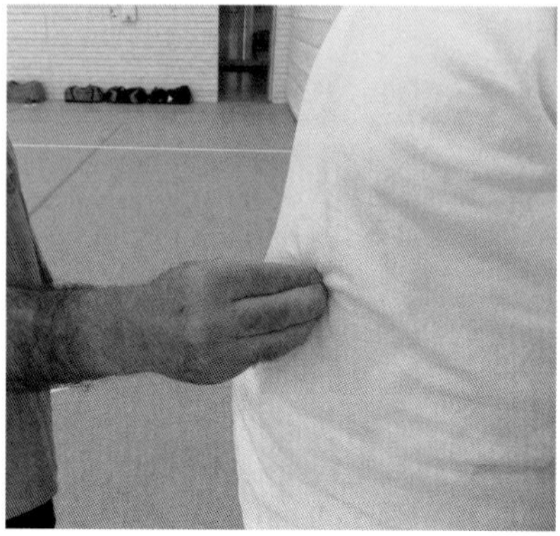

Abb. 57

Abb. 56 und 57: Dieser Schlagpunkt wird 90° von vorn mit einer Seiken-Faust (gerader Fauststoß) (Abb. 56) oder mit Washide (Adlerhand, Abb. 57) geschlagen.

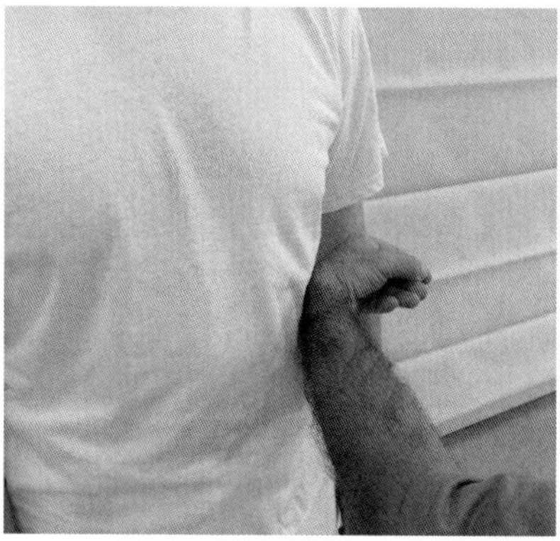

Abb. 58: Gb 24 kann auch von der Seite in einem 90°-Winkel in den Körper geschlagen werden, hier zum Beispiel mit der Technik Kakuto (Kranichkopf).

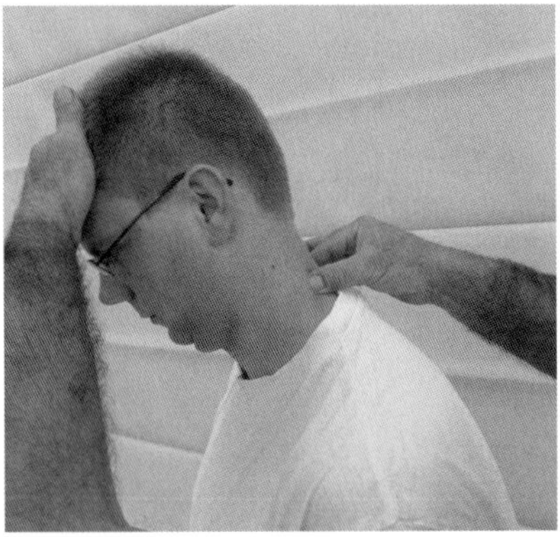

Abb. 59

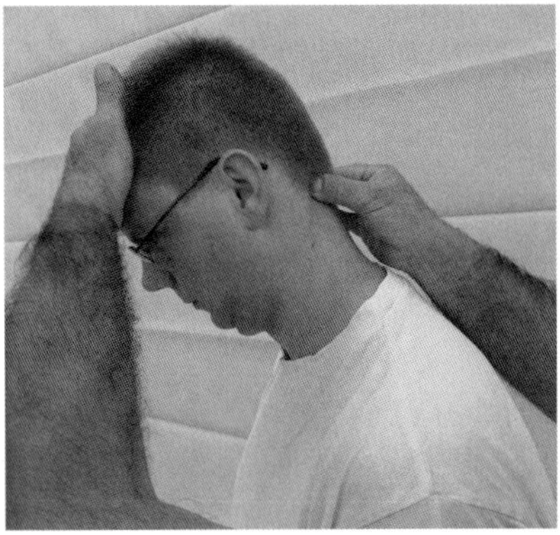

Abb. 60

Abb. 59 und 60: Reaktivierung bei einer mittleren Trefferwirkung: Vom Halsansatz bis Gb 20 mehrfach mit Druck reiben.

Beispiel 4: Extrapunkt M-UE 31 (siehe Seite 191). M-UE 31 ist ein Schlag- und Druckpunkt.

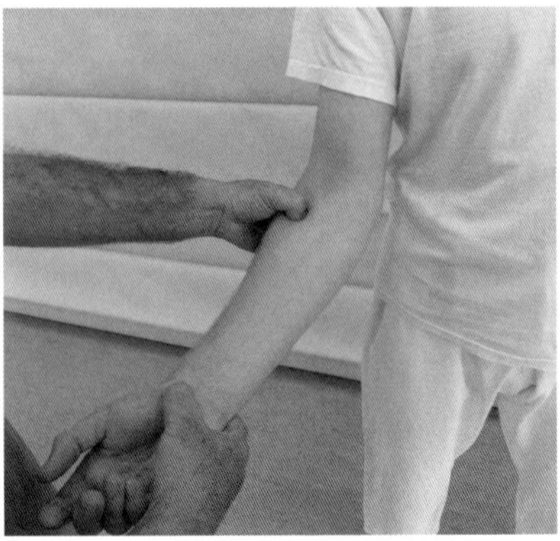

Abb. 61

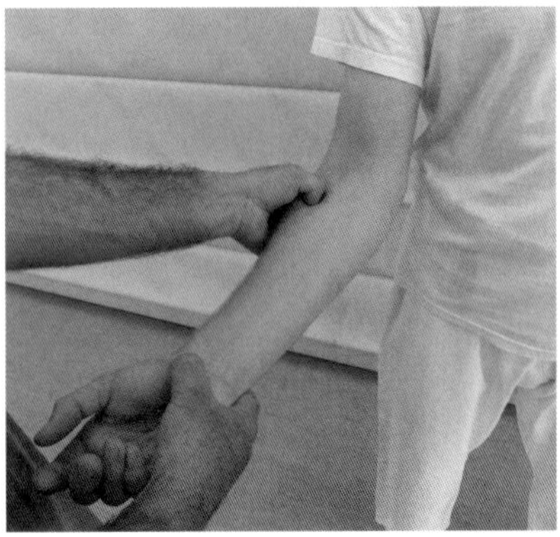

Abb. 62

Abb. 61 und 62: Um eine optimale Wirkung zu erzielen, muss man zuerst im 90°-Winkel mit dem Daumen auf M-UE 31 in den Arm hinein drücken (Abb. 61) und danach den Druck in einem Winkel von ca. 30° in Richtung Daumen des Gegners richten (Abb. 62).

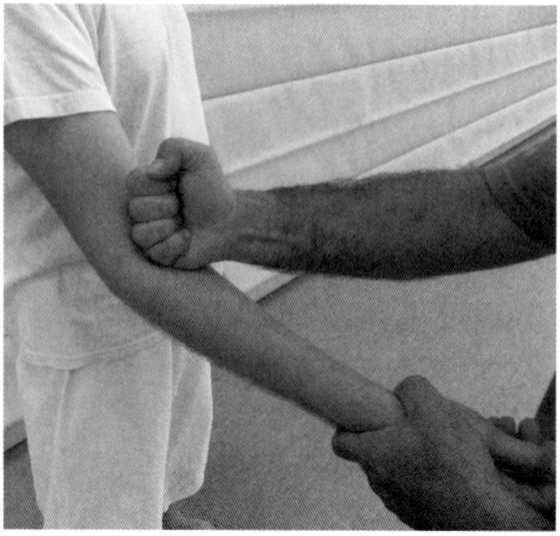

Abb. 63

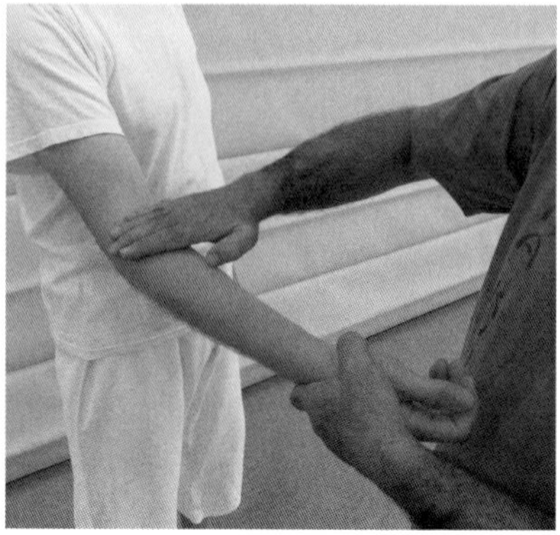

Abb. 64

Abb. 63: Beim Schlagen dieses Punktes wird genauso verfahren wie beim Drücken (vgl. Abb. 61 und 62). Es wird mit einem geeigneten Knöchel der Faust bzw. der Hand geschlagen. Hier erfolgt der Angriff mit dem Faustknöchel der Kleinfingerseite. Zuerst wird im Winkel 90° in den Arm geschlagen, dann erfolgt eine Faustdrehung um ca. 30° in Richtung Daumen des Gegners.

Abb. 64: Reaktivierung: Den getroffenen Punkt mit der flachen Hand mehrfach anklopfen und danach kreisförmig massieren.

Beispiel 5: Extrapunkt M-HN 18 (siehe Seite 189). M-HN 18 ist ein Schlag-, Druck- und Reibepunkt.

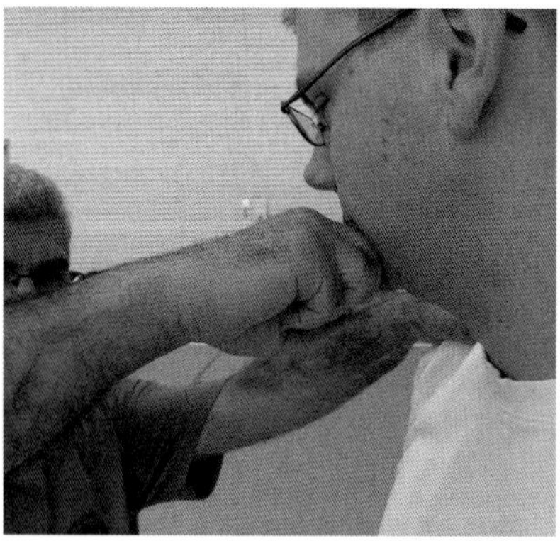

Abb. 65

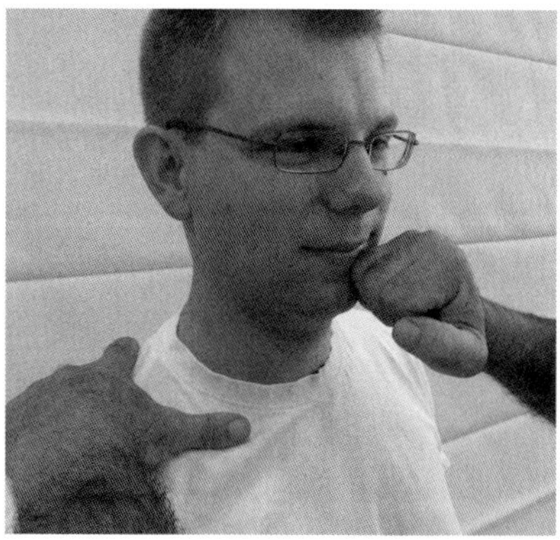

Abb. 66

Abb. 65 und 66: Die Schlagtechnik kann auf diesen Punkt mit einem Nakadaka Ippon-Ken (Einknöchelfaust, Abb. 65) oder mit der Kleinfingerseite der Faust im 90°-Winkel zum Kopf oder im 45°-Winkel nach unten oder oben ausgeführt werden (Abb. 66).

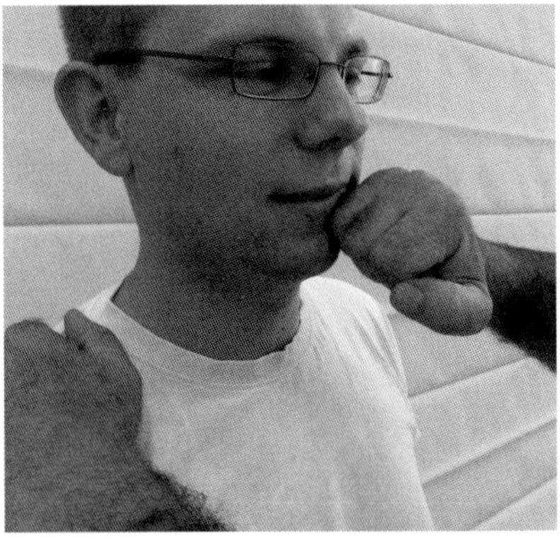

Abb. 67

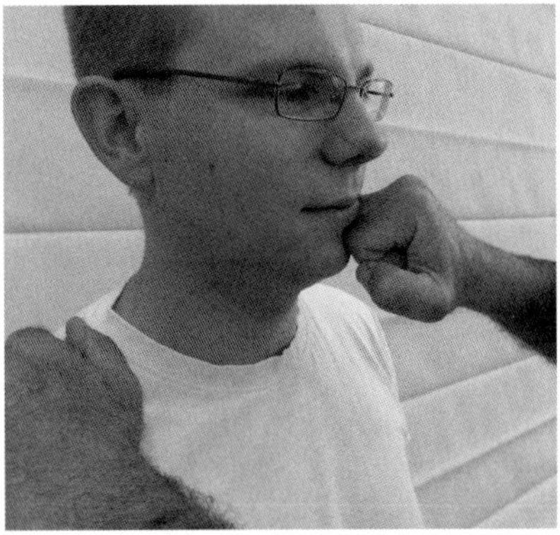

Abb. 68

Abb. 67 und 68: Soll der M-HN 18 als Reibepunkt verwendet werden, kann man mit den Knöcheln von links nach rechts oder umgekehrt mit einer schnellen Reibebewegung angreifen.

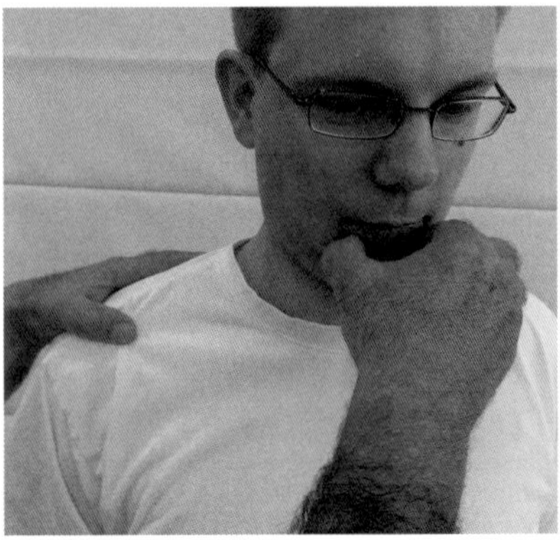

Abb. 69

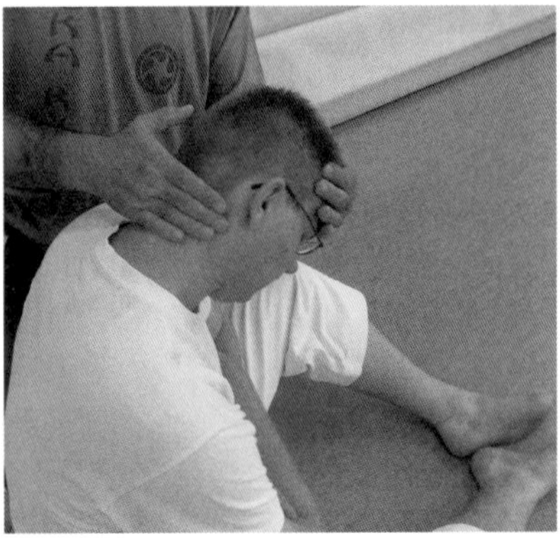

Abb. 70

Abb. 69: Auch bei der Anwendung als Druckangriff mit Zeigefinger und Daumen wird wie bei einem Schlagangriff verfahren. Der Druck muss 90° nach innen oder 45° nach unten oder oben angesetzt werden.

Abb. 70: Reaktivierung: Beim Bearbeiten dieses Punktes kommt es häufig zur Bewusstlosigkeit. Hier muss sofort mit der Behandlung gegen den neurologischen K. o. begonnen werden (siehe Kuatsu-Techniken in Teil 3 dieses Buches ab Seite 213).

Die hier gezeigten Bearbeitungstechniken sind nur Beispiele. Grundsätzlich können bei der Bearbeitung von Vitalpunkten stets der jeweiligen Situation angemessene Techniken eingesetzt werden.

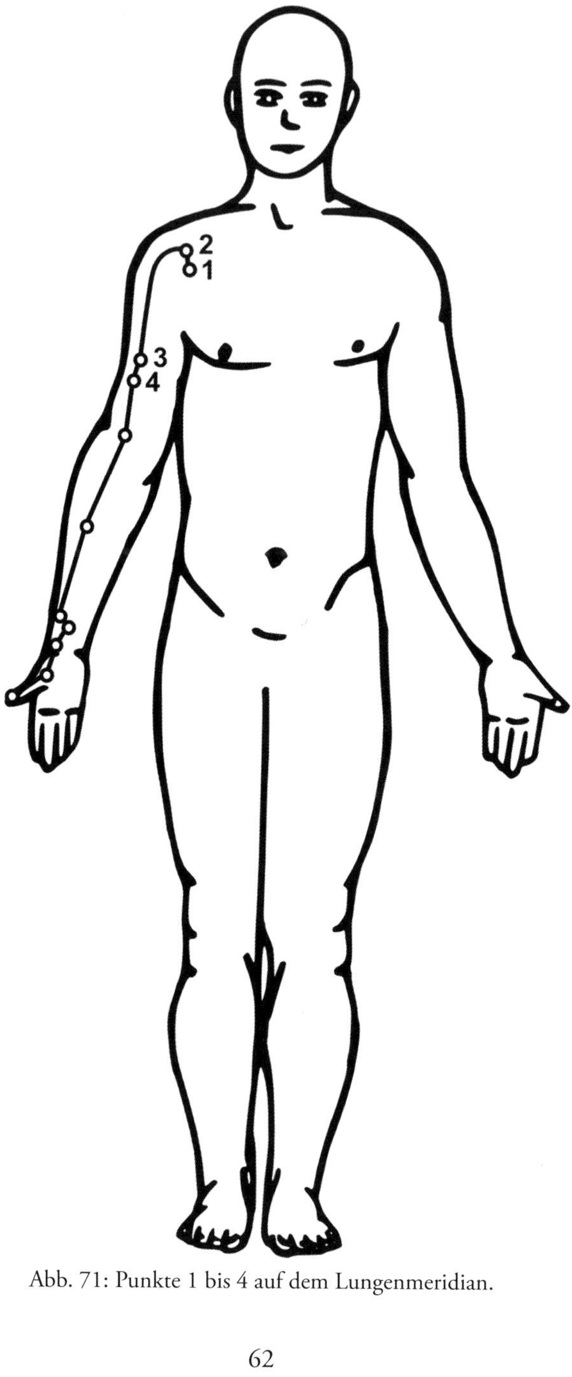

Abb. 71: Punkte 1 bis 4 auf dem Lungenmeridian.

Lungenmeridian – Punkte 1 bis 4

Lu 1	Lokalisation:	2 cun unter Schlüsselbein, 6 cun von Körpermitte
	Richtung:	45° nach unten oder oben
	Bearbeitung:	Schlag- und Druckpunkt
	Wirkung:	große Qi-Ableitung, starker örtlicher Schmerz
	Reaktivierung:	auf der gegenüberliegenden Seite Lu 1 durch Druck behandeln
Lu 2	Lokalisation:	direkt unter Schlüsselbein, 6 cun von Körpermitte
	Richtung:	45° aufwärts unter das Schlüsselbein oder nach unten
	Bearbeitung:	Schlag- und Druckpunkt
	Wirkung:	großer Schmerz, Bewusstlosigkeit
	Reaktivierung:	Fingerdruck auf Lu 5 und Lu 2 auf der gegenüberliegenden Seite stimulieren
Lu 3	Lokalisation:	6 cun über Ellenbogenbeuge an der Außenseite des Oberarms
	Richtung:	direkt 90°
	Bearbeitung:	Schlag- und Druckpunkt
	Wirkung:	Lähmung des Arms, Gleichgewichts- und Gedächtnisstörung
	Reaktivierung:	Druck auf Lu 2 oder gleichzeitig Lu 9 und Daumenspitze
Lu 4	Lokalisation:	5 cun über Ellenbogenbeuge bzw. 1 cun unter Lu 3
	Richtung:	direkt 90°
	Bearbeitung:	Schlag- und Druckpunkt
	Wirkung:	Lähmung des Arms, Gleichgewichts- und Gedächtnisstörung
	Reaktivierung:	Druck auf Gb 20 bei neurologischer Störung (z. B. gefühlloser Arm)

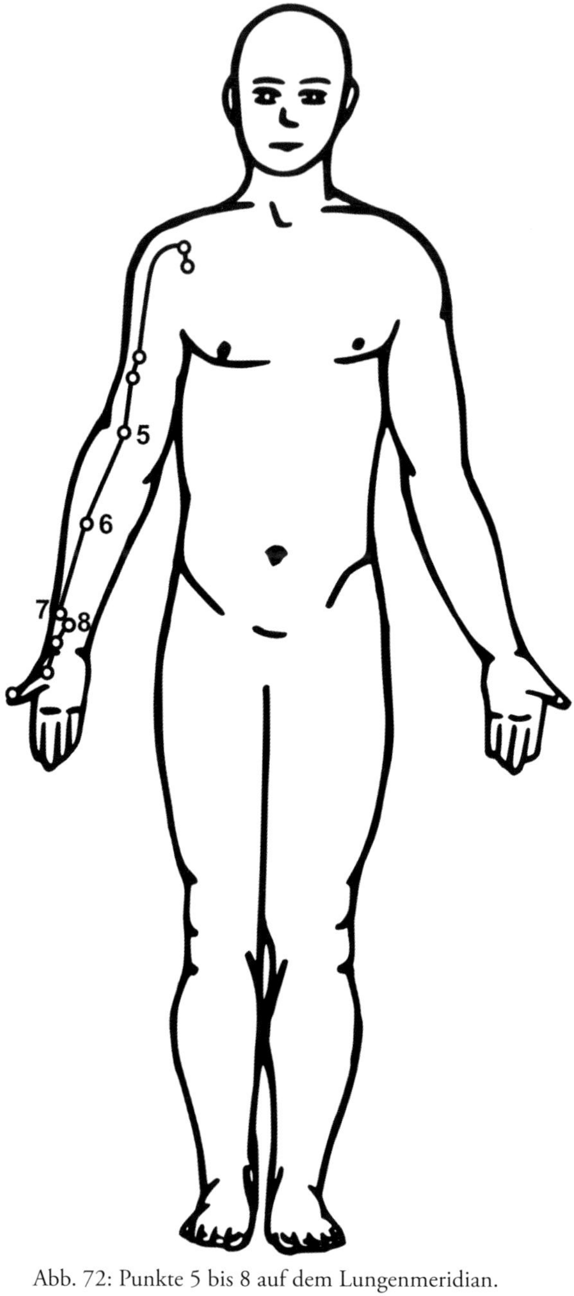

Abb. 72: Punkte 5 bis 8 auf dem Lungenmeridian.

Lungenmeridian – Punkte 5 bis 8

Lu 5
Lokalisation: in Ellenbogenbeuge auf Daumenseite
Richtung: nach innen und ca. 30° Richtung Daumen
Bearbeitung: Schlag- und Druckpunkt
Wirkung: Bewusstlosigkeit, Gehirnschädigung
Reaktivierung: Lu 5 auf der gegenüberliegenden Seite stimulieren durch Schlag mit der flachen Hand und anschließendes kreisförmiges Reiben

Lu 6
Lokalisation: 5 cun unterhalb Ellenbogenbeuge
Richtung: 90° nach innen und 45° Richtung Daumen
Bearbeitung: Schlag- und Druckpunkt
Wirkung: Lähmung des Arms, Bewusstlosigkeit durch Stoppen des Qi-Flusses
Reaktivierung: bei schwachem Angriff Lu 5 und Lu 6 auf der gegenüberliegenden Seite stimulieren, bei starkem Angriff Atmung stimulieren durch Druck auf KG 14 oder leichten Schlag auf Brustkorb

Lu 7
Lokalisation: 1,5 cun oberhalb der Handgelenksfalte vor dem Knöchel
Richtung: direkt 90° oder Richtung Daumen
Bearbeitung: Schlag-, Druck- und Reibepunkt
Wirkung: Schmerz, Bewusstlosigkeit
Reaktivierung: Greifen mit der linken Hand Di 11 und Reiben mit der rechten Hand von Lu 1 zu Lu 11

Lu 8
Lokalisation: 1 cun oberhalb der Handgelenksfalte
Richtung: nach innen und Richtung Daumen
Bearbeitung: Schlag-, Druck- und Reibepunkt
Wirkung: örtlicher Schmerz
Reaktivierung: Druck auf Lu 8 auf der gegenüberliegenden Seite oder auf Lu 3

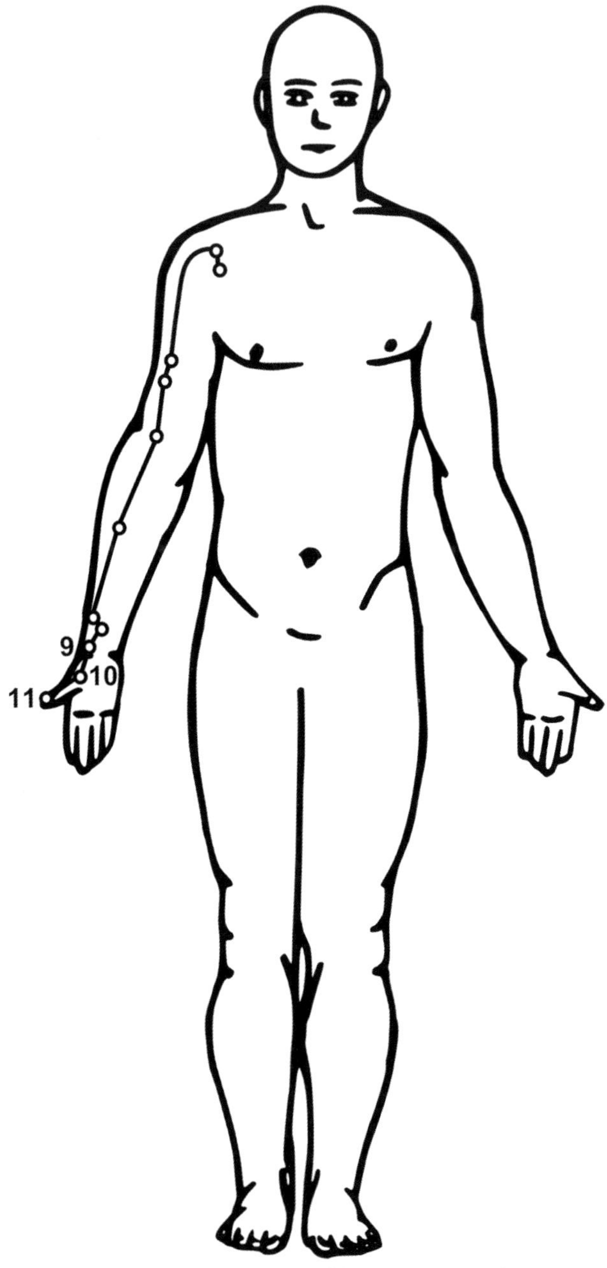

Abb. 73: Punkte 9 bis 11 auf dem Lungenmeridian.

Lungenmeridian – Punkte 9 bis 11

Lu 9	Lokalisation:	in Handgelenksfalte
	Richtung:	direkt 90°
	Bearbeitung:	Schlag- und Druckpunkt
	Wirkung:	örtlicher Schmerz, Atemprobleme
	Reaktivierung:	Druck auf Lu 9 der gegenüberliegenden Seite
Lu 10	Lokalisation:	Mitte Daumenballen, höchster Punkt am Daumen
	Richtung:	90° nach innen und 45° Richtung Daumenknochen
	Bearbeitung:	Schlag- und Druckpunkt
	Wirkung:	örtlicher Schmerz
	Reaktivierung:	Druck auf Lu 11
Lu 11	Lokalisation:	neben Fingernagel an Daumenaußenseite (am Nagelfalzwinkel – siehe Seite 248)
	Richtung:	direkt 90°
	Bearbeitung:	Druckpunkt
	Wirkung:	starker örtlicher Schmerz
	Reaktivierung:	Lu 11 auf der gegenüberliegender Seite reiben

Beispiele für Anwendungen am Lungenmeridian

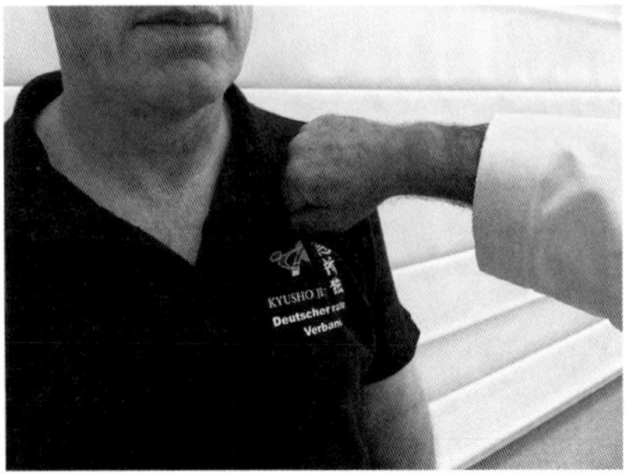

Abb. 74: Lu 1 – Druck mit Boshi Ken.

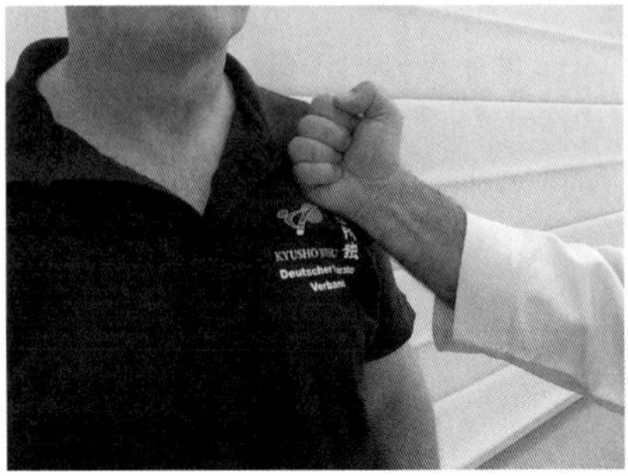

Abb. 75: Lu 1 – Schlag mit Tettsui Uchi.

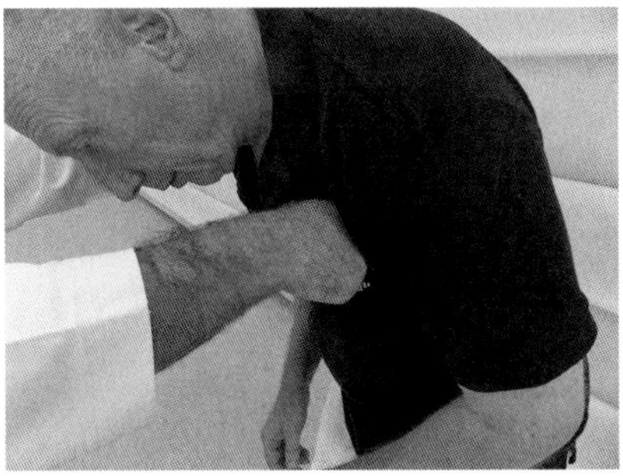

Abb. 76: Lu 1 – Schlag mit Tate Zuki.

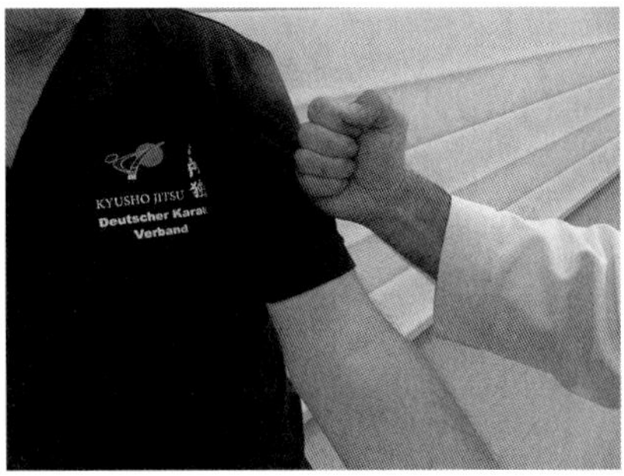

Abb. 77: Lu 3 – Schlag mit Tettsui Uchi.

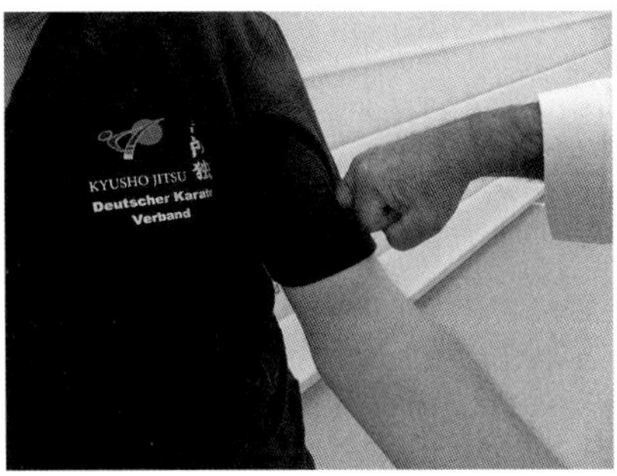

Abb. 78: Lu 4 – Schlag mit Nakadaka Ken.

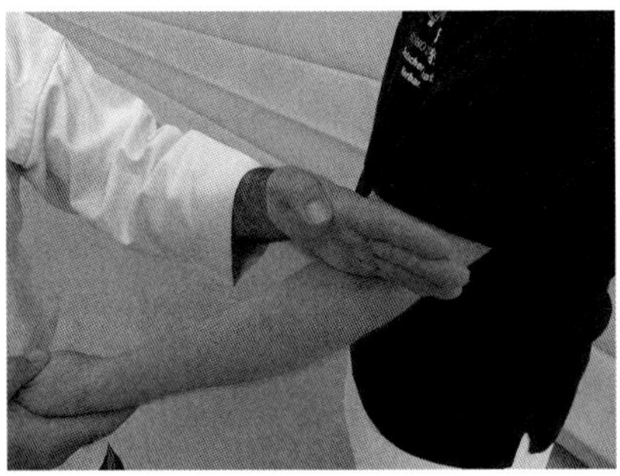

Abb. 79: Lu 5 – Schlag mit Shuto Uchi.

Beispiele für Anwendungen am Lungenmeridian – Fortsetzung

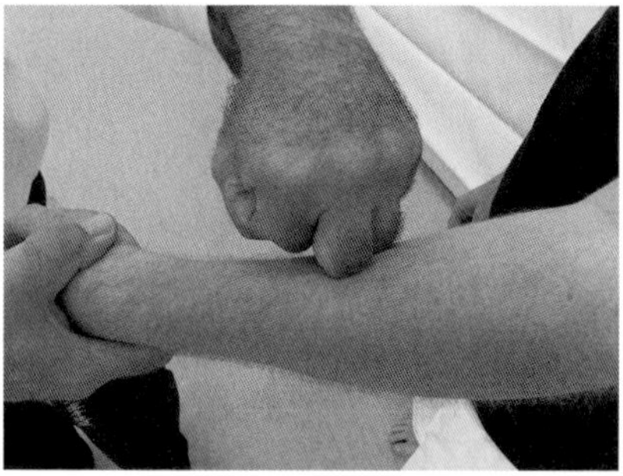

Abb. 80: Lu 6 – Schlag mit Nakadaka Ken.

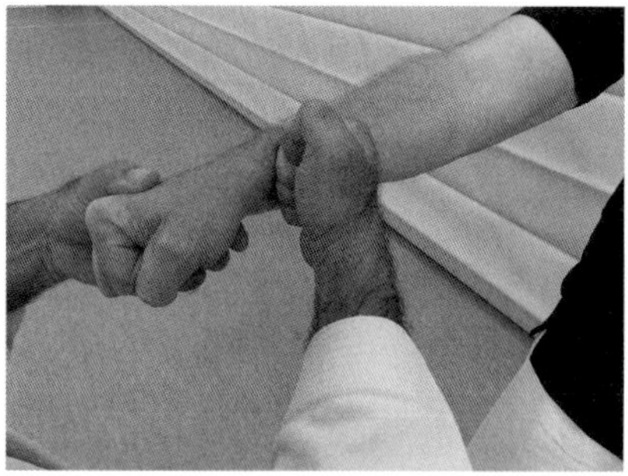

Abb. 81: Lu 7 – Schlag mit Knöchel in Richtung Daumen.

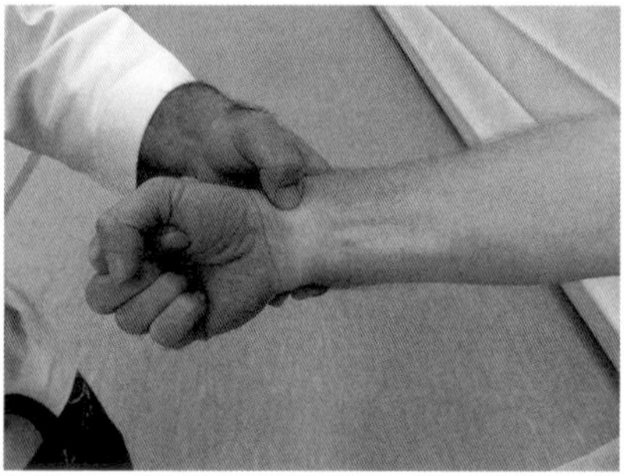

Abb. 82: Lu 8 – Druck mit Daumen.

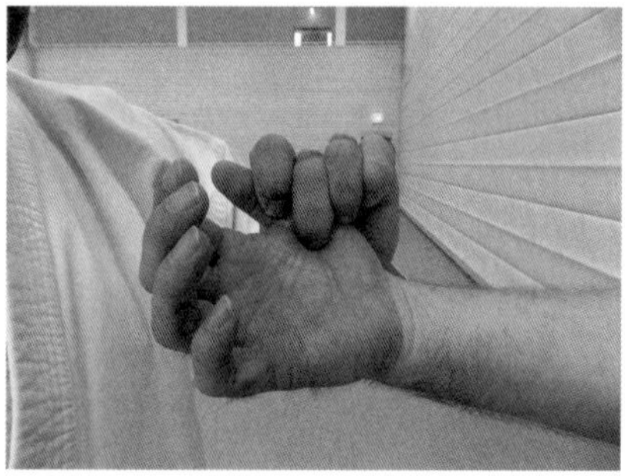

Abb. 83: Lu 10 – Druck mit Mittelfinger.

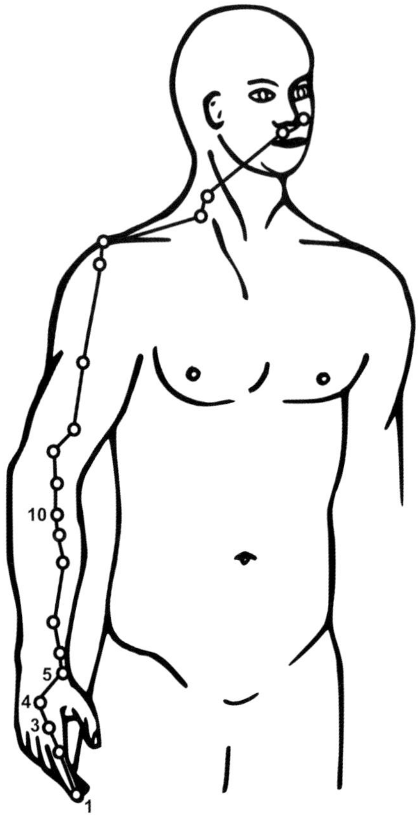

Abb. 84: Punkte 1, 3, 4, 5 und 10 auf dem Dickdarmmeridian.

Dickdarmmeridian – Punkte 1, 3, 4, 5 und 10

Di 1	Lokalisation:	neben Fingernagel des Zeigefingers auf der Daumenseite
	Richtung:	auf Daumen drücken
	Bearbeitung:	Druckpunkt
	Wirkung:	örtlicher Schmerz
	Reaktivierung:	Schmerz lässt von allein wieder nach
Di 3	Lokalisation:	an der Außenseite des Ringfingergelenks
	Richtung:	nach innen zum Knochen
	Bearbeitung:	Druckpunkt
	Wirkung:	örtlicher Schmerz
	Reaktivierung:	Druck auf Di 3 auf der gegenüberliegenden Seite
Di 4	Lokalisation:	am Ansatz zwischen Daumen und Zeigefinger
	Richtung:	nach innen Richtung Mittelhandknochen, Zeigefinger oder Daumen
	Bearbeitung:	Schlag- und Druckpunkt
	Wirkung:	Schmerz im gesamten Unterarm oder Desorientierung
	Reaktivierung:	Massage von Di 4 auf der gegenüberliegenden Seite
Di 5	Lokalisation:	in Handgelenksfalte
	Richtung:	Schlag Richtung Handgelenk oder direkt 90°
	Bearbeitung:	Schlagpunkt
	Wirkung:	örtlicher Schmerz und/oder Handgelenkbruch
	Reaktivierung:	Shiatsu-Druckmassage; bei Bruch zum Arzt
Di 10	Lokalisation:	2 cun unter Ellenbogengelenk
	Richtung:	gerade nach innen
	Bearbeitung:	Schlag- und Druckpunkt
	Wirkung:	örtlicher Schmerz, Lähmung der Hand, Bewusstlosigkeit
	Reaktivierung:	beide Handballen auf die geschädigte Stelle am Unterarm legen und mittels Zusammendrücken der Finger den geschädigten Unterarm massieren

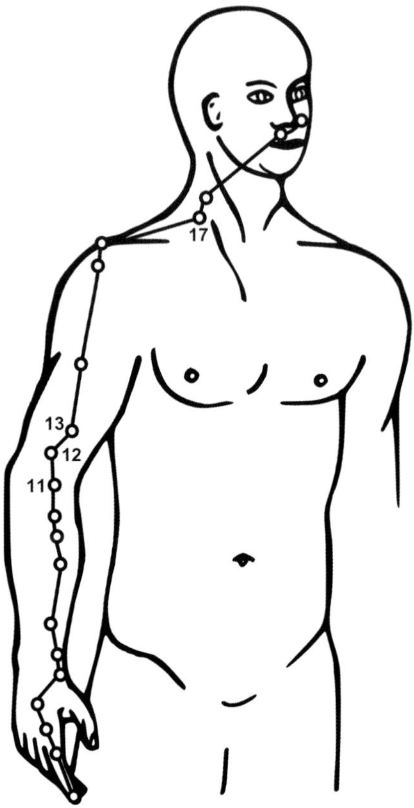

Abb. 85: Punkte 11, 12, 13 und 17 auf dem Dickdarmmeridian.

Dickdarmmeridian – Punkte 11, 12, 13 und 17

Di 11	Lokalisation:	direkt an der Oberseite des Ellenbogengelenks
	Richtung:	nach innen zum Knochen
	Bearbeitung:	Schlag- und Druckpunkt
	Wirkung:	örtlicher Schmerz, Schwächegefühl
	Reaktivierung:	Di 11 auf gegenüberliegender Seite mittels Schlag mit flacher Hand und kreisförmigem Reiben stimulieren; gleichzeitig Druck auf Di 1 ausüben
Di 12	Lokalisation:	1 cun über Di 11
	Richtung:	nach innen oder 45° zum Ellenbogen
	Bearbeitung:	Schlag- und Druckpunkt
	Wirkung:	örtlicher Schmerz, Qi-Ableitung, Bewusstlosigkeit
	Reaktivierung:	Di 12 senkrecht in den Arm drücken und in Richtung Hand massieren
Di 13	Lokalisation:	3 cun oberhalb Ellenbogen an Oberarmaußenseite
	Richtung:	direkt 90°
	Bearbeitung:	Schlag- und Druckpunkt
	Wirkung:	Schmerz im gesamten Arm
	Reaktivierung:	Schlag mit flacher Hand auf äußeren Oberarm, dann kreisförmig reiben
Di 17	Lokalisation:	am Kopfwendemuskel hinten, unter Höhe des Kehlkopfs
	Richtung:	45° einwärts Richtung Halsbasis, 1 cun unter Di 18
	Bearbeitung:	Schlagpunkt
	Wirkung:	blockiert Qi- und Blutzufuhr zum Gehirn; Bewusstlosigkeit
	Reaktivierung:	sofort neurologische Wiederherstellung

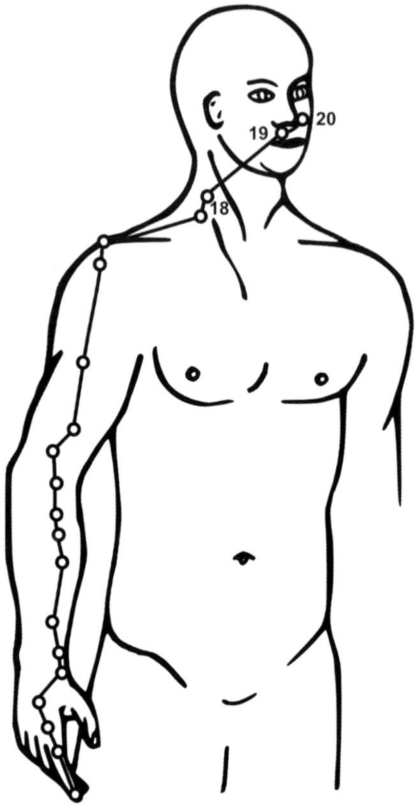

Abb. 86: Punkte 18, 19 und 20 auf dem Dickdarmmeridian.

Dickdarmmeridian – Punkte 18, 19 und 20

Di 18
Lokalisation: am Kopfwendemuskel vorn, über Kehlkopf
Richtung: 45° einwärts Richtung Halsbasis
Bearbeitung: Schlag- und Druckpunkt
Wirkung: blockiert Qi- und Blutzufuhr zum Gehirn; Bewusstlosigkeit
Reaktivierung: sofort neurologische Wiederherstellung

Di 19
Lokalisation: unterhalb des Nasenlochs und 0,5 cun von der Mitte von LG 26 entfernt
Richtung: direkt 90°
Bearbeitung: Schlag-, Druck- und Reibepunkt
Wirkung: Schock, Bewusstlosigkeit
Reaktivierung: Druck auf LG 26 schräg nach oben

Di 20
Lokalisation: Vertiefung seitlich Nasenflügel
Richtung: 45° nach oben zur Kopfmitte oder 45° zum Jochbein
Bearbeitung: Schlag- und Druckpunkt
Wirkung: örtlicher Schmerz, Bewusstlosigkeit
Reaktivierung: Druck auf Di 20 auf der gegenüberliegenden Seite

Beispiele für Anwendungen am Dickdarmmeridian

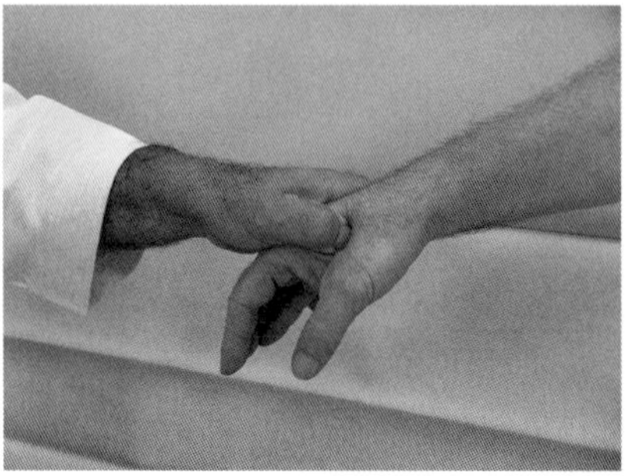

Abb. 87: Di 4 – Druck mit Daumen.

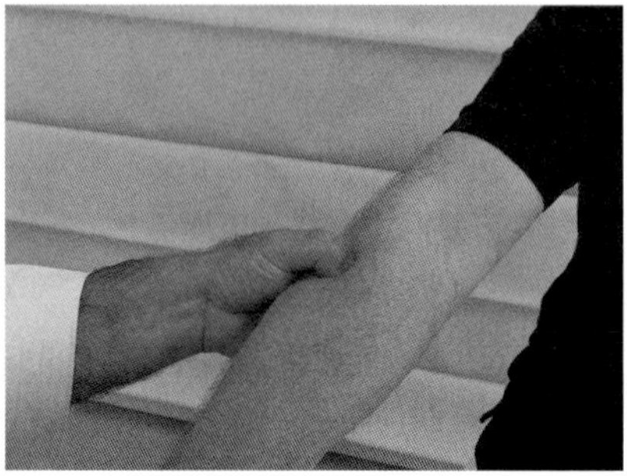

Abb. 88: Di 10 – Druck mit Daumen.

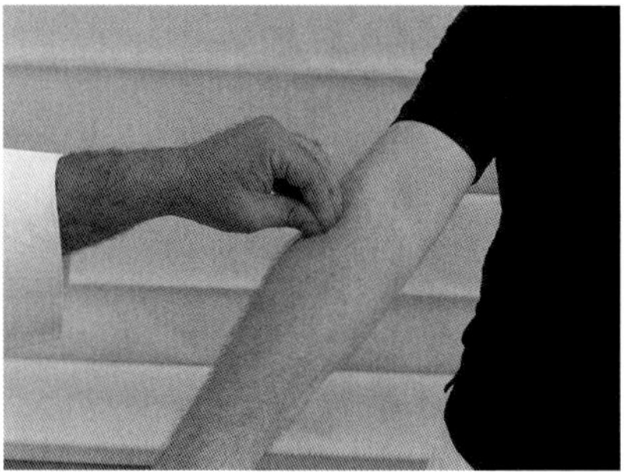

Abb. 89: Di 10 – Schlag mit Washide.

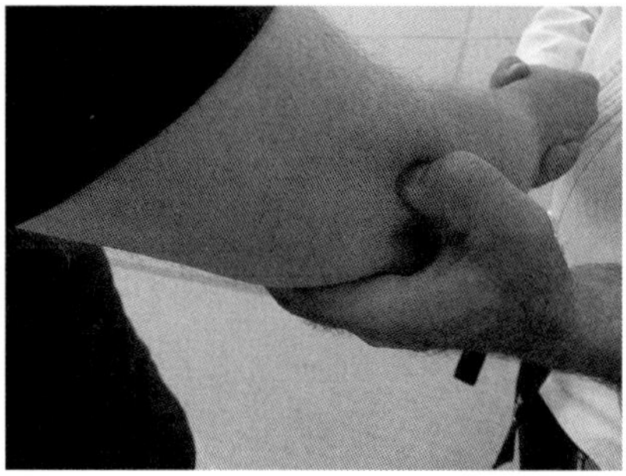

Abb. 90: Di 12 – Druck mit Daumen.

Beispiele für Anwendungen am Dickdarmmeridian – Fortsetzung

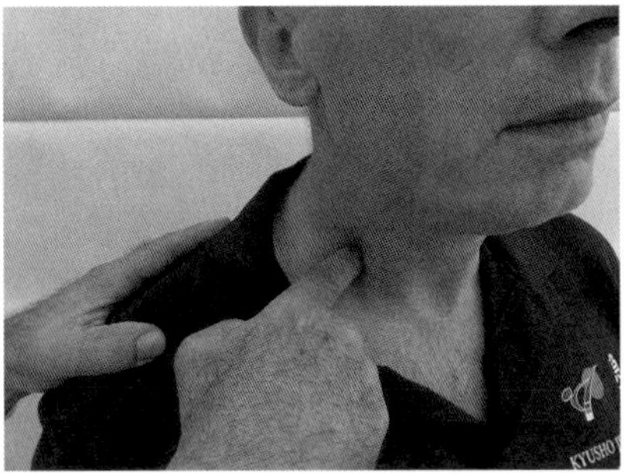

Abb. 91: Di 17 – Druck oder Stoß mit Zeigefinger.

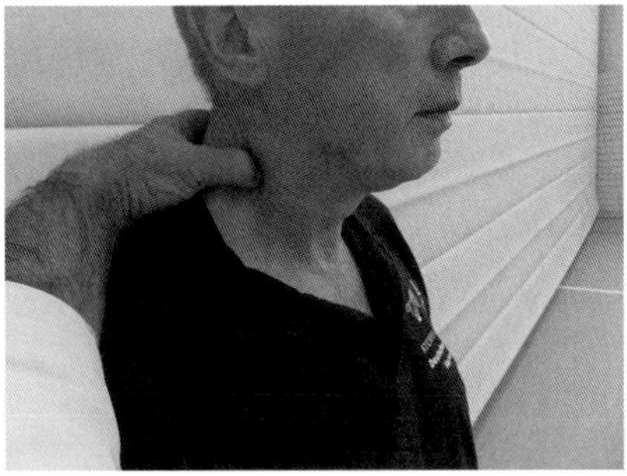

Abb. 92: Di 18 – Druck mit Daumen.

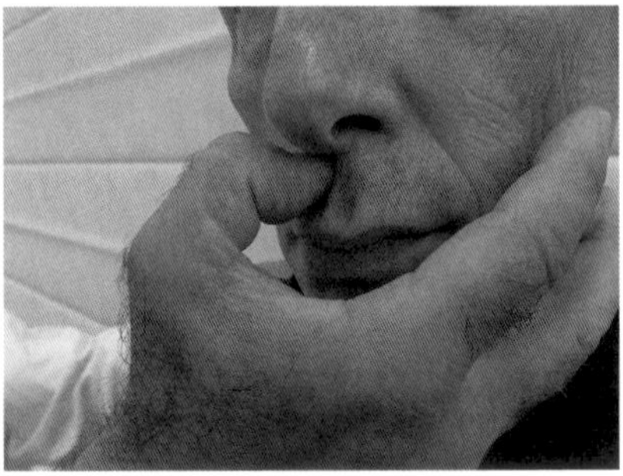

Abb. 93: Di 19 – Druck mit Daumen.

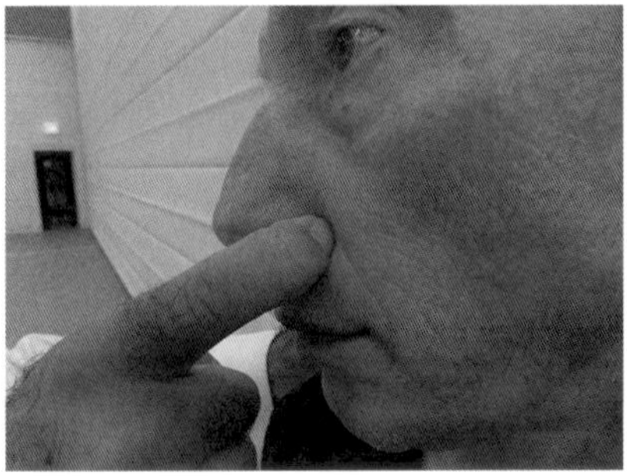

Abb. 94: Di 20 – Druck mit Zeigefinger.

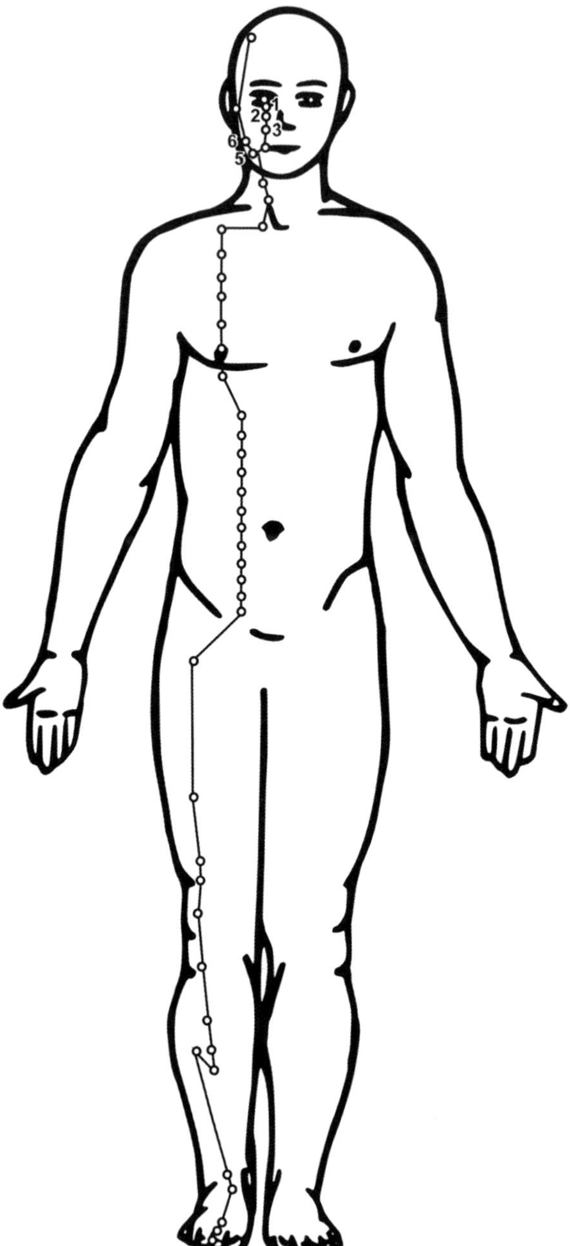

Abb. 95: Punkte 1, 2, 3, 5 und 6 auf dem Magenmeridian.

Magenmeridian – Punkte 1, 2, 3, 5 und 6

Ma 1 Lokalisation: in der Mitte unter dem Auge (unterer Rand der Augenhöhle)
Richtung: direkt 90°
Bearbeitung: Schlagpunkt
Wirkung: Übelkeit, Bewusstlosigkeit
Reaktivierung: Unterarmseite Richtung Ellenbogen reiben

Ma 2 Lokalisation: 1 cun unter Ma 1
Richtung: gerade nach innen
Bearbeitung: Schlag- und Druckpunkt
Wirkung: Schwächegefühl, starker Schmerz, Bewusstlosigkeit
Reaktivierung: Unterarmseite Richtung Ellenbogen reiben

Ma 3 Lokalisation: 1 cun neben Nasenflügel
Richtung: 90° nach innen oder oben
Bearbeitung: Schlag- und Druckpunkt
Wirkung: örtlicher Schmerz, Übelkeit
Reaktivierung: Unterarmseite Richtung Ellenbogen reiben

Ma 5 Lokalisation: in der Mitte des seitlichen Unterkiefers
Richtung: 45° von oben oder unten nach innen
Bearbeitung: Schlag- und Druckpunkt
Wirkung: Bewusstlosigkeit
Reaktivierung: sofort neurologische Wiederherstellung

Ma 6 Lokalisation: am Ende des seitlichen Unterkiefers (vor dem Kieferwinkel)
Richtung: 45° nach innen zur Nasenspitze
Bearbeitung: Schlag- und Druckpunkt
Wirkung: Übelkeit, Bewusstlosigkeit, Gehirnerschütterung
Reaktivierung: Gb 20 aufwärts drücken oder Ma 11

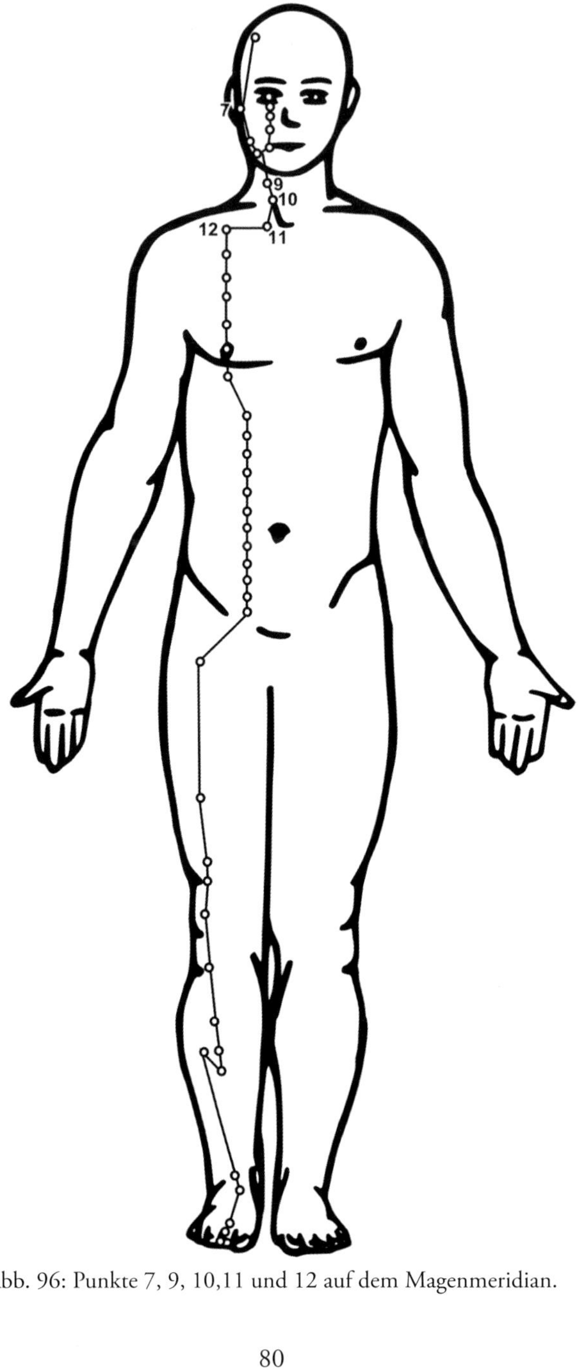

Abb. 96: Punkte 7, 9, 10,11 und 12 auf dem Magenmeridian.

Magenmeridian – Punkte 7, 9, 10, 11 und 12

Ma 7 Lokalisation: zwischen Ober- und Unterkiefer in der Vertiefung vor dem Ohr (unter dem Jochbogen)
Richtung: direkt 90° nach innen und oben
Bearbeitung: Schlag-, Druck- und Reibepunkt
Wirkung: Kontrollverlust der Beine, Bewusstlosigkeit
Reaktivierung: mit zunehmendem Druck Di 10 stimulieren

Ma 9 Lokalisation: auf Höhe der Spitze des Kehlkopfs (Adamsapfel), vor dem Halswendemuskel
Richtung: 45° nach innen oben oder 45° nach innen unten
Bearbeitung: Schlag- und Druckpunkt
Wirkung: Bewusstlosigkeit, starke Blutdruckveränderung
Reaktivierung: Druck auf Gb 20 bzw. neurologische Wiederherstellung (siehe S. 215)

Ma 10 Lokalisation: Mitte zwischen Ma 9 und Ma 11
Richtung: 45° nach innen
Bearbeitung: Schlag- und Druckpunkt
Wirkung: Bewusstlosigkeit, starke Blutdruckveränderung
Reaktivierung: Handballenschlag auf Gb 21 und über Schulter ausstreichen

Ma 11 Lokalisation: senkrecht unter Ma 9, am oberen Rand des Schlüsselbeins
Richtung: 45° von oben und nach innen
Bearbeitung: Schlag- und Druckpunkt
Wirkung: Beine werden instabil, unter Umständen Herzstillstand
Reaktivierung: Druck auf Ma 11 im Winkel von 45° nach unten; bei Herzstillstand sofort wiederbeleben

Ma 12 Lokalisation: oberhalb des Schlüsselbeins senkrecht über Brustwarze (4 cun seitlich der vorderen Mittellinie)
Richtung: 45° von oben und nach innen
Bearbeitung: Schlag- und Druckpunkt
Wirkung: örtlicher Schmerz und Kontrollverlust der Beine
Reaktivierung: bei Qi-Schaden Akupunkteur aufsuchen

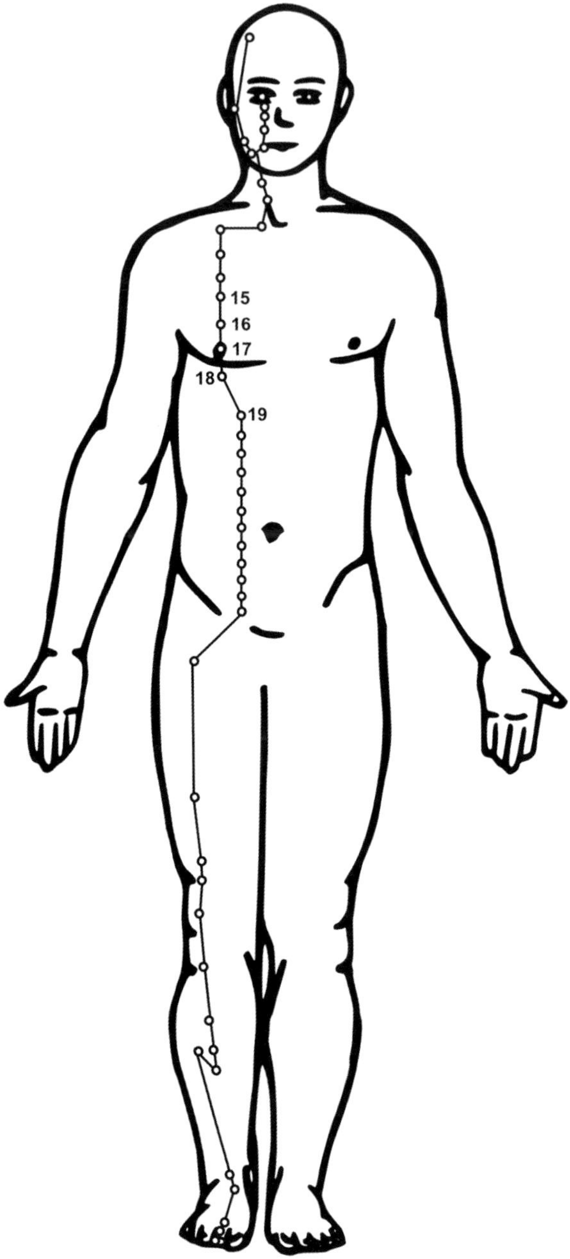

Abb. 97: Punkte 15 bis 19 auf dem Magenmeridian.

Magenmeridian – Punkte 15 bis 19

Ma 15 Lokalisation: in Mitte von Schlüsselbein und Brustwarze
Richtung: 45° nach innen und unten
Bearbeitung: Schlagpunkt
Wirkung: örtlicher Schmerz, Herzstillstand
Reaktivierung: sofort wiederbeleben

Ma 16 Lokalisation: zwischen Ma 15 und Brustwarze
Richtung: 45° nach unten oder von innen oder von außen
Bearbeitung: Schlagpunkt
Wirkung: Herzrhythmusstörung, Herzstillstand
Reaktivierung: sofort wiederbeleben

Ma 17 Lokalisation: genau Mitte Brustwarze
Richtung: direkt 90° nach innen
Bearbeitung: Schlagpunkt
Wirkung: örtlicher Schmerz, Bewusstlosigkeit
Reaktivierung: sofort neurologische Wiederherstellung

Ma 18 Lokalisation: 2 cun unterhalb der Brustwarze
Richtung: 45° in den Körper
Bearbeitung: Schlag- und Druckpunkt
Wirkung: örtlicher Schmerz, Übelkeit, Kopfschmerzen, bei Angriff auf linke Seite, Herzstillstand
Reaktivierung: auf Unterarminnenseite Richtung Handgelenk reiben, bei Herzstillstand sofort reanimieren

Ma 19 Lokalisation: 6 cun oberhalb des Nabels und 2 cun von der Mittellinie des Körpers
Richtung: 90° oder 45° von außen nach innen
Bearbeitung: Schlagpunkt
Wirkung: Zwerchfell wird geschädigt, starke Atemprobleme
Reaktivierung: sofort Lungen-Reanimation

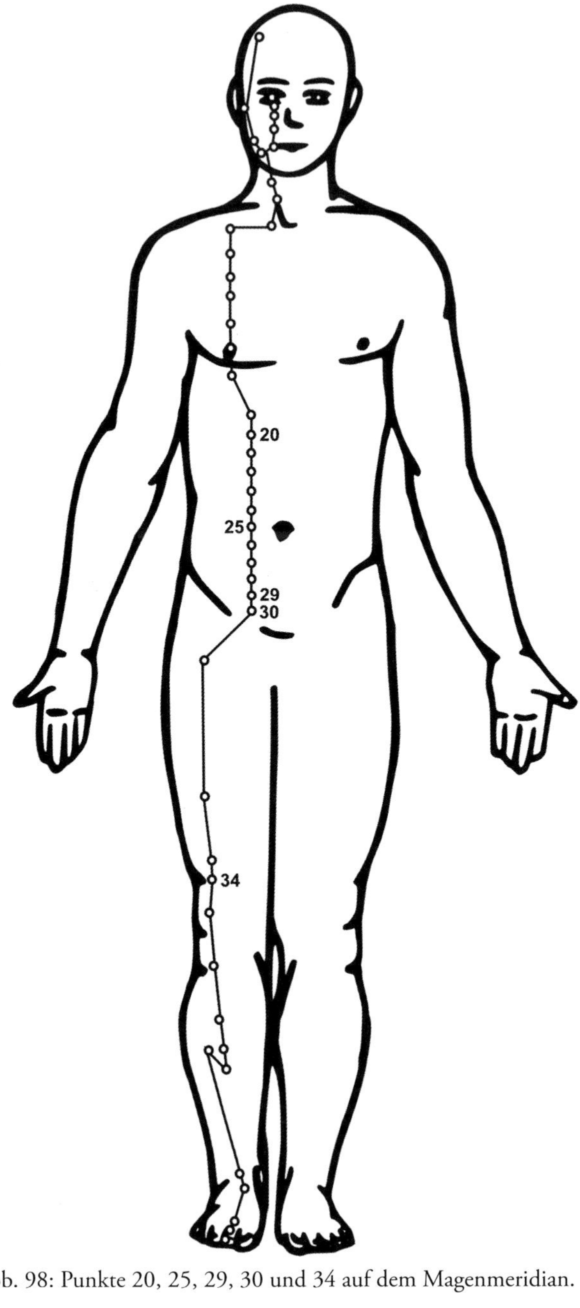

Abb. 98: Punkte 20, 25, 29, 30 und 34 auf dem Magenmeridian.

Magenmeridian – Punkte 20, 25, 29, 30 und 34

Ma 20	Lokalisation:	5 cun oberhalb des Nabels und 2 cun von der Mittellinie des Körpers entfernt
	Richtung:	90° oder 45° von außen nach innen
	Bearbeitung:	Schlagpunkt
	Wirkung:	Zwerchfell wird geschädigt, starke Atemprobleme
	Reaktivierung:	sofort Lungen-Reanimation
Ma 25	Lokalisation:	2 cun neben Bauchnabel
	Richtung:	90° oder 45° von oben nach unten
	Bearbeitung:	Schlagpunkt
	Wirkung:	örtlicher Schmerz bis hin zur Bewusstlosigkeit oder Darmentleerung
	Reaktivierung:	Unterarmaußenseite Richtung Handgelenk reiben und Stimulieren des Di 10
Ma 29	Lokalisation:	4 cun unterhalb des Nabels und 2 cun von der Mittellinie des Körpers
	Richtung:	45° von außen zur Körpermittellinie
	Bearbeitung:	Schlagpunkt
	Wirkung:	Schädigung des Genitalbereichs, Bewusstlosigkeit
	Reaktivierung:	sofort zum Arzt
Ma 30	Lokalisation:	an Oberkante des Schambeines und 2 cun von der Mittellinie des Körpers
	Richtung:	45° von außen zur Körpermittellinie
	Bearbeitung:	Schlagpunkt
	Wirkung:	Schwächegefühl, Bewusstlosigkeit
	Reaktivierung:	Druck auf Ma 30 und Ma 36 auf der gegenüberliegenden Seite
Ma 34	Lokalisation:	2 cun über oberer seitlicher Ecke der Kniescheibe
	Richtung:	45° nach innen und unten
	Bearbeitung:	Schlag- und Druckpunkt
	Wirkung:	örtlicher Schmerz, sofort Kontrollverlust des Beins
	Reaktivierung:	Druck und Massage des Ma 34 auf der gegenüberliegenden Seite

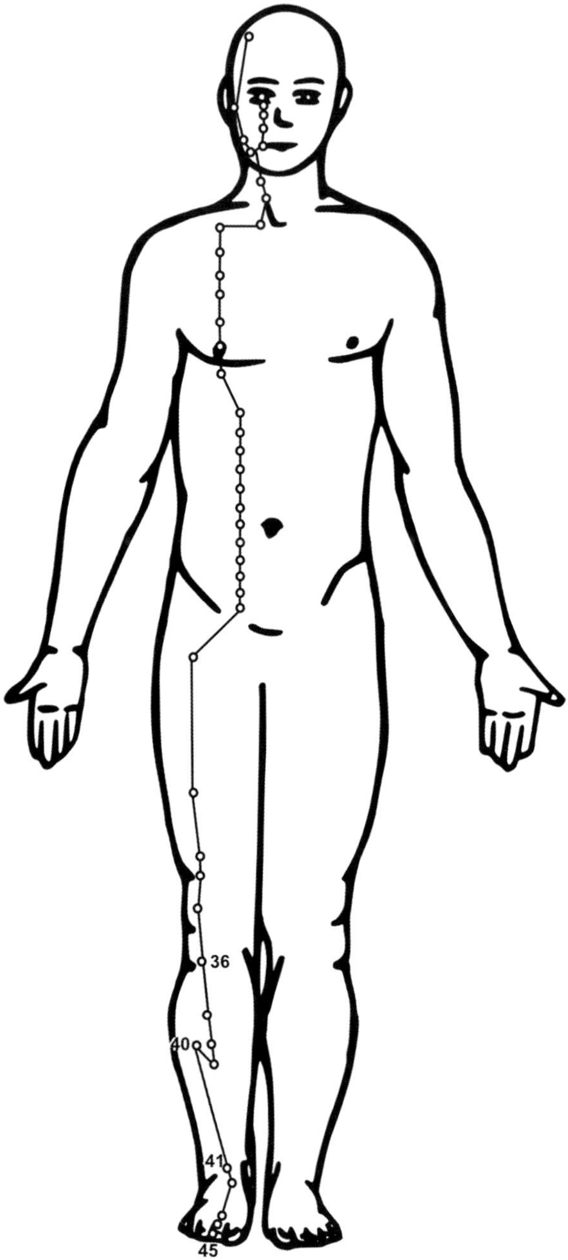

Abb. 99: Punkte 36, 40, 41 und 45 auf dem Magenmeridian.

Magenmeridian – Punkte 36, 40, 41 und 45

Ma 36	Lokalisation:	3 cun unter Kniescheibe in Vertiefung neben dem Schienbein
	Richtung:	45° Richtung Knie oder nach unten
	Bearbeitung:	Schlag- und Druckpunkt
	Wirkung:	örtlicher Schmerz, evtl. Schaden an der Milz
	Reaktivierung:	Stimulieren von Ma 36 und Ma 30 auf der gegenüberliegenden Seite mittels Fingerdruck

Ma 40	Lokalisation:	in der Mitte des Unterschenkels, außen am Knochen 1,5 cun neben der Schienbeinvorderkante)
	Richtung:	45° nach innen und unten
	Bearbeitung:	Schlag- und Druckpunkt
	Wirkung:	örtlicher Schmerz, Schwächegefühl
	Reaktivierung:	Druck auf Mi 10 oder Ma 40 auf der gegenüberliegenden Seite durch Akupunkteur stechen lassen

Ma 41	Lokalisation:	vorn, mittig auf dem Fußgelenk
	Richtung:	45° nach innen und unten
	Bearbeitung:	Schlag- und Druckpunkt
	Wirkung:	Übelkeit, Schwächung der Beine
	Reaktivierung:	Druck auf Ma 31

Ma 45	Lokalisation:	neben dem Nagel des zweiten Zehs (Zählung beginnt beim großen Zeh), auf der Seite des kleinen Zehs (Nagelfalzwinkel)
	Richtung:	direkt 90° nach unten
	Bearbeitung:	Schlag- und Druckpunkt
	Wirkung:	örtlicher Schmerz, evtl. Nasenbluten
	Reaktivierung:	Pressen des zweiten Zehs auf der gegenüberliegenden Körperseite

Beispiele für Anwendungen am Magenmeridian

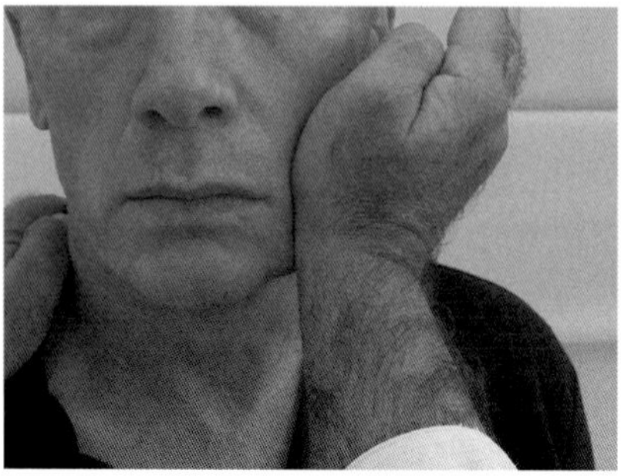

Abb. 100: Ma 4 – Schlag mit Teisho.

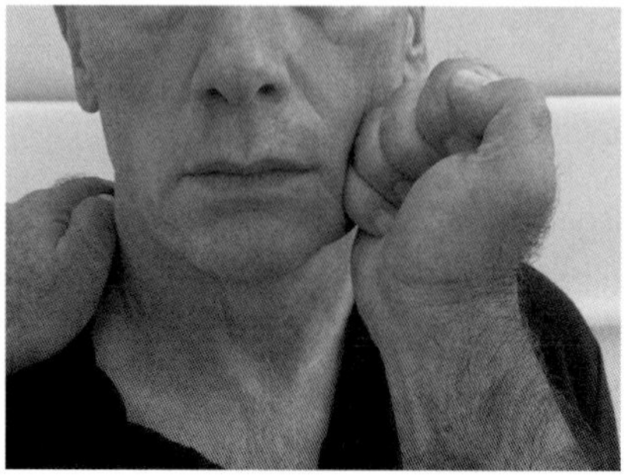

Abb. 101: Ma 5 – Schlag mit Knöchel des Kleinfingers.

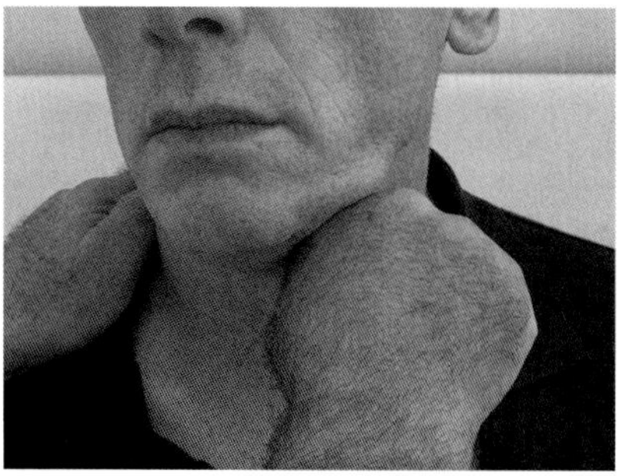

Abb. 102: Ma 5 – Schlag wie Age Zuki unter Kiefer.

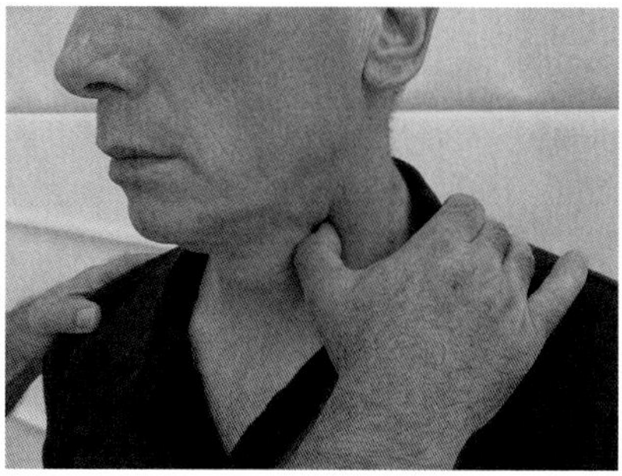

Abb. 103: Ma 9 – Druck mit Daumen.

Beispiele für Anwendungen am Magenmeridian – Fortsetzung

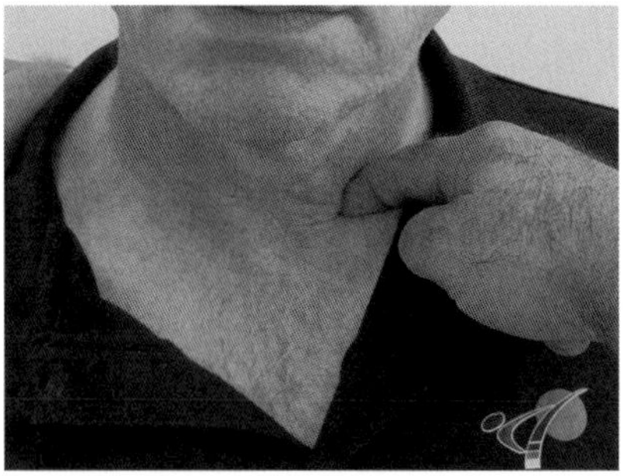

Abb. 104: Ma 11 – Druck mit Zeigefinger.

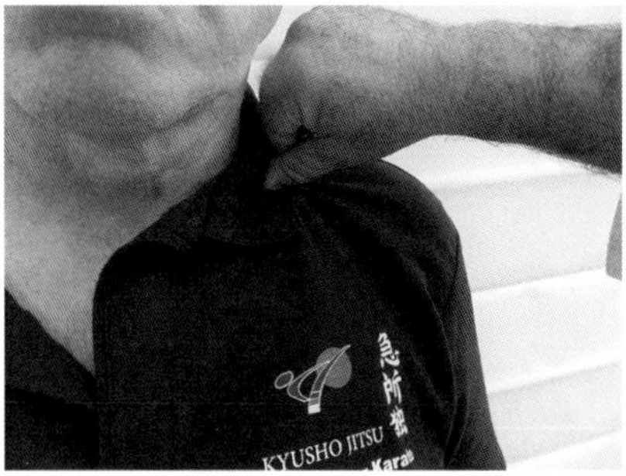

Abb. 105: Ma 12 – Druck mit Daumen.

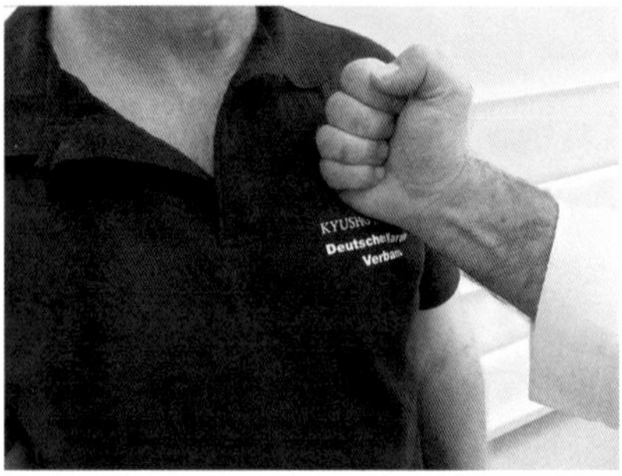

Abb. 106: Ma 15 – Schlag mit Tettsui Uchi.

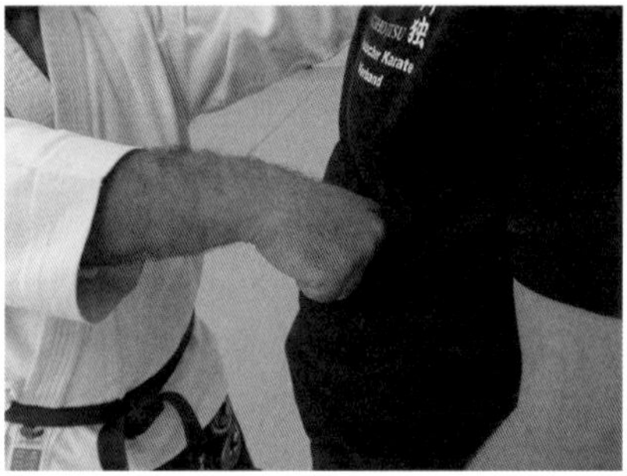

Abb. 107: Ma 18 – Schlag mit Seiken-Faust.

Beispiele für Anwendungen am Magenmeridian – Fortsetzung

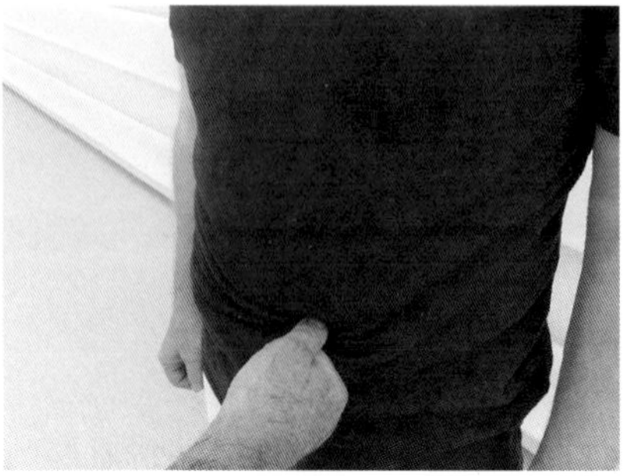

Abb. 108: Ma 25 – Stoßen mit Boshi Ken.

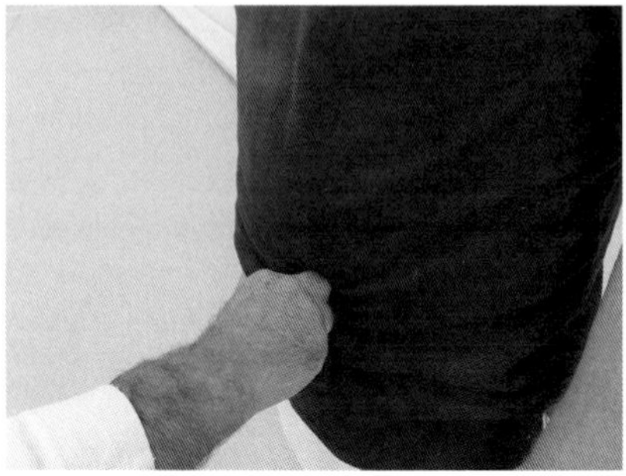

Abb. 109: Ma 25 – Stoßen mit Nakadaka Ken.

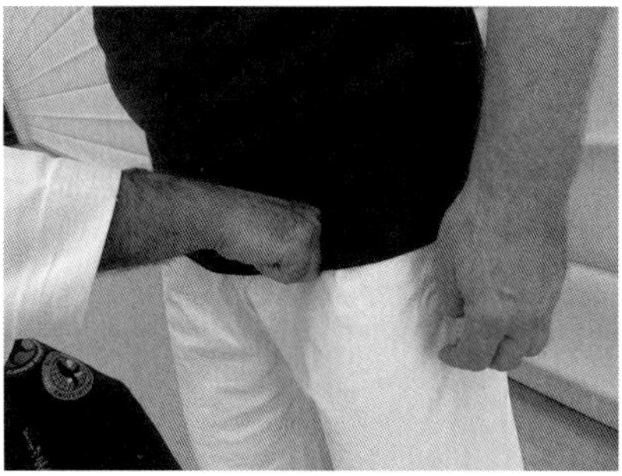

Abb. 110: Ma 30 – Schlag mit Seiken-Faust.

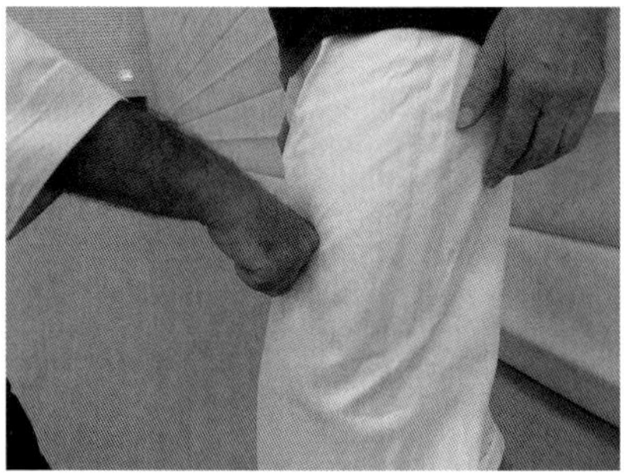

Abb. 111: Ma 32 – Schlag mit Seiken-Faust.

Beispiele für Anwendungen am Magenmeridian – Fortsetzung

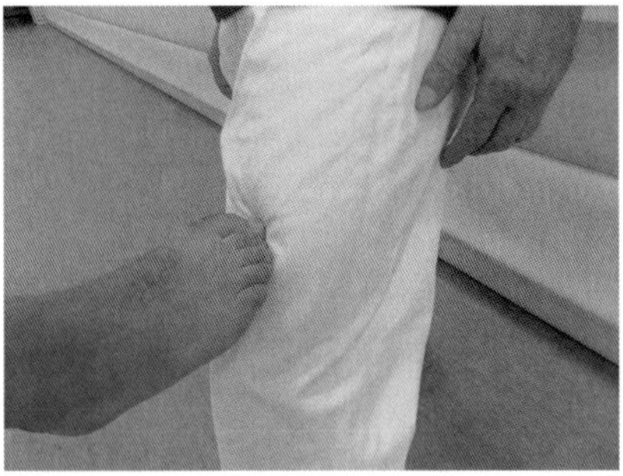

Abb. 112: Ma 32 – Tritt mit Tsumasaki Geri.

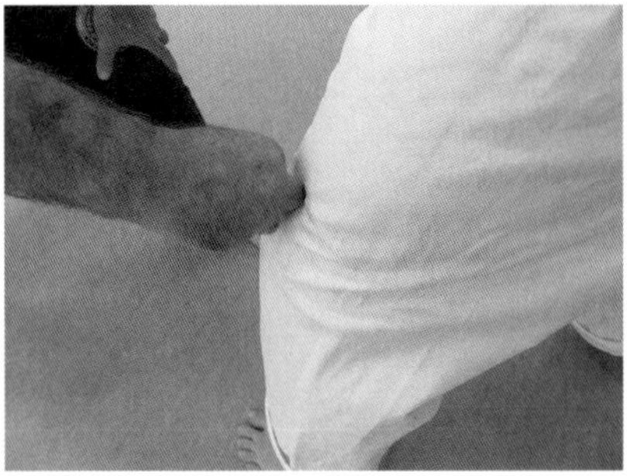

Abb. 113: Ma 34 – Schlag mit Nakadaka Ken.

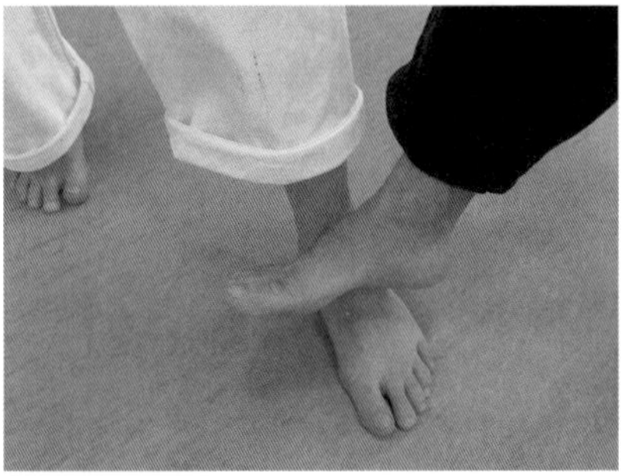

Abb. 114: Ma 41 – Tritt mit Fußkante (Sokuto Geri).

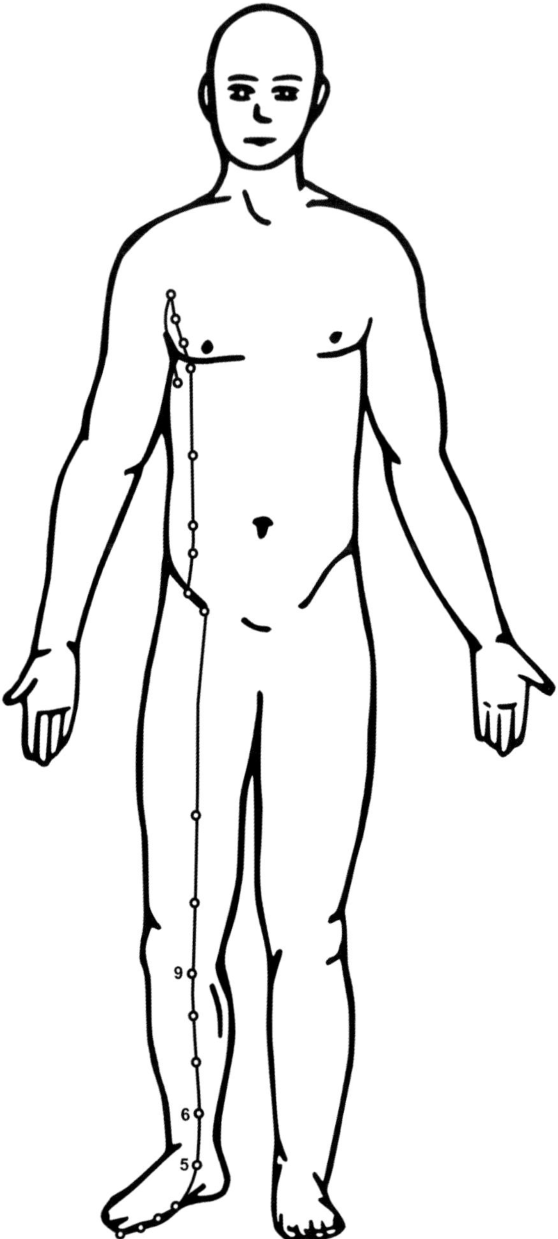

Abb. 115: Punkte 1, 5, 6 und 9 auf dem Milzmeridian.

Milzmeridian – Punkte 1, 5, 6 und 9

Mi 1	Lokalisation:	an der Nagelaußenseite des großen Zehs (Nagelfalzwinkel – siehe Seite 248))
	Richtung:	direkt 90° nach unten auf den Zeh
	Bearbeitung:	Schlagpunkt
	Wirkung:	örtlicher Schmerz, Übelkeit, evtl. Schaden an der Milz
	Reaktivierung:	Druck auf Mi 1 auf der gegenüberliegenden Seite und Arzt aufsuchen
Mi 5	Lokalisation:	in der Fußgelenkfalte innen, vorn unter Knöchel
	Richtung:	45° nach unten
	Bearbeitung:	Schlag- und Druckpunkt
	Wirkung:	örtlicher Schmerz, Qi-Ableitung, Schwächung des Körpers
	Reaktivierung:	Massage von Mi 5 auf der gegenüberliegenden Seite
Mi 6	Lokalisation:	3 cun über Knöchel, Unterschenkelinnenseite (am Hinterrand des Schienbeins)
	Richtung:	nach innen und unten oder oben
	Bearbeitung:	Schlag- und Druckpunkt
	Wirkung:	örtlicher Schmerz, Übelkeit, Erbrechen, Qi-Ableitung aktiviert Kopf- und Körperpunkte und schwächt Bein
	Reaktivierung:	ab Mi 6 ca. 6 cun aufwärts mit leichtem Druck reiben
Mi 9	Lokalisation:	2 cun unter Knieinnenseite
	Richtung:	45° nach innen und oben
	Bearbeitung:	Schlag- und Druckpunkt
	Wirkung:	örtlicher Schmerz, Übelkeit
	Reaktivierung:	Unterarminnenseite aufwärts bis Ellenbogen reiben

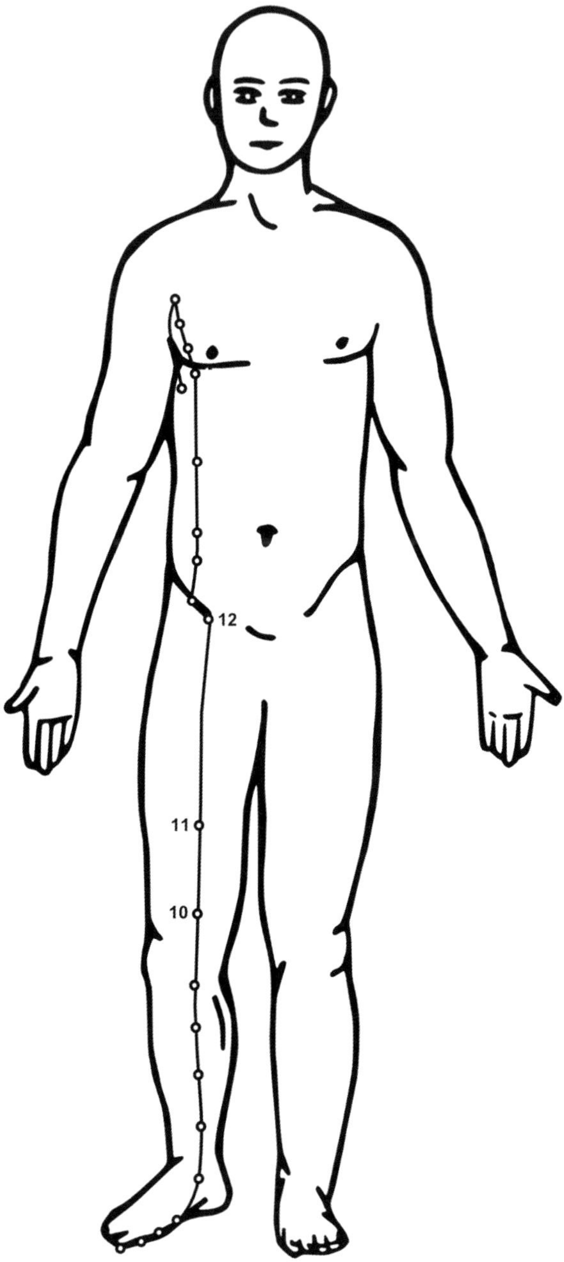

Abb. 116: Punkte 10 bis 12 auf dem Milzmeridian.

Milzmeridian – Punkte 10 bis 12

Mi 10

Lokalisation: 2 cun oberhalb der Kniescheibe innen
Richtung: 45° nach innen und unten
Bearbeitung: Schlag- und Druckpunkt
Wirkung: Gehirn verliert Steuerung über Körper, Schock, Bewusstlosigkeit
Reaktivierung: Druck auf Mi 10 auf der gegenüberliegenden Seite

Mi 11

Lokalisation: Innenseite des Oberschenkels, Mitte zwischen Knie und Hüfte
Richtung: 45° nach innen
Bearbeitung: Schlag- und Druckpunkt
Wirkung: örtlicher Schmerz, Qi-Ableitung, Schwächegefühl
Reaktivierung: sanfter Druck auf KG 20 Richtung Kopfzentrum

Mi 12

Lokalisation: Oberkante des Schambeins, 3,5 cun seitlich der Körpermittellinie
Richtung: 90° oder 45° nach innen und unten
Bearbeitung: Schlag- und Druckpunkt
Wirkung: Schädigung der Femoralarterie, des Femoralnervs und des Hüftgelenks
Reaktivierung: Stimulieren von Mi 12 auf der gegenüberliegenden Seite

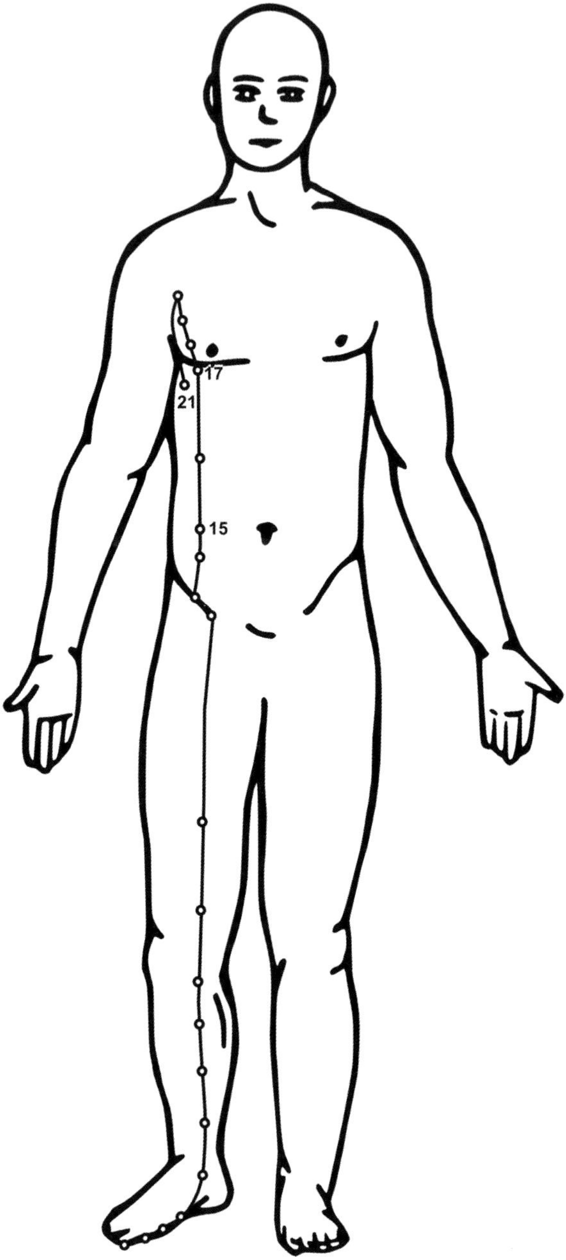

Abb. 117: Punkte 15, 17 und 21 auf dem Milzmeridian.

Milzmeridian – Punkte 15, 17 und 21

Mi 15	Lokalisation:	auf Höhe des Nabels und senkrecht unterhalb der Brustwarze
	Richtung:	direkt 90° nach innen Richtung Bauch
	Bearbeitung:	Schlagpunkt
	Wirkung:	Durchfall, Übelkeit, Erbrechen
	Reaktivierung:	Druck und Massage von Di 10
Mi 17	Lokalisation:	unterhalb der Brustmuskulatur (siehe Ma 18), 6 cun neben der Körpermittellinie
	Richtung:	45° Richtung Körper (Herz)
	Bearbeitung:	Schlagpunkt
	Wirkung:	örtlicher Schmerz, Bewusstlosigkeit, Herzstillstand
	Reaktivierung:	Massieren von Mi 17 auf der gegenüberliegenden Seite, und die Innenseite des Oberarms in Richtung Ellenbogen reiben; bei Bewusstlosigkeit sofort neurologische Wiederherstellung; bei Herzstillstand sofort reanimieren
Mi 21	Lokalisation:	in der Mitte der Seite des Oberkörpers, unterhalb der sechsten Rippe
	Richtung:	von der Seite direkt 90° in den Oberkörper
	Bearbeitung:	Schlagpunkt
	Wirkung:	energetischer und physischer Schaden an Leber und Lunge
	Reaktivierung:	Druck auf Gb 20 aufwärts und Massieren des Bereichs Mi 20 bis Mi 21

Beispiele für Anwendungen am Milzmeridian

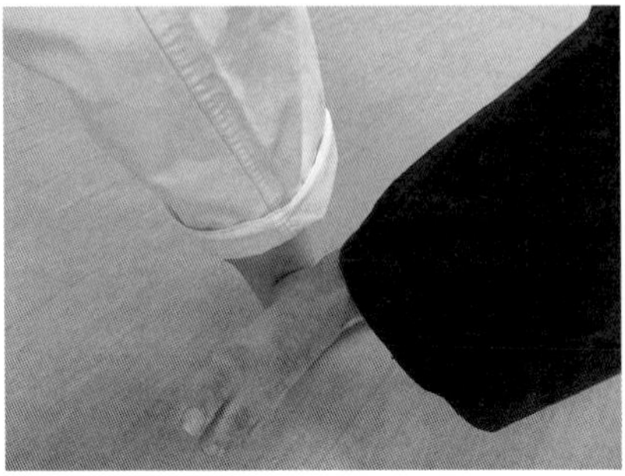

Abb. 118: Mi 6 – Stoß mit Ferse (Kakato).

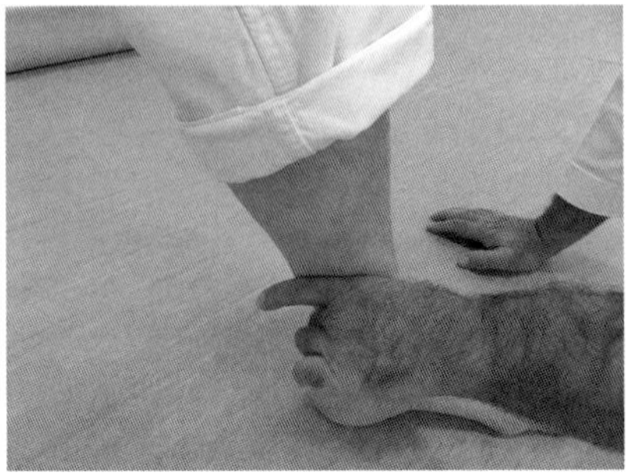

Abb. 119: Mi 6 – Druck mit Haito-Hand.

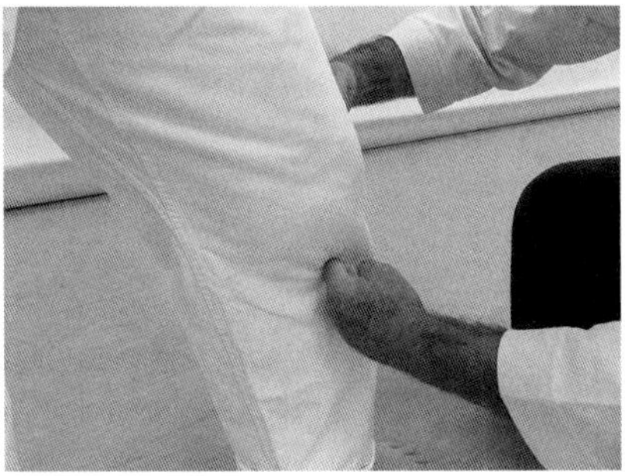

Abb. 120: Mi 9 – Druck oder Schlag mit Ippon Ken.

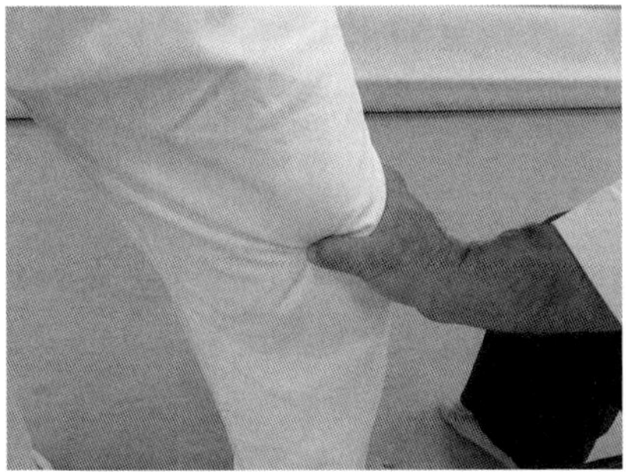

Abb. 121: Mi 10 – Druck mit Daumen.

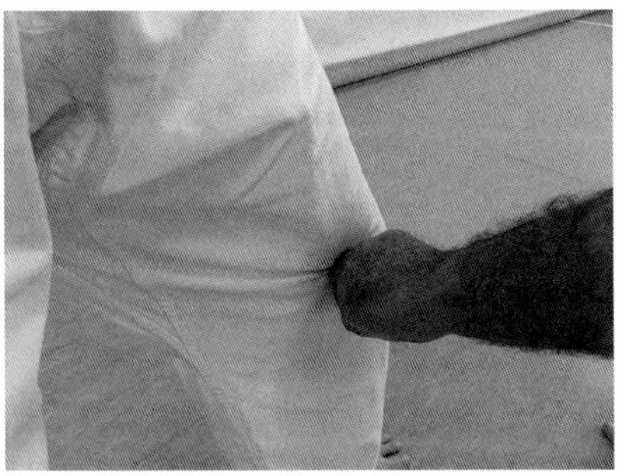

Abb. 122: Mi 10 – Schlag mit Nakadaka Ken.

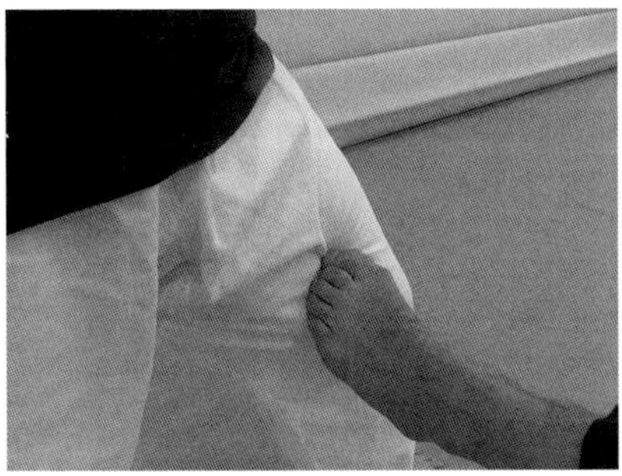

Abb. 123: Mi 11 – Tritt mit Tsumasaki Geri.

Beispiele für Anwendungen am Milzmeridian – Fortsetzung

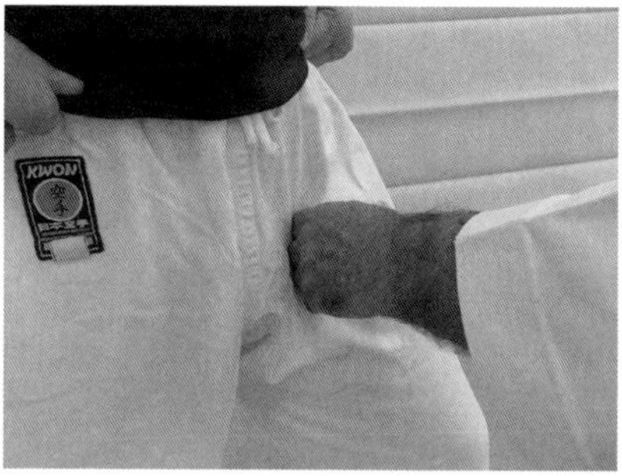

Abb. 124: Mi 12 und 13 – Stoß mit Hiraken.

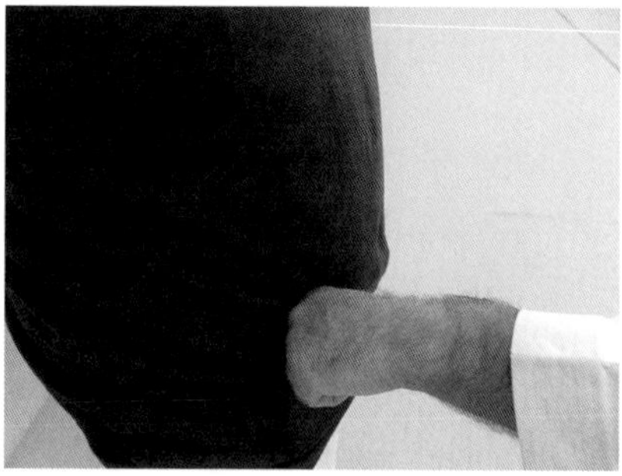

Abb. 125: Mi 15 – Schlag mit Seiken-Faust.

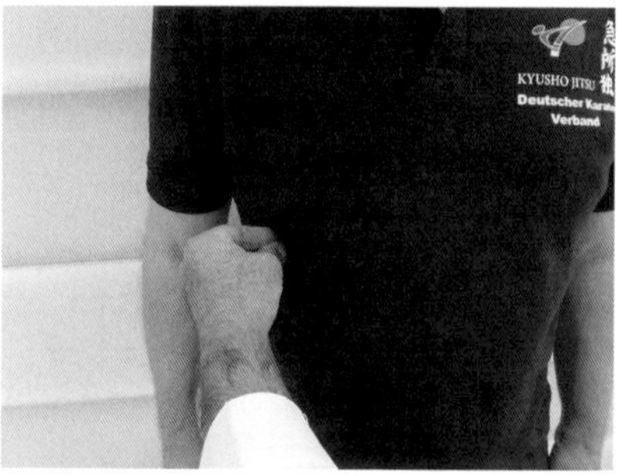

Abb. 126: Mi 17 – Schlag mit Washide.

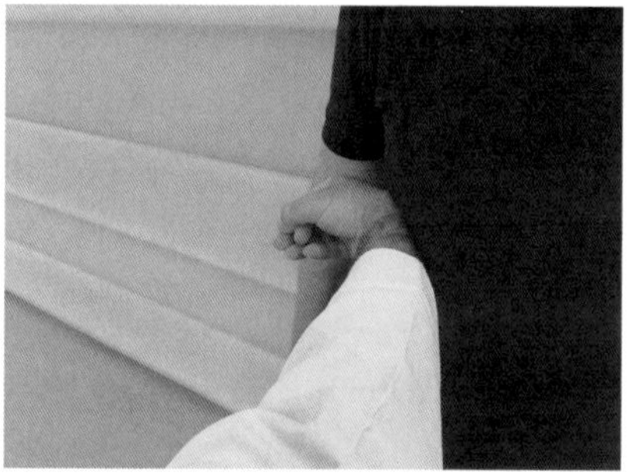

Abb. 127: Mi 17 – Schlag mit Koken.

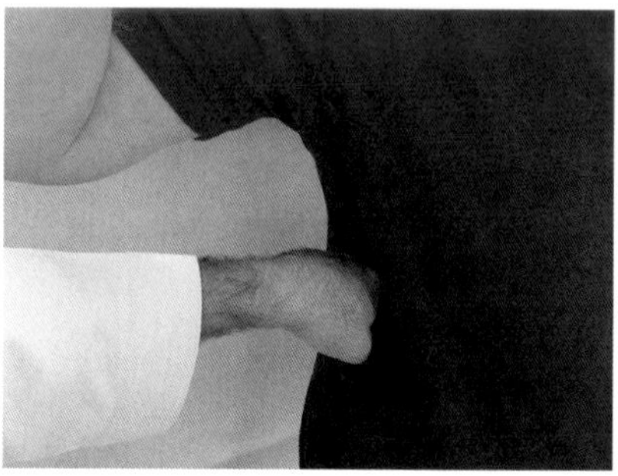

Abb. 128: Mi 21 – Schlag mit Seiken-Faust.

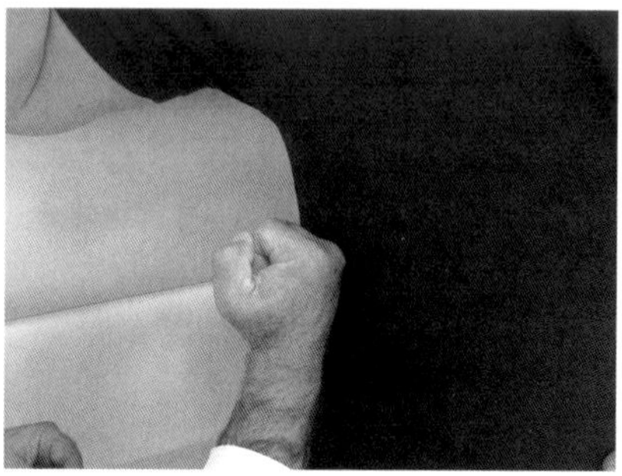

Abb. 129: Mi 21 – Schlag mit Uraken oder Ura Zuki.

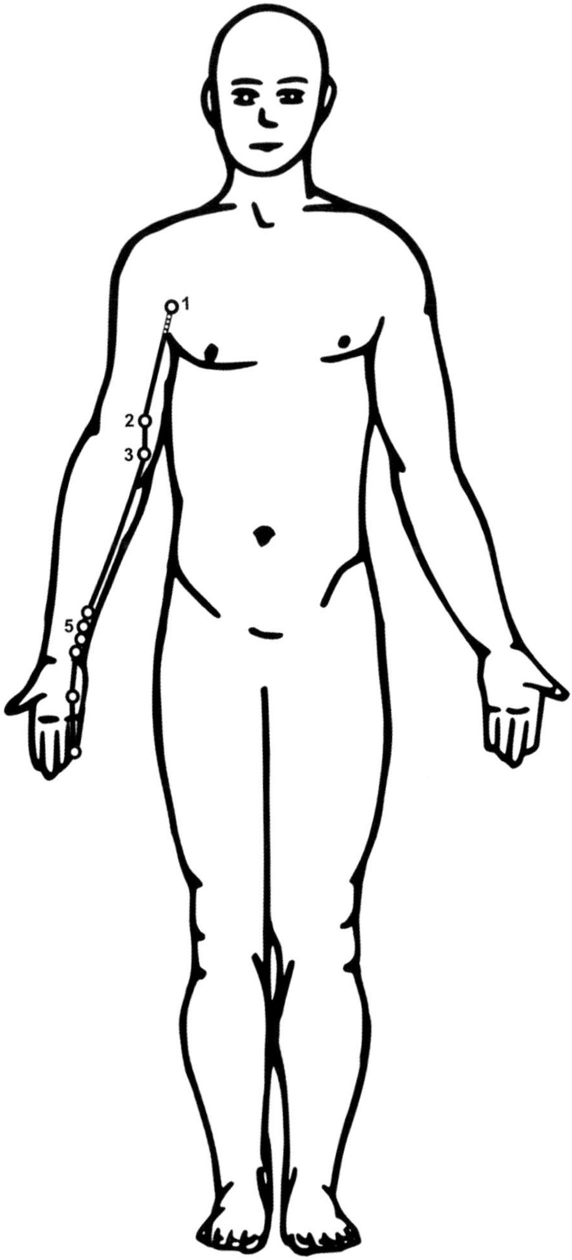

Abb. 130: Punkte 1, 2, 3 und 5 auf dem Herzmeridian.

Herzmeridian – Punkte 1, 2, 3 und 5

He 1 Lokalisation: in der Achselhöhle
Richtung: 90° zum Körper oder 45° nach unten
Bearbeitung: Schlag- und Druckpunkt
Wirkung: Schaden an Achselarterie, Störung der Gehirnfunktion, Herzstillstand
Reaktivierung: sofort reanimieren und Notarzt verständigen, ansonsten gibt es kein Gegenmittel

He 2 Lokalisation: 3 cun über Ellenbogenfalte
Richtung: direkt 90° nach innen zum Knochen
Bearbeitung: Schlag- und Druckpunkt
Wirkung: örtlicher Schmerz, Unwohlsein, Bewusstlosigkeit
Reaktivierung: an kleinem Finger He 9 drücken

He 3 Lokalisation: in der Ellenbogenfalte der Innenseite
Richtung: auf Innenseite des Ellenbogens Richtung Gelenk
Bearbeitung: Schlag- und Druckpunkt
Wirkung: örtlicher Schmerz, Schwächegefühl, evtl. Herzstillstand
Reaktivierung: Druck auf He 3 auf der gegenüberliegenden Seite oder He 9 auf geschädigter Seite

He 5 Lokalisation: 1 cun über Handgelenksfalte
Richtung: 45° Richtung Handgelenk
Bearbeitung: Schlag- und Druckpunkt
Wirkung: örtlicher Schmerz, Bewusstlosigkeit
Reaktivierung: He 6 drücken oder He 3 und He 5 reiben

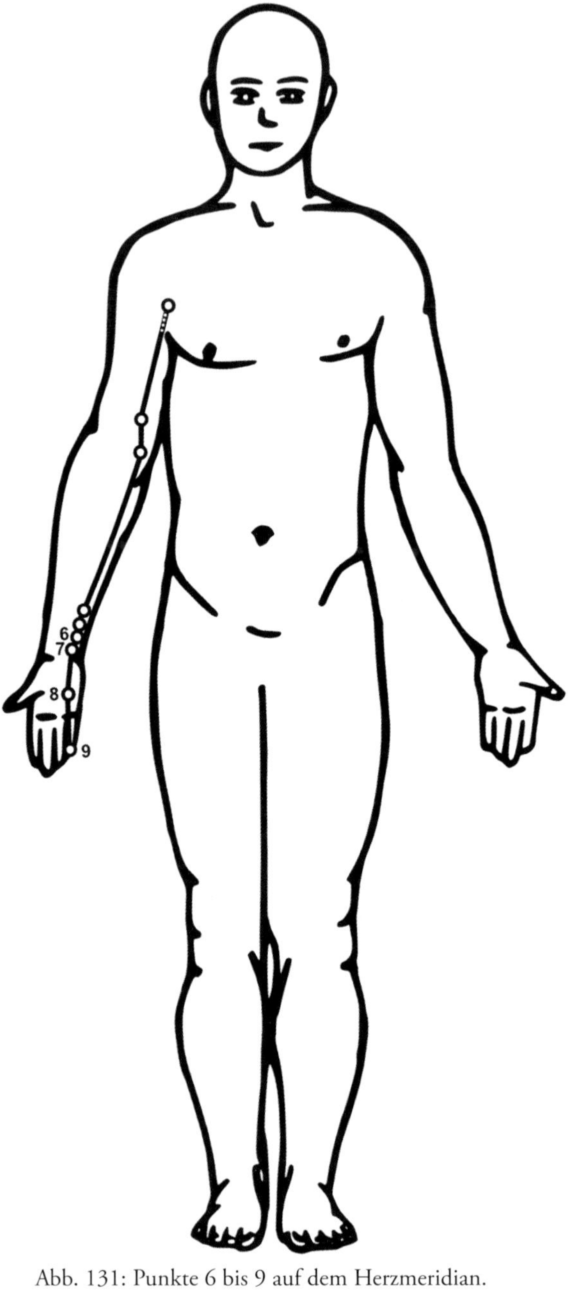

Abb. 131: Punkte 6 bis 9 auf dem Herzmeridian.

Herzmeridian – Punkte 6 bis 9

He 6	Lokalisation:	0,5 cun über Handgelenksfalte
	Richtung:	45° nach innen
	Bearbeitung:	Schlag- und Druckpunkt
	Wirkung:	Schwächung des Herzens, Bewusstseinsstörung
	Reaktivierung:	Druck auf He 6 auf der gegenüberliegenden Seite
He 7	Lokalisation:	in der Handgelenksfalte
	Richtung:	45° Richtung Finger
	Bearbeitung:	Schlag- und Druckpunkt
	Wirkung:	örtlicher Schmerz, Anstieg der Körpertemperatur, Nervensystem wird instabil
	Reaktivierung:	Druck auf He 7 auf der gegenüberliegenden Seite oder auf He 3
He 8	Lokalisation:	Stelle, an der beim Ballen der Faust der kleine Finger die Hand berührt
	Richtung:	nach innen zum Knochen des kleinen Fingers
	Bearbeitung:	Schlag-, Druck- und Reibepunkt
	Wirkung:	örtlicher Schmerz, Herzschädigung
	Reaktivierung:	Druck auf He 8 auf der gegenüberliegenden Seite
He 9	Lokalisation:	an Innenseite des Nagelfalzwinkels am kleinen Finger
	Richtung:	direkt 90° oder Druck auf den kleinen Finger
	Bearbeitung:	Schlag- und Druckpunkt
	Wirkung:	örtlicher Schmerz, kurzer Herzschock
	Reaktivierung:	He 3 drücken

Beispiele für Anwendungen am Herzmeridian

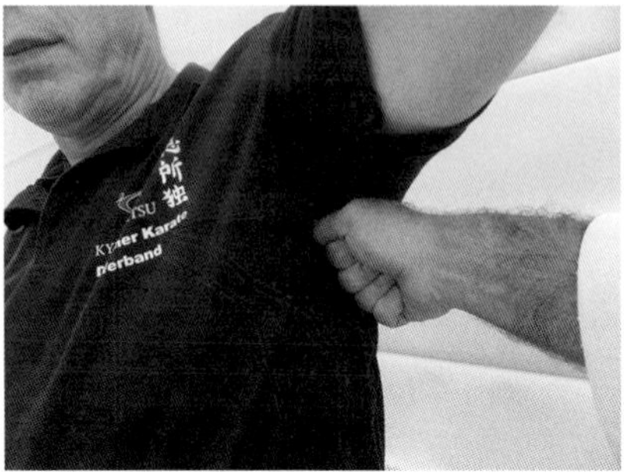

Abb. 132: He 1 – Drücken oder Stoßen mit Boshi Ken.

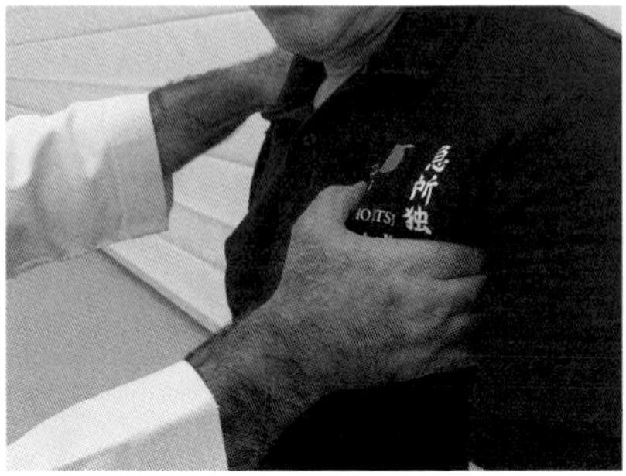

Abb. 133: He 1 – Greifen bzw. Druck mit Zeigefinger.

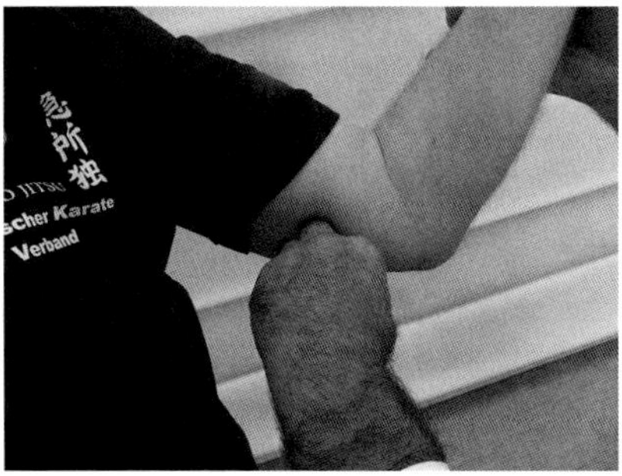

Abb. 134: He 2 – Schlag mit Nakadaka Ken.

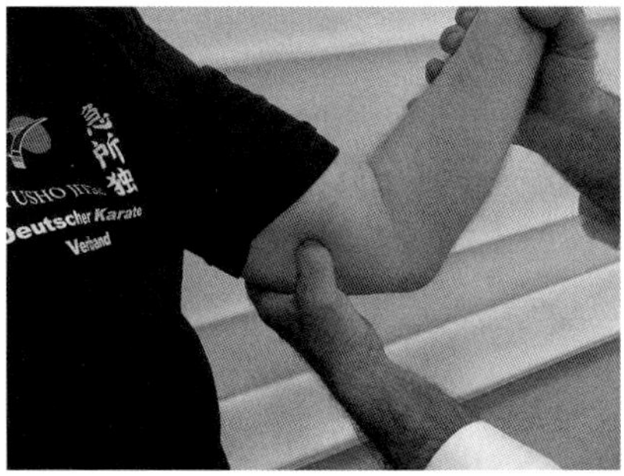

Abb. 135: He 2 – Druck mit Daumen.

Beispiele für Anwendungen am Herzmeridian – Fortsetzung

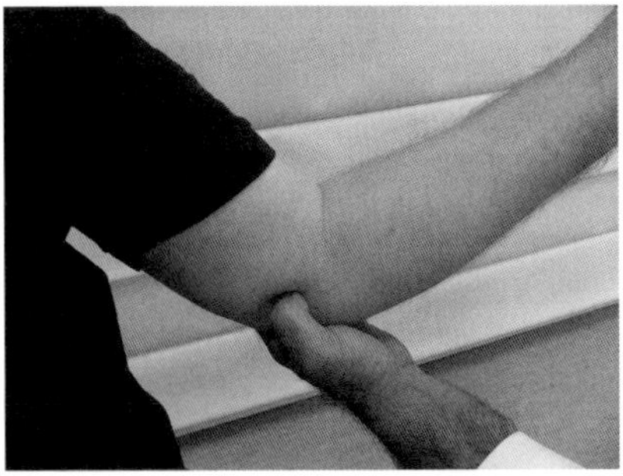

Abb. 136: He 3 – Druck mit dem Daumen.

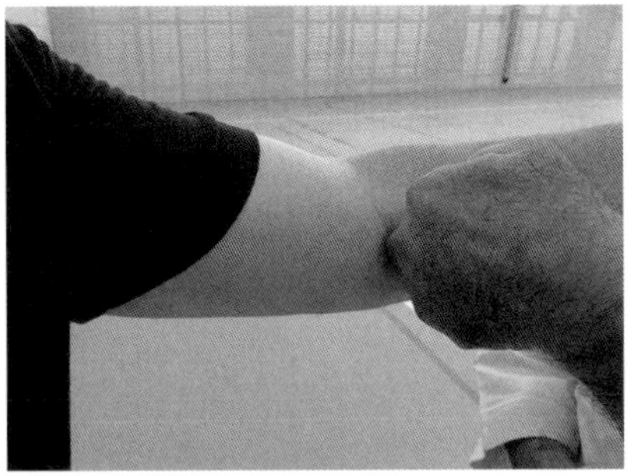

Abb. 137: He 3 – Schlag mit Nakadaka Ken.

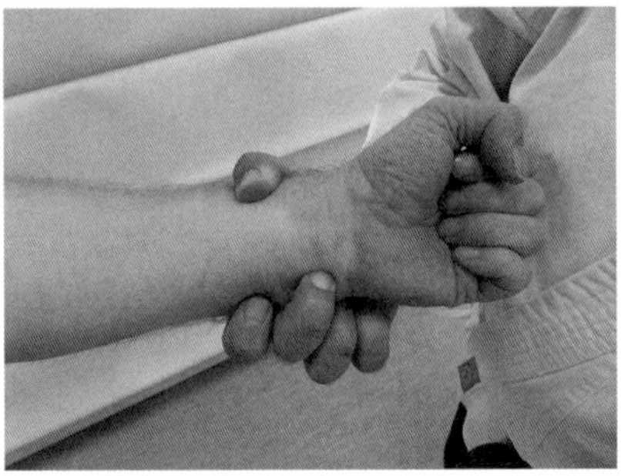

Abb. 138: He 6 – Druck mit dem Mittelfinger.

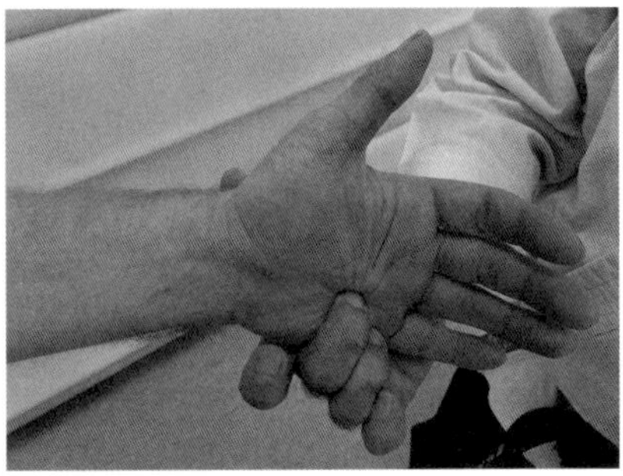

Abb. 139: He 8 – Druck mit dem Mittelfinger.

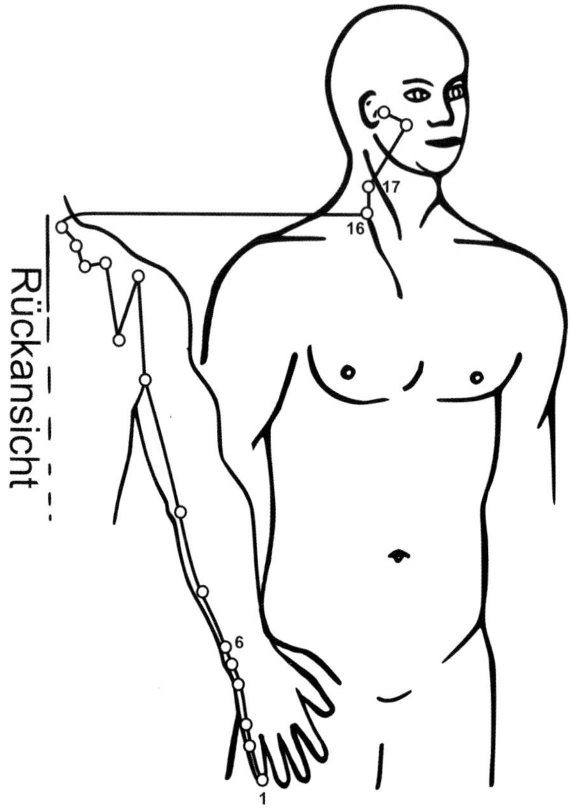

Abb. 140: Punkte 1, 6, 16 und 17 auf dem Dünndarmmeridian.

Dünndarmmeridian – Punkte 1, 6, 16 und 17

Dü 1	Lokalisation:	an Außenseite des Nagelfalzwinkels am kleinen Finger
	Richtung:	direkt 90°
	Bearbeitung:	Schlag- und Druckpunkt
	Wirkung:	örtlicher Schmerz, erhöhte Herzfrequenz, Schwächung des Immunsystems
	Reaktivierung:	Akupunkteur oder Arzt aufsuchen
Dü 6	Lokalisation:	1,5 cun von Handgelenksfalte, in der Vertiefung neben dem Knöchel
	Richtung:	45° Richtung Hand,
	Bearbeitung:	Schlag-, Druck- und Reibepunkt
	Wirkung:	örtlicher Schmerz, Spannung aller Sehnen im gesamten Körper, vorläufige Blindheit
	Reaktivierung:	Druck auf He 6 auf der gegenüberliegenden Seite
Dü 16	Lokalisation:	am hinteren Rand des Halswendemuskels
	Richtung:	seitlich des Kehlkopfes 90° auf Hals
	Bearbeitung:	Schlag- und Druckpunkt
	Wirkung:	Benommenheit, unkontrolliertes Lachen durch Beeinflussung der Emotionen
	Reaktivierung:	Sofort neurologische Wiederherstellung
Dü 17	Lokalisation:	am vorderen Rand des Halswendemuskels in Höhe Unterkante des Kieferknochens
	Richtung:	45° nach oben oder nach innen
	Bearbeitung:	Schlag- und Druckpunkt
	Wirkung:	Bewusstlosigkeit, Tod
	Reaktivierung:	Gb 20 schräg aufwärts Richtung Schädelmittelpunkt stimulieren mittels Fingerdruck oder leichtem Schlag

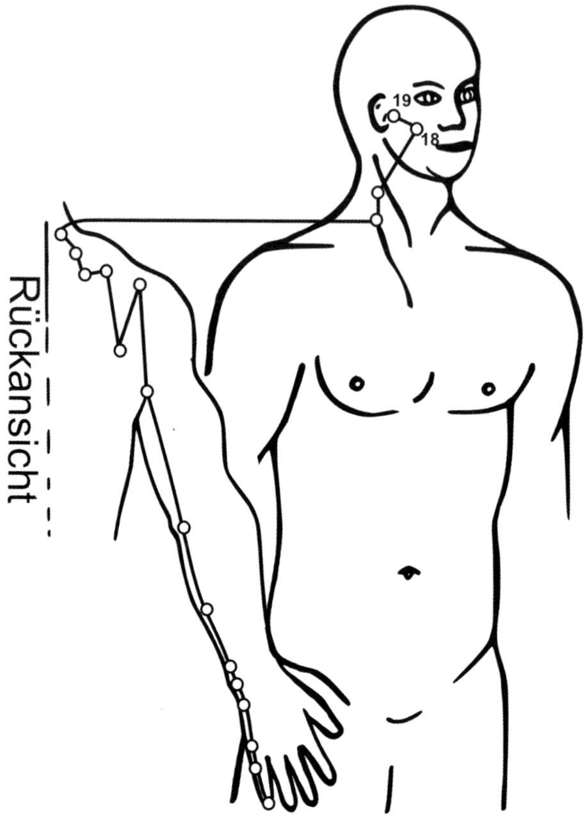

Abb. 141: Punkte 18 und 19 auf dem Dünndarmmeridian.

Dünndarmmeridian – Punkte 18 und 19

Dü 18	Lokalisation:	unter äußerem Augenwinkel auf Höhe des Nasenflügels bzw. Di 20
	Richtung:	90° nach innen
	Bearbeitung:	Schlag- und Druckpunkt
	Wirkung:	Bewusstlosigkeit, Gehirnschock
	Reaktivierung:	Druck mit beiden Zeigefingern auf Gb 14

Dü 19	Lokalisation:	in der Vertiefung vor dem Ohr über dem Kiefergelenk
	Richtung:	direkt 90°
	Bearbeitung:	Schlag- und Druckpunkt
	Wirkung:	Kopfschmerzen, Übelkeit, Schwindelgefühle
	Reaktivierung:	Energie rückführen oder Medikamente gegen Kopfschmerzen und Unwohlsein einnehmen

Beispiele für Anwendungen am Dünndarmmeridian

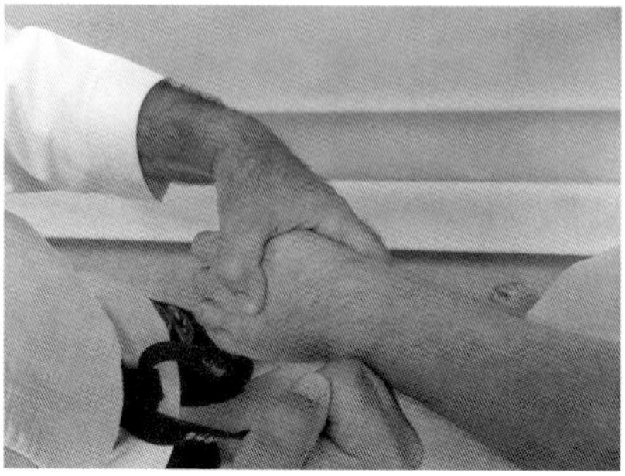

Abb. 142: Dü 6 – Reiben oder Schlagen mit Faustknöchel.

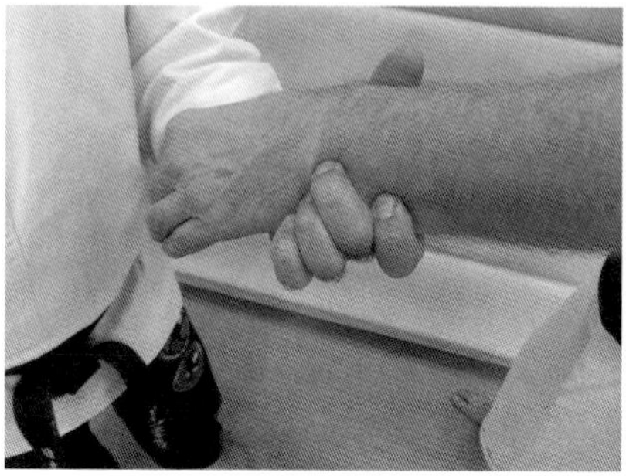

Abb. 143: Dü 6 – Druck mit dem Mittelfinger.

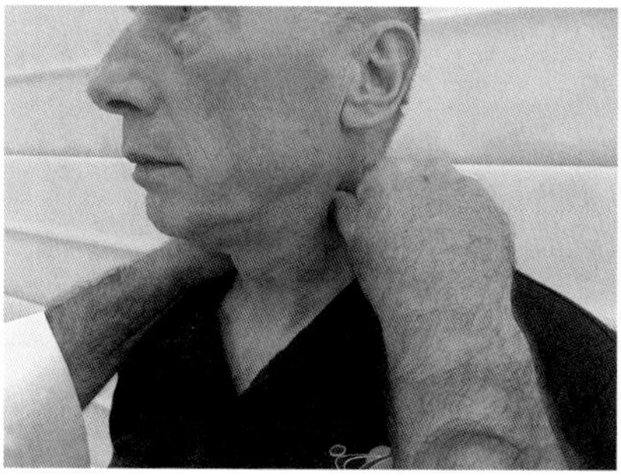

Abb. 144: Dü 16 – Druck oder Schlag mit dem Daumen.

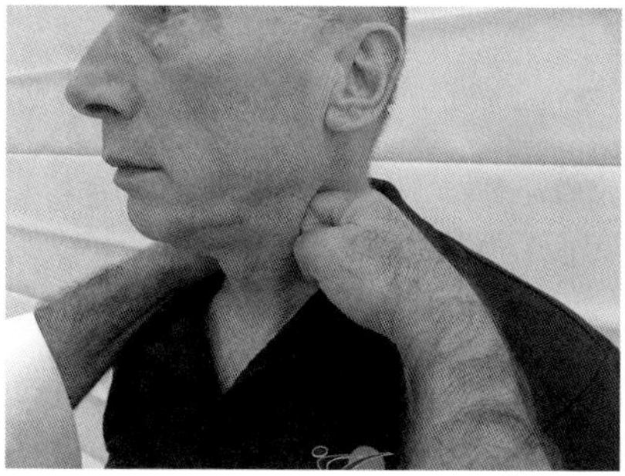

Abb. 145: Dü 16 – Druck oder Schlag mit Ippon Ken.

Beispiele für Anwendungen am Dünndarmmeridian – Fortsetzung

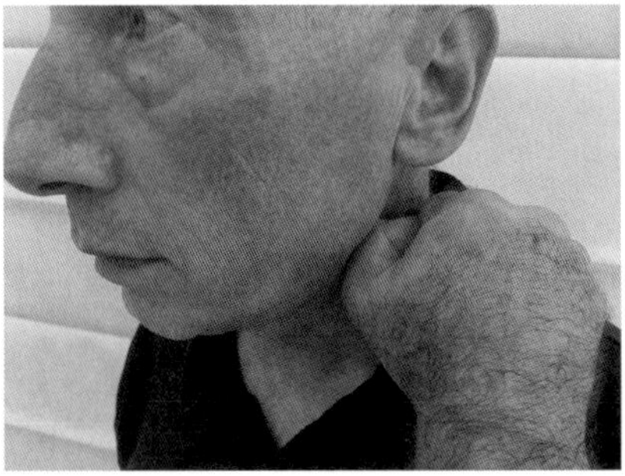

Abb. 146: Dü 17 – Schlag oder Druck mit Ippon Ken Daumenseite.

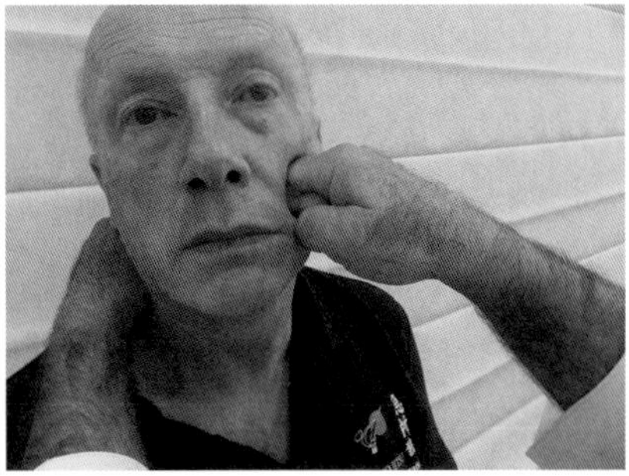

Abb. 147: Dü 18 – Druck oder Schlag mit Ippon Ken.

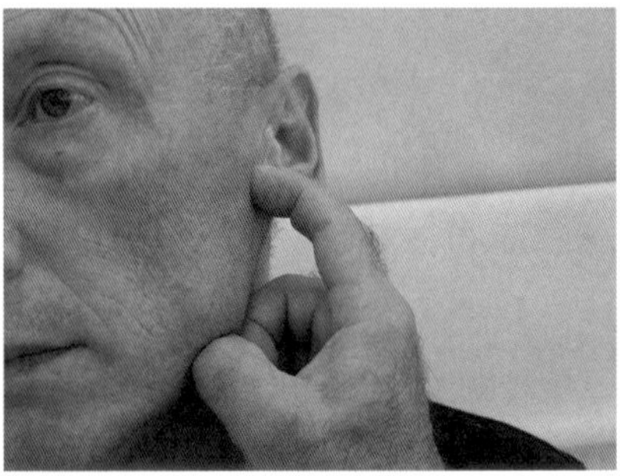

Abb. 148: Dü 19 – Druck mit dem Zeigefinger.

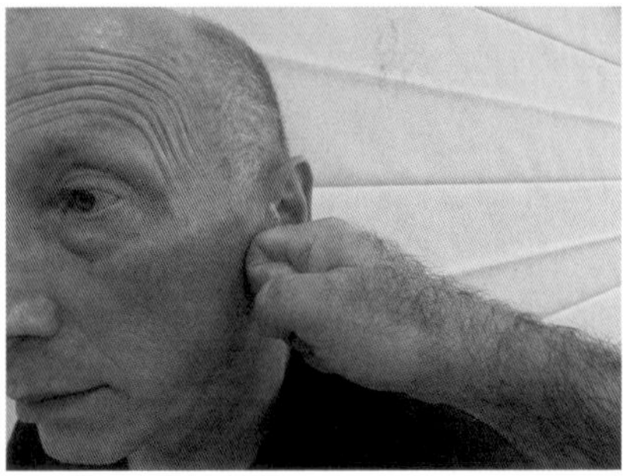

Abb. 149: Dü 19 – Schlag mit Ippon Ken.

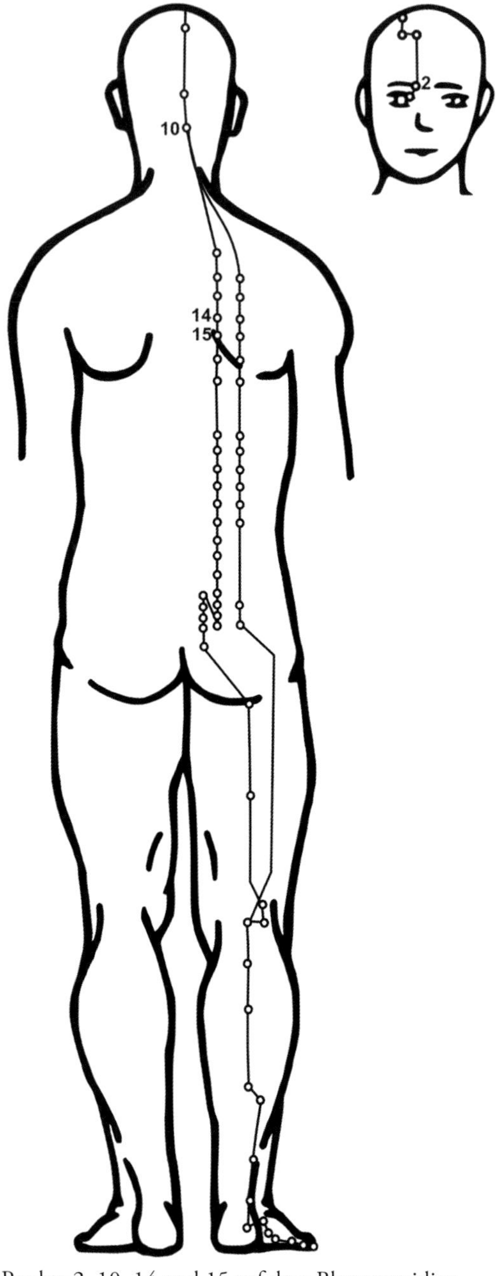

Abb. 150: Punkte 2, 10, 14 und 15 auf dem Blasenmeridian.

Blasenmeridian – Punkte 2, 10, 14 und 15

Bl 2	Lokalisation:	am Ansatz der Augenbrauen (innen)
	Richtung:	45° nach oben
	Bearbeitung:	Schlag- und Druckpunkt
	Wirkung:	Kopfschmerzen, Übelkeit, Bewusstlosigkeit
	Reaktivierung:	Bl 6 stimulieren und Unterarm nach unten massieren, ansonsten sofort neurologische Wiederherstellung
Bl 10	Lokalisation:	1,3 cun seitlich der Körpermittellinie und zwischen ersten und zweiten Halswirbel, 0,5 cun über dem Haaransatz
	Richtung:	45° nach oben oder unten
	Bearbeitung:	Schlagpunkt
	Wirkung:	Schwindelgefühl, Atembeschwerden, Bewusstlosigkeit, Tod
	Reaktivierung:	Gb 20 zur Kopfmitte stimulieren, bei Bewusstlosigkeit sofort neurologische Wiederherstellung
Bl 14	Lokalisation:	1,5 cun seitlich der Körpermittellinie, auf Höhe des vierten Brustwirbels
	Richtung:	direkt 90° oder Richtung Herz
	Bearbeitung:	Schlag- und Druckpunkt
	Wirkung:	Herz- und Nierenschädigung, Herzrhythmusstörung oder Herzstillstand
	Reaktivierung:	Stimulieren von Ni 1, He 3 oder Pe 1
Bl 15	Lokalisation:	1,5 cun seitlich der Körpermittellinie, auf Höhe des fünften Brustwirbels
	Richtung:	direkt 90° oder Richtung Herz,
	Bearbeitung:	Schlag- und Druckpunkt
	Wirkung:	Herz- und Lungenschädigung, Atembeschwerden, Herzstillstand
	Reaktivierung:	Qi-Gong Übungen, die das Gleichgewicht zwischen Yin und Yang wiederherstellen

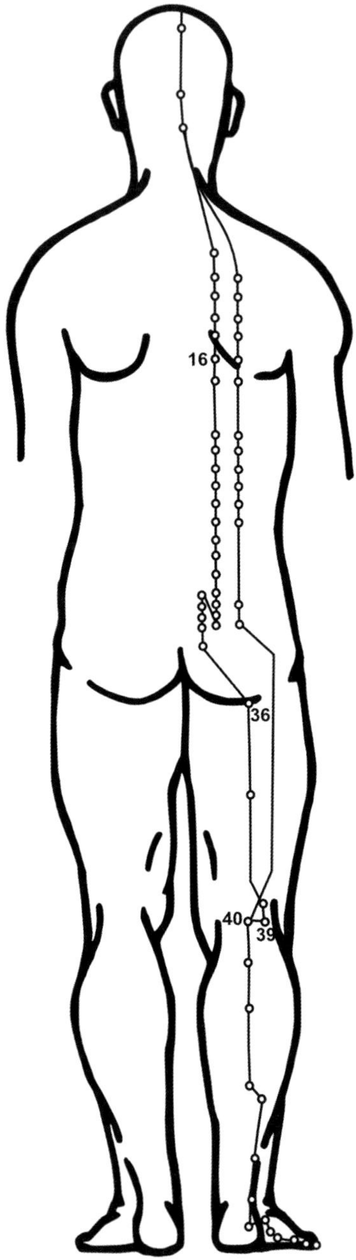

Abb. 151: Punkte 16, 36, 39 und 40 auf dem Blasenmeridian.

Blasenmeridian – Punkte 16, 36, 39 und 40

Bl 16	Lokalisation:	1,5 cun seitlich der Körpermittellinie und des sechsten Brustwirbels
	Richtung:	direkt 90° in den Rücken
	Bearbeitung:	Schlagpunkt
	Wirkung:	Lungenschädigung, Atemnot, Tod kann verzögert durch Ersticken in der Nacht eintreten
	Reaktivierung:	linke Handfläche auf LG 20 und rechte Handfläche auf Di 14 drücken und massieren

Bl 36	Lokalisation:	in Mitte Gesäßfalte
	Richtung:	45° nach oben Richtung Gesäß
	Bearbeitung:	Schlagpunkt
	Wirkung:	Übelkeit, Bewusstlosigkeit
	Reaktivierung:	Gb 21 schlagen und stark über Schulter abstreifen

Bl 39	Lokalisation:	am Außenrand der Kniefalte
	Richtung:	direkt 90° von hinten
	Bearbeitung:	Schlagpunkt
	Wirkung:	Blase- und Nierenschädigung
	Reaktivierung:	sofort Arzt aufsuchen

Bl 40	Lokalisation:	in Mitte der Kniegelenksfalte
	Richtung:	direkt 90° nach innen
	Bearbeitung:	Schlagpunkt
	Wirkung:	örtlicher Schmerz, Verkrampfung des Beins und gesamten Körpers
	Reaktivierung:	Gb 21 schlagen und über Schulter abstreifen

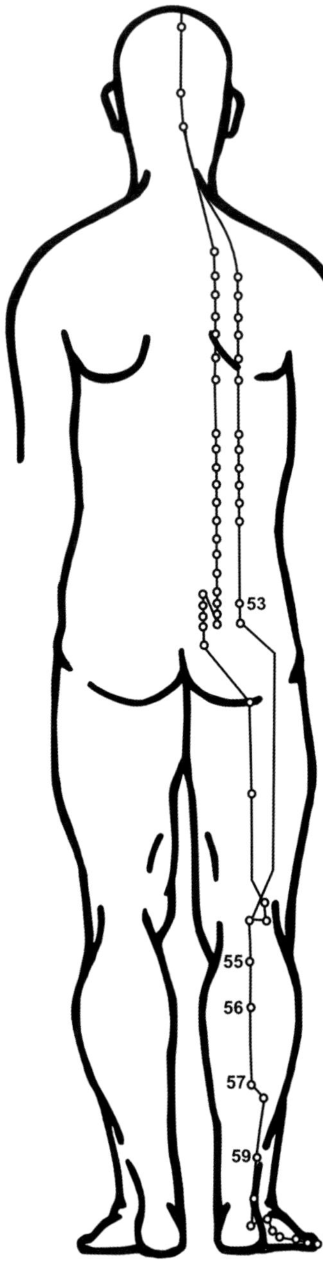

Abb. 152: Punkte 53, 55, 56, 57 und 59 auf dem Blasenmeridian.

Blasenmeridian – Punkte 53, 55, 56, 57 und 59

Bl 53	Lokalisation:	in der Mitte des Hüftknochens, 3 cun seitlich der Körpermittellinie
	Richtung:	direkt 90°
	Bearbeitung:	Schlagpunkt
	Wirkung:	örtlicher Schmerz, Funktionsstörung der Blase, Bewusstlosigkeit
	Reaktivierung:	sofort Arzt aufsuchen
Bl 55	Lokalisation:	2 cun unter der Kniegelenksfalte
	Richtung:	90° nach innen oder unten
	Bearbeitung:	Schlagpunkt
	Wirkung:	Wadenmuskulatur verkrampft, Blackout
	Reaktivierung:	Wadenbein abwärts massieren
Bl 56	Lokalisation:	in der Mitte der Wade zwischen Bl 55 und Bl 57
	Richtung:	90° nach innen
	Bearbeitung:	Schlagpunkt
	Wirkung:	Wadenmuskulatur verkrampft, Körperschock
	Reaktivierung:	Arzt aufsuchen
Bl 57	Lokalisation:	am Ende des Wadenmuskels in der Mitte der Wade
	Richtung:	90° nach innen
	Bearbeitung:	Schlagpunkt
	Wirkung:	Kontrollverlust über das Bein, Körperschock
	Reaktivierung:	Wadenbein abwärts und Bl 58 massieren
Bl 59	Lokalisation:	3 cun über Knöchel hinten an der Außenseite des Beins
	Richtung:	45° von der Seite
	Bearbeitung:	Schlag- und Druckpunkt
	Wirkung:	örtlicher Schmerz, Augenprobleme, Kopfschmerzen
	Reaktivierung:	Arzt aufsuchen

Beispiele für Anwendungen am Blasenmeridian

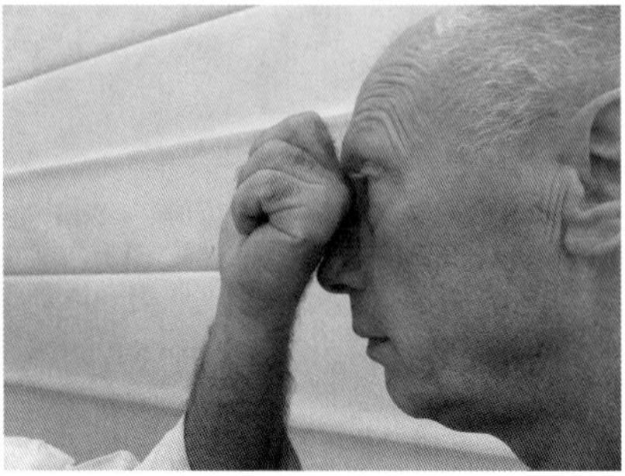

Abb. 153: Bl 2 – Schlag von unten nach oben mit Ura Zuki.

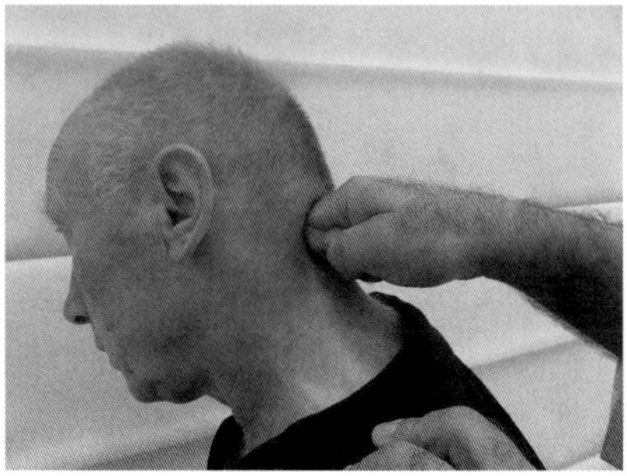

Abb. 154: Bl 10 – Schlag mit Ippon Ken.

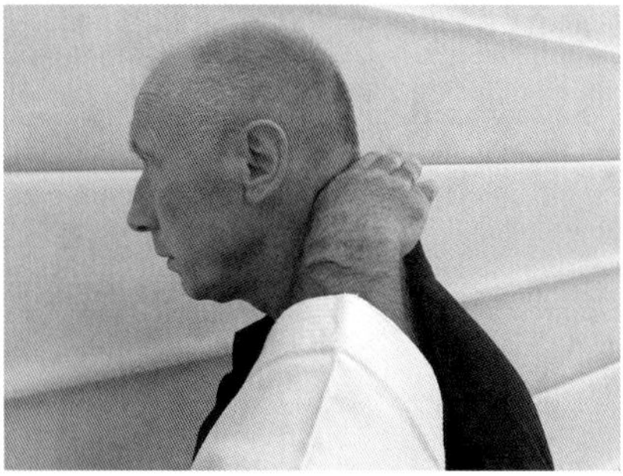

Abb. 155: Bl 10 – Schlag mit Haito Uchi.

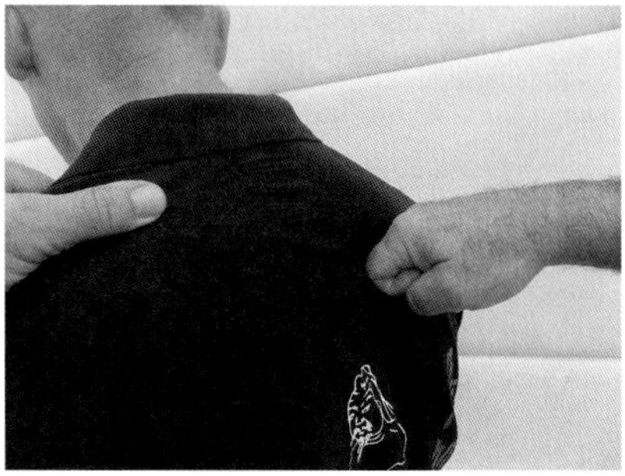

Abb. 156: Bl 13 – Schlag oder Druck mit Nakadaka Ken.

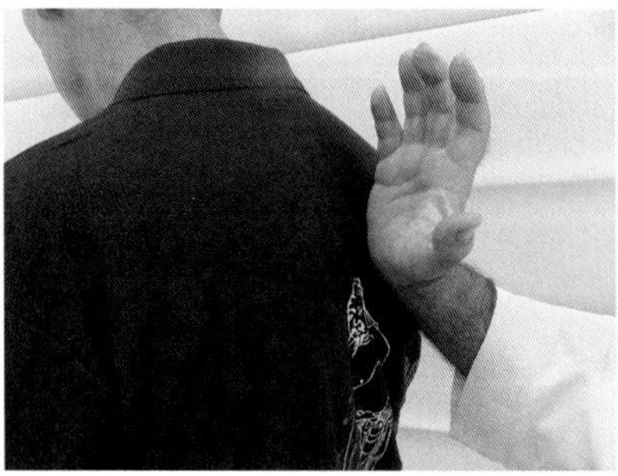

Abb. 157: Bl 14 – Schlag oder Druck mit Teisho.

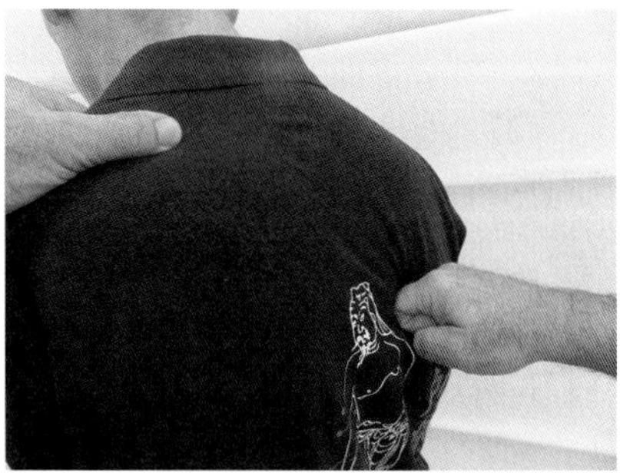

Abb. 158: Bl 15 – Schlag oder Druck mit Nakadaka Ken.

Beispiele für Anwendungen am Blasenmeridian – Fortsetzung

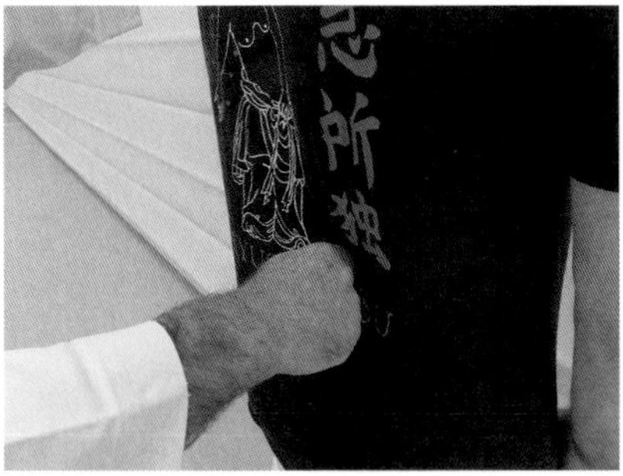

Abb. 159: Bl 24 – Druck oder Schlag mit Ippon Ken.

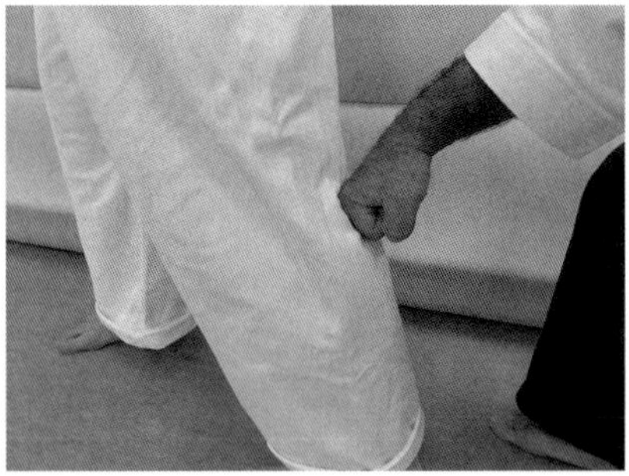

Abb. 160: Bl 55 – Schlag mit Seiken-Faust.

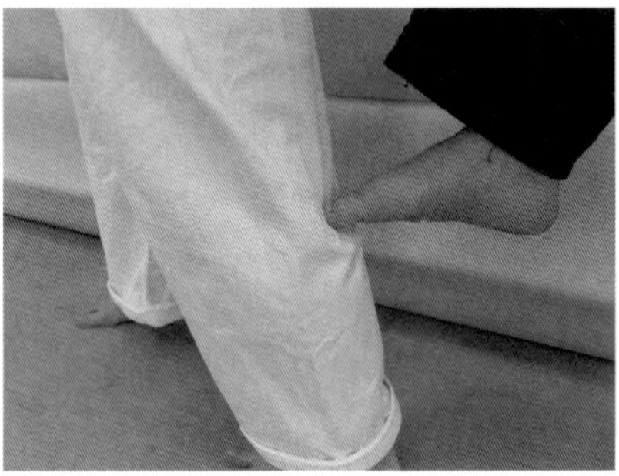

Abb. 161: Bl 55 – Tritt mit Tsumasaki Geri.

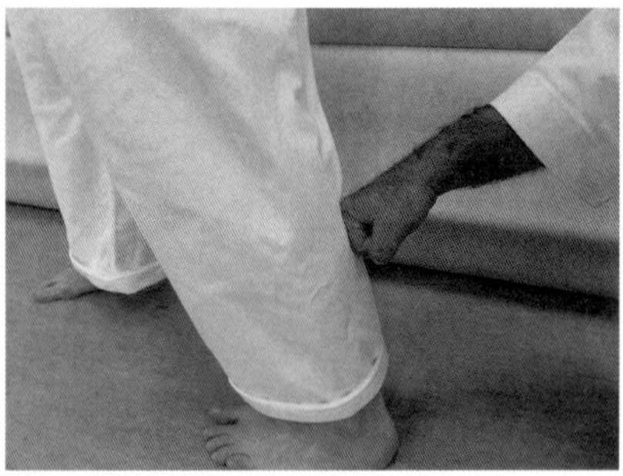

Abb. 162: Bl 56 – Schlag mit Seiken-Faust.

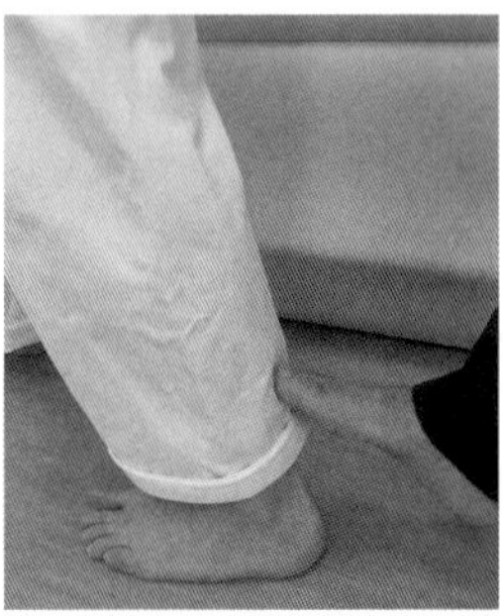

Abb. 163

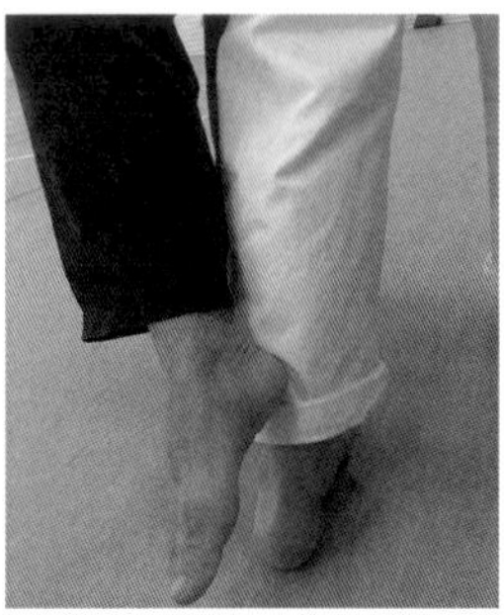

Abb. 164

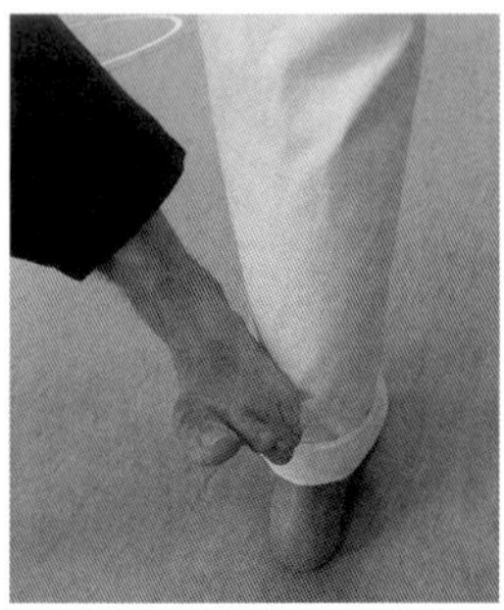

Abb. 165

Abb. 163: Bl 57 – Stoß mit Tsumasaki Geri.

Abb. 164: Bl 57 – Stoß mit Ferse (Kakato Geri).

Abb. 165: Bl 59 – Tritt mit Fußkante (Sokuto Geri).

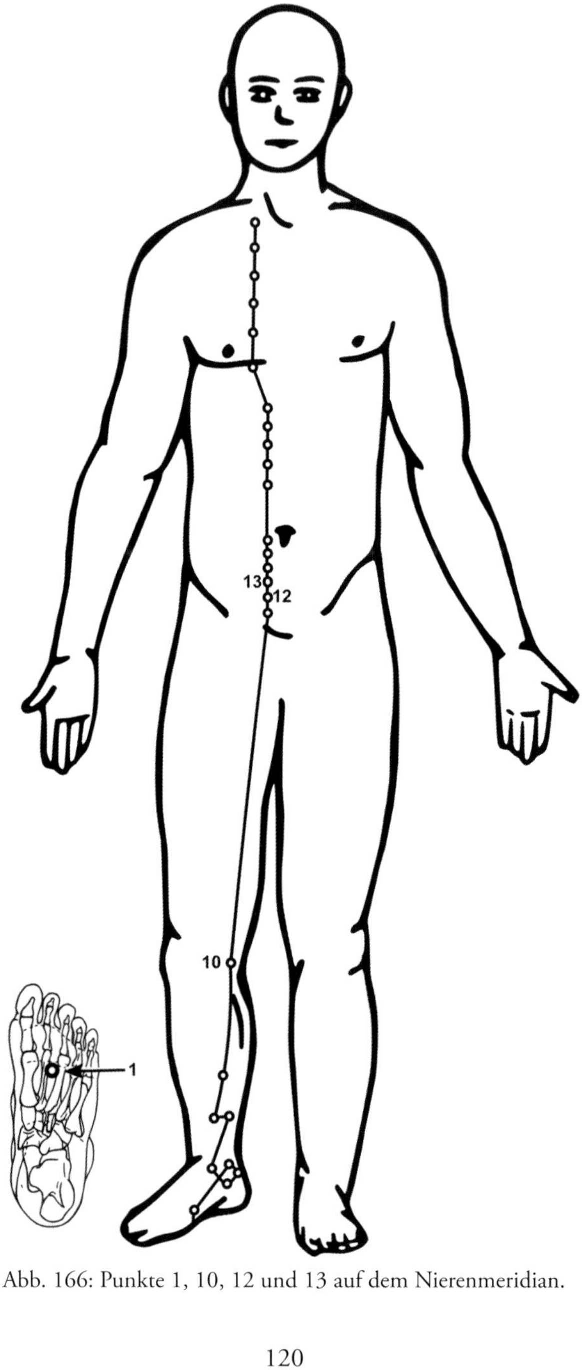

Abb. 166: Punkte 1, 10, 12 und 13 auf dem Nierenmeridian.

Nierenmeridian – Punkte 1, 10, 12 und 13

Ni 1 Lokalisation: in Mitte der Fußsohle, in einer Vertiefung am Ende des ersten Drittels der Fußsohle
Richtung: direkt 90° nach innen,
Bearbeitung: Schlag- und Druckpunkt
Wirkung: dieser Punkt ist ein reiner Wiederbelebungspunkt (Herz-Starter)
Reaktivierung: nicht zutreffend

Ni 10 Lokalisation: in der Kniebeuge am inneren Rand
Richtung: direkt 90°
Bearbeitung: Schlagpunkt
Wirkung: Schwächegefühl, Nierenversagen, Herzschaden, Bewusstlosigkeit
Reaktivierung: Erste Hilfe; sofort Arzt aufsuchen

Ni 12 Lokalisation: 4 cun unter Bauchnabel und 0,5 cun neben Körpermittellinie, über Schambein
Richtung: direkt 90°
Bearbeitung: Schlagpunkt
Wirkung: Verwirrung, sexuelle Probleme, Bewusstlosigkeit
Reaktivierung: Druck auf Bl 10 und Dü 11

Ni 13 Lokalisation: 3 cun unter Bauchnabel und 0,5 cun neben Körpermittellinie
Richtung: direkt 90° nach innen
Bearbeitung: Schlagpunkt
Wirkung: Schwächegefühl, Bewusstlosigkeit
Reaktivierung: LG 14 stimulieren

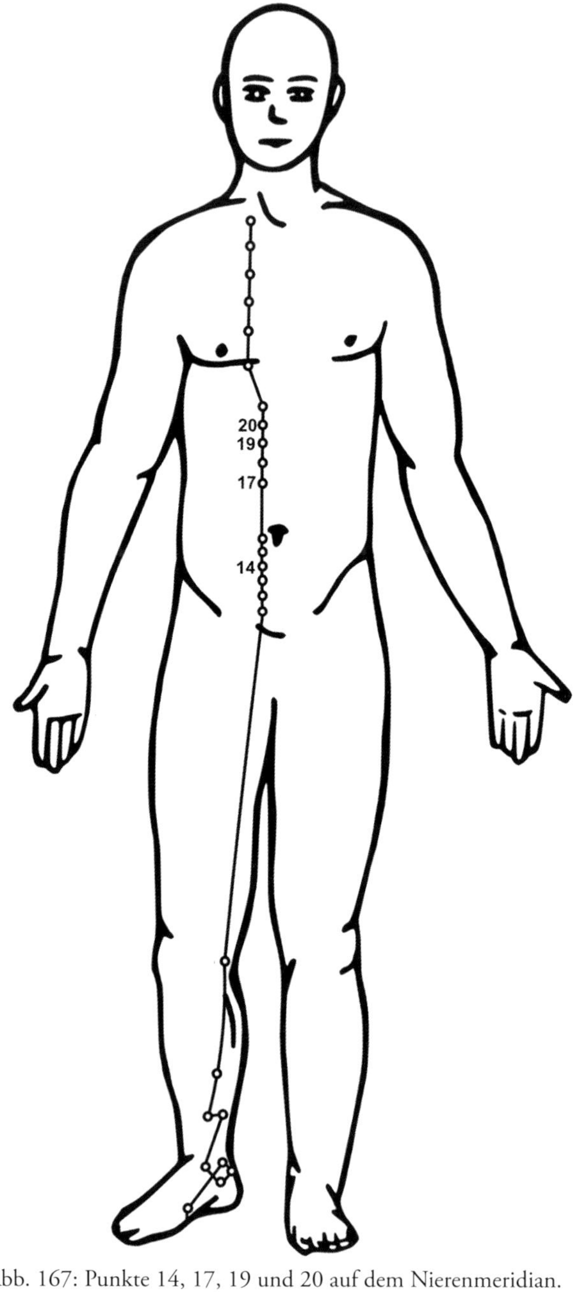

Abb. 167: Punkte 14, 17, 19 und 20 auf dem Nierenmeridian.

Nierenmeridian – Punkte 14, 17, 19 und 20

Ni 14	Lokalisation:	2 cun unter Bauchnabel und 0,5 cun neben Körpermittellinie
	Richtung:	45°nach unten
	Bearbeitung:	Schlagpunkt
	Wirkung:	örtlicher Schmerz, Bewusstlosigkeit
	Reaktivierung:	bei Bewusstlosigkeit sofort neurologische Wiederherstellung
Ni 17	Lokalisation:	2 cun über Bauchnabel und 0,5 cun neben Körpermittellinie
	Richtung:	45°nach unten
	Bearbeitung:	Schlagpunkt
	Wirkung:	örtlicher Schmerz, Bewusstlosigkeit
	Reaktivierung:	Kopf des Getroffenen zwischen seine Beine legen und drei Sekunden lang mit einem Finger den Rücken entlang Druck ausüben
Ni 19	Lokalisation:	4 cun über Bauchnabel und 0,5 cun neben Körpermittellinie
	Richtung:	direkt 90°
	Bearbeitung:	Schlagpunkt
	Wirkung:	Verkrampfung des gesamten Oberkörpers, Atemnot, Bewusstlosigkeit
	Reaktivierung:	durch Doppelnelson-Griff die Verkrampfung und Atemnot lösen, bei Bewusstlosigkeit sofort neurologische Wiederherstellung
Ni 20	Lokalisation:	5 cun über Bauchnabel und 0,5 cun neben Körpermittellinie
	Richtung:	45° von außen Richtung Körpermittellinie
	Bearbeitung:	Schlagpunkt
	Wirkung:	Verkrampfung des gesamten Oberkörpers, Atemnot, Bewusstlosigkeit
	Reaktivierung:	durch Doppelnelson-Griff die Verkrampfung und Atemnot lösen, bei Bewusstlosigkeit sofort neurologische Wiederherstellung

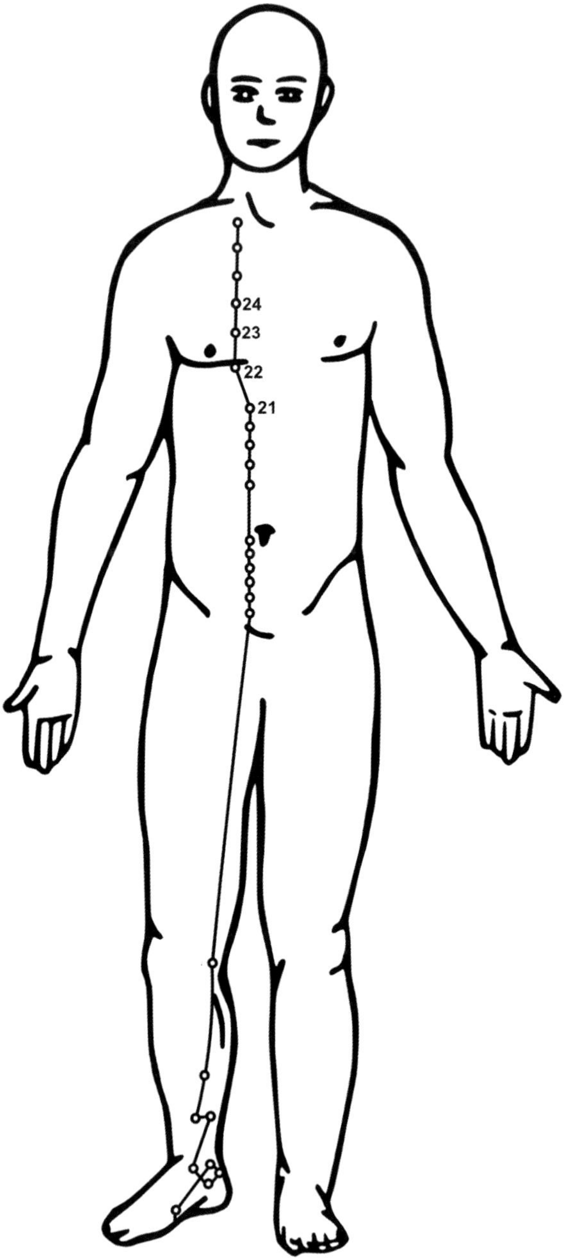

Abb. 168: Punkte 21 bis 24 auf dem Nierenmeridian.

Nierenmeridian – Punkte 21 bis 24

Ni 21	Lokalisation:	6 cun über Bauchnabel und 0,5 cun neben Körpermittellinie
	Richtung:	45° von außen Richtung Körpermittellinie
	Bearbeitung:	Schlagpunkt
	Wirkung:	Herzstillstand
	Reaktivierung:	sofort reanimieren und Notarzt rufen
Ni 22	Lokalisation:	im fünften Interkostalraum (siehe Seite 247) und 2 cun neben der Körpermittellinie
	Richtung:	direkt 90° nach innen
	Bearbeitung:	Schlagpunkt
	Wirkung:	örtlicher Schmerz, Verkrampfung des Oberkörpers, Herzstillstand
	Reaktivierung:	bei Herzstillstand sofort reanimieren, ansonsten Druck mit Handfläche auf LG 20 Richtung Kopfmitte
Ni 23	Lokalisation:	im vierten Interkostalraum, auf Höhe der Brustwarzen und 2 cun neben der Körpermittellinie
	Richtung:	direkt 90°
	Bearbeitung:	Schlagpunkt
	Wirkung:	örtlicher Schmerz, Bewusstlosigkeit, Herzstillstand
	Reaktivierung:	bei Herzstillstand sofort reanimieren, bei Qi-Schaden (Bewusstlosigkeit, starkes Unwohlsein) sofort neurologische Wiederherstellung
Ni 24	Lokalisation:	im dritten Interkostalraum und 2 cun neben der Körpermittellinie
	Richtung:	45° nach unten
	Bearbeitung:	Schlagpunkt
	Wirkung:	örtlicher Schmerz, Verkrampfung des Oberkörpers, Herzstillstand
	Reaktivierung:	bei Herzstillstand sofort reanimieren, bei örtlichem Schmerz Verkrampfung lösen

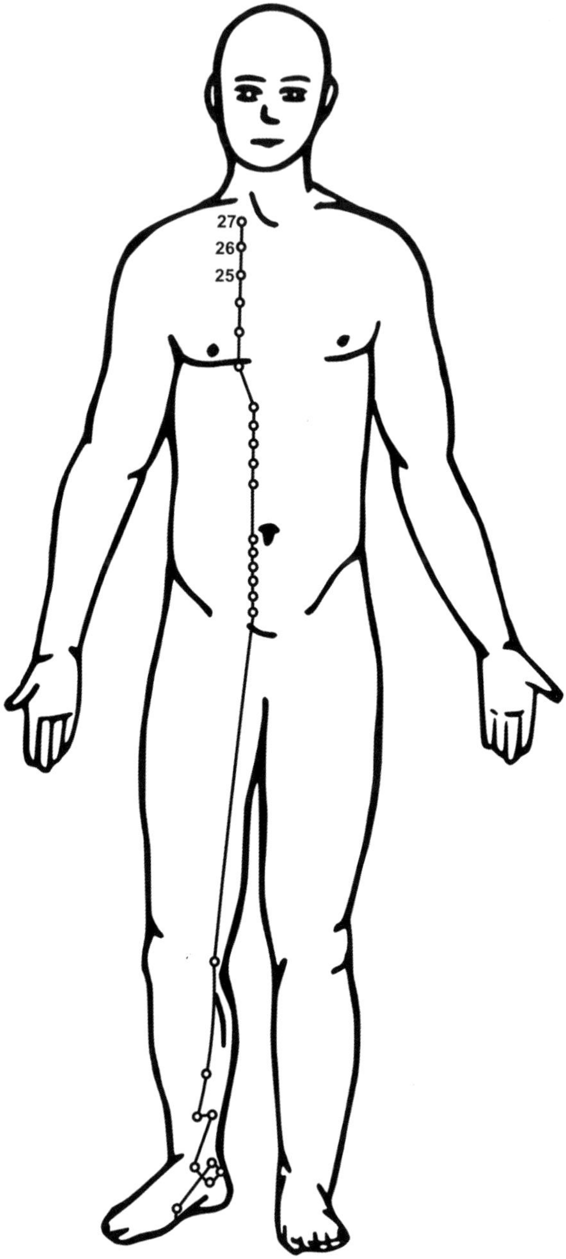

Abb. 169: Punkte 25 bis 27 auf dem Nierenmeridian.

Nierenmeridian – Punkte 25 bis 27

Ni 25	Lokalisation:	im zweiten Interkostalraum und 2 cun neben Körpermittellinie
	Richtung:	45° nach unten
	Bearbeitung:	Schlagpunkt
	Wirkung:	Schwächegefühl, Schädigung der Lunge
	Reaktivierung:	LG 20 stimulieren und die Innenseite des Unterarmes in Richtung Ellenbeuge reiben
Ni 26	Lokalisation:	im ersten Interkostalraum und 2 cun neben Körpermittellinie
	Richtung:	direkt 90°
	Bearbeitung:	Schlagpunkt
	Wirkung:	Schwächegefühl, Schädigung der Lunge, Bewusstlosigkeit
	Reaktivierung:	LG 20 stimulieren und Unterarminnenseite in Richtung Ellenbeuge reiben
Ni 27	Lokalisation:	zwischen erster Rippe und Schlüsselbein, 2 cun neben der Körpermittellinie
	Richtung:	45° nach oben
	Bearbeitung:	Schlagpunkt
	Wirkung:	örtlicher Schmerz, Bewusstlosigkeit
	Reaktivierung:	Akupunkteur oder Arzt aufsuchen

Beispiele für Anwendungen am Nierenmeridian

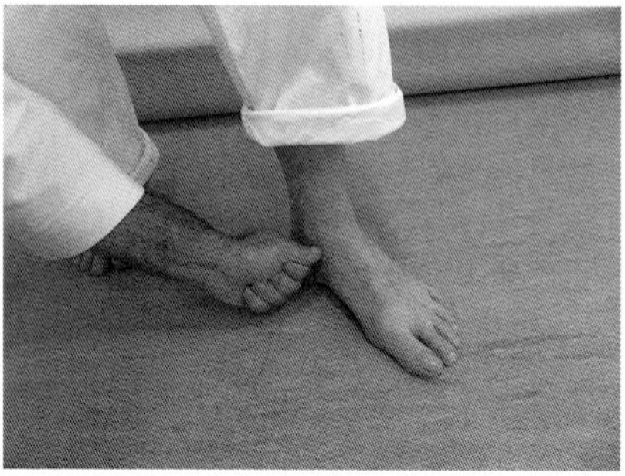

Abb. 170: Ni 6 – Druck oder Schlag mit Boshi Ken.

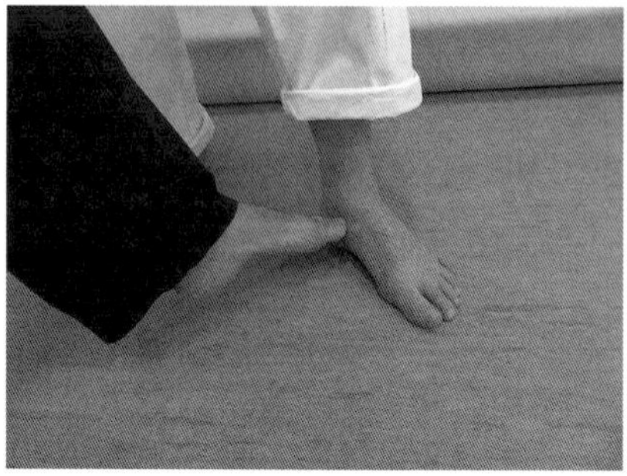

Abb. 171: Ni 6 – Tritt mit Tsumasaki Geri.

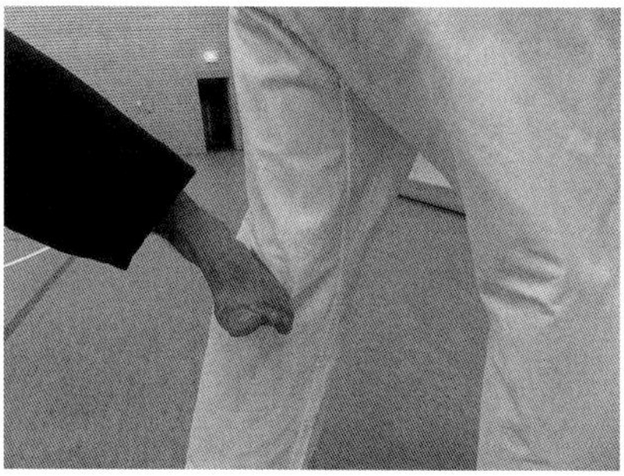

Abb. 172: Ni 10 – Tritt mit Fußkante (Sokuto Geri).

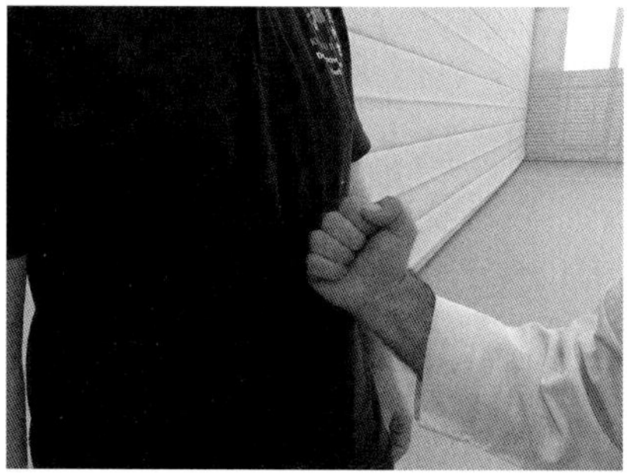

Abb. 173: Ni 17 – Schlag mit Ura Zuki.

Beispiele für Anwendungen am Nierenmeridian – Fortsetzung

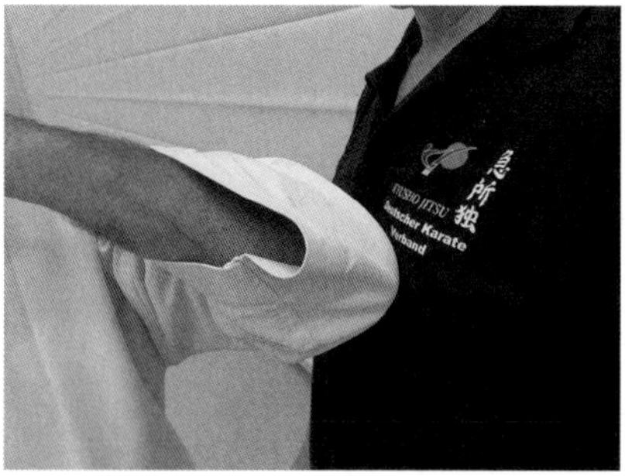

Abb. 174: Ni 23 – Schlag mit Ellbogen (Empi Uchi).

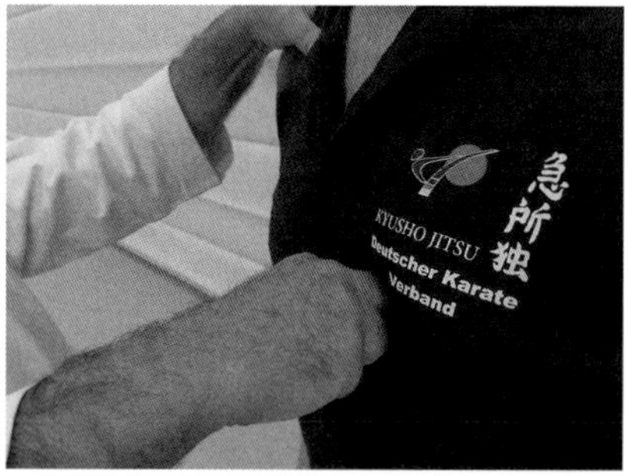

Abb. 175: Ni 23 – Schlag mit Nakadaka Ken.

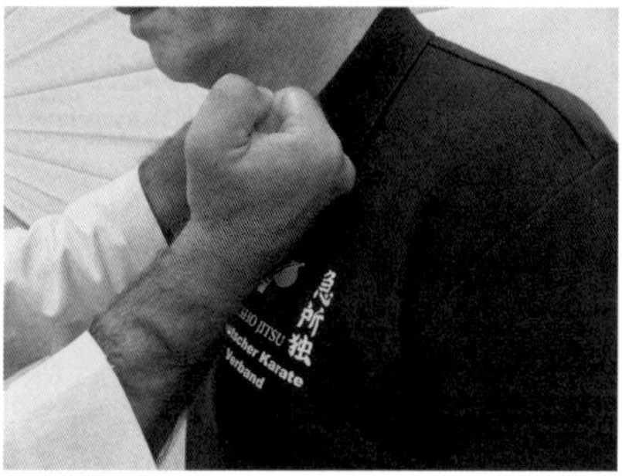

Abb. 176: Ni 27 – Schlag mit Uraken oder Ura Zuki.

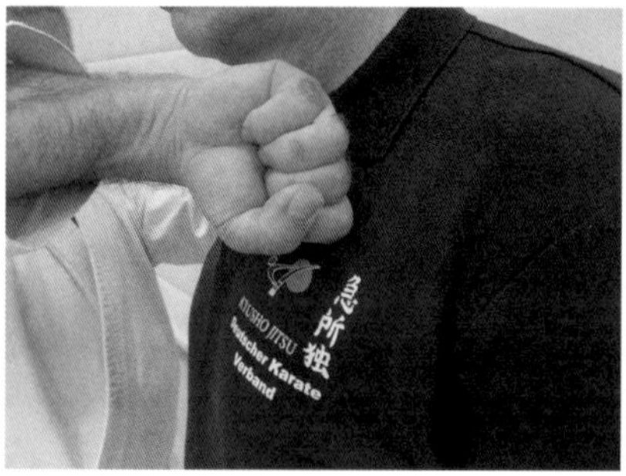

Abb. 177: Ni 27 – Schlag mit Knöchel (Mawashi Zuki).

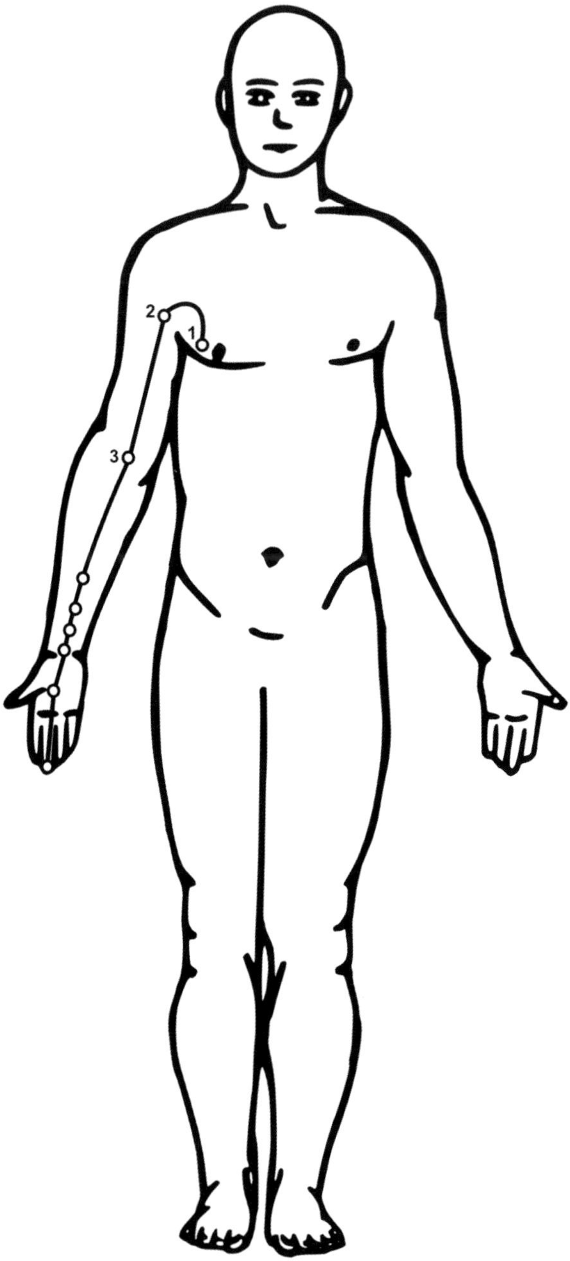

Abb. 178: Punkte 1 bis 3 auf dem Herzbeutelmeridian.

Herzbeutelmeridian (Perikardmeridian) – Punkte 1 bis 3

Pe 1	Lokalisation:	1 cun seitlich der Brustwarzen an der Körperaußenseite
	Richtung:	45° zur Körpermitte
	Bearbeitung:	Schlagpunkt
	Wirkung:	örtlicher Schmerz, Atemnot, Schädigung von Herz und Lunge
	Reaktivierung:	Druck auf Pe 1 auf der gegenüberliegenden Seite
Pe 2	Lokalisation:	2 cun unter der Achselfalte in der Mitte des Oberarms
	Richtung:	direkt 90°
	Bearbeitung:	Schlagpunkt
	Wirkung:	örtlicher Schmerz, Lähmung des Arms, Bewusstlosigkeit
	Reaktivierung:	Massage von KG 17 bis KG 14
Pe 3	Lokalisation:	in Mitte der Ellenbogenfalte
	Richtung:	45° Richtung Knochen oder nach oben oder unten
	Bearbeitung:	Schlag- und Druckpunkt
	Wirkung:	wird der Punkt zum Oberarm hin stimuliert, wird die Lunge geschädigt, bei einem Angriff Richtung Handgelenk, wird das Herz geschädigt
	Reaktivierung:	bei Übelkeit Pe 6 leicht aufwärts drücken, um das Yang-Qi zurückzuführen; Ni 1 drücken; bei Herz- oder Atemstillstand sofort reanimieren

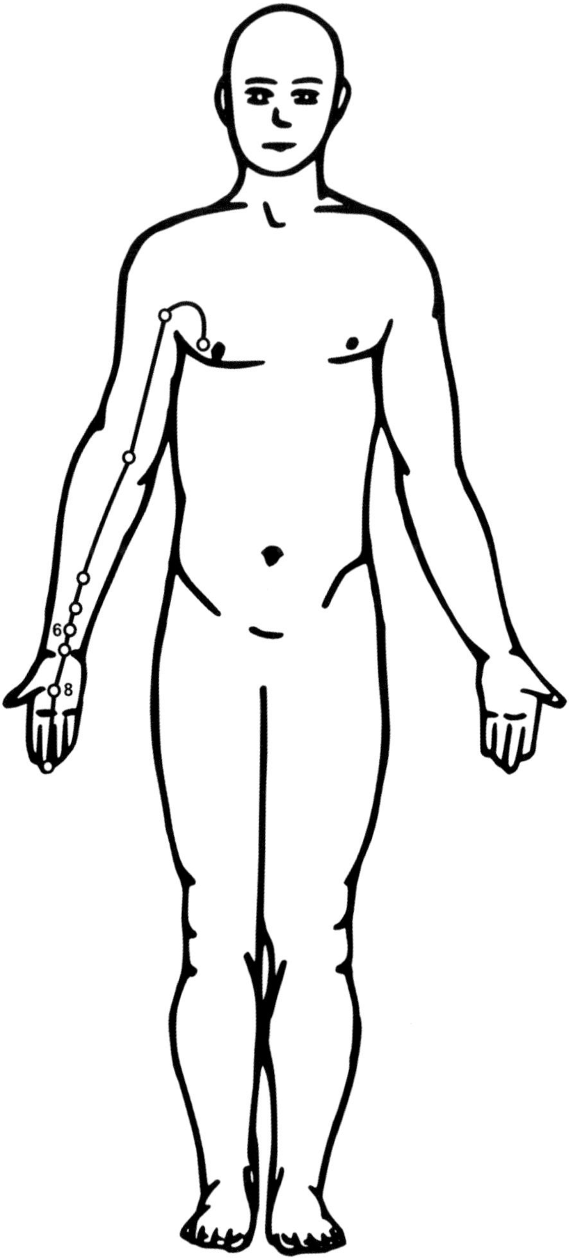

Abb. 179: Punkte 6 und 8 auf dem Herzbeutelmeridian.

Herzbeutelmeridian (Perikardmeridian) – Punkte 6 und 8

Pe 6	Lokalisation:	2 cun über Handgelenksfalte zwischen den Sehnen
	Richtung:	45° Richtung Hand oder direkt 90°
	Bearbeitung:	Schlag-, Druck- und Reibepunkt
	Wirkung:	örtlicher Schmerz, oder Yin-und-Yang-Gleichgewicht wird gestört, evtl. Herzstillstand
	Reaktivierung:	Druck und Massage Pe 6 auf der gegenüberliegenden Seite
Pe 8	Lokalisation:	in Handfläche zwischen Mittel- und Ringfinger
	Richtung:	Druck 90° oder 45° Richtung Ringfinger
	Bearbeitung:	Druckpunkt
	Wirkung:	Erhöhung des Herzschlages
	Reaktivierung:	Druck und Massage Pe 8 auf der gegenüberliegenden Seite

Beispiele für Anwendungen am Herzbeutelmeridian

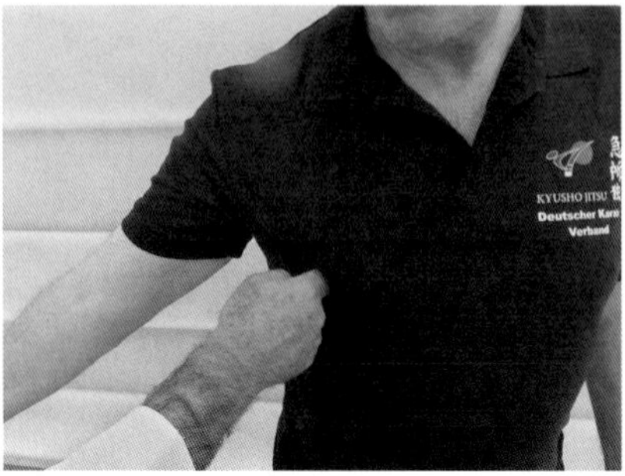

Abb. 180: Pe 1 – Schlag mit Ippon Ken.

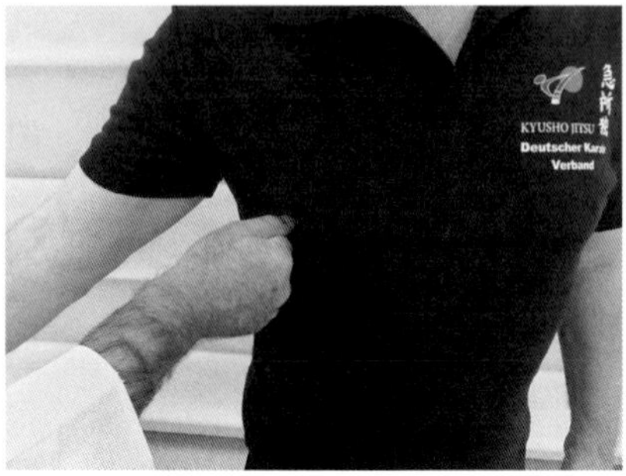

Abb. 181: Pe 1 – Schlag mit Boshi Ken.

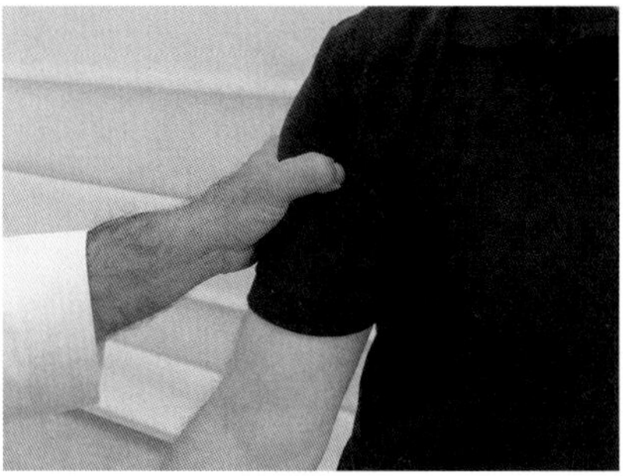

Abb. 182: Pe 2 – Druck mit Daumen.

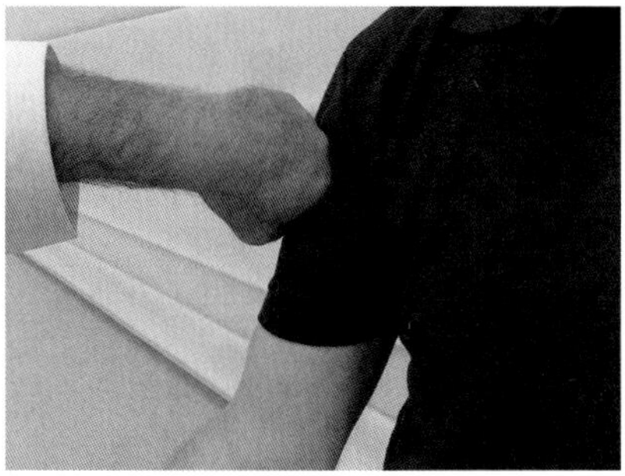

Abb. 183: Pe 2 – Schlag mit Nakadaka Ken.

Beispiele für Anwendungen am Herzbeutelmeridian – Fortsetzung

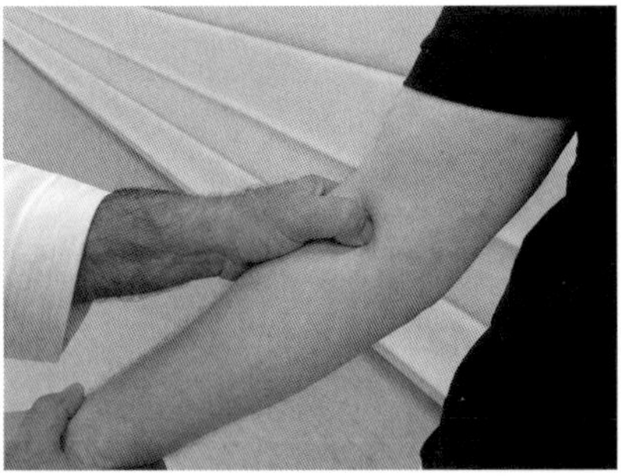

Abb. 184: Pe 3 – Druck mit dem Daumen.

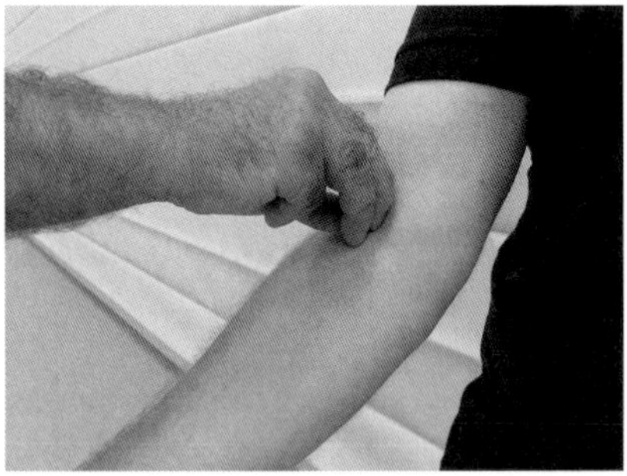

Abb. 185: Pe 3 – Schlag mit Washide.

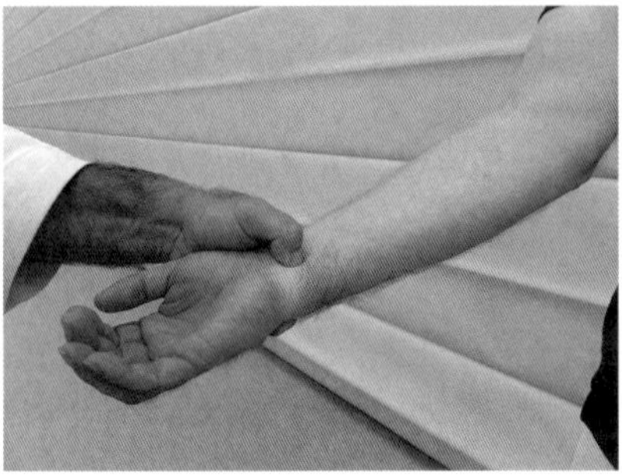

Abb. 186: Pe 6 – Druck mit dem Daumen.

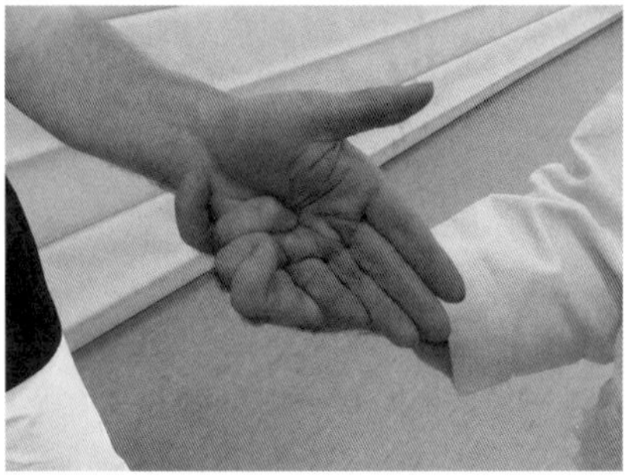

Abb. 187: Pe 8 – Druck mit dem Mittelfinger.

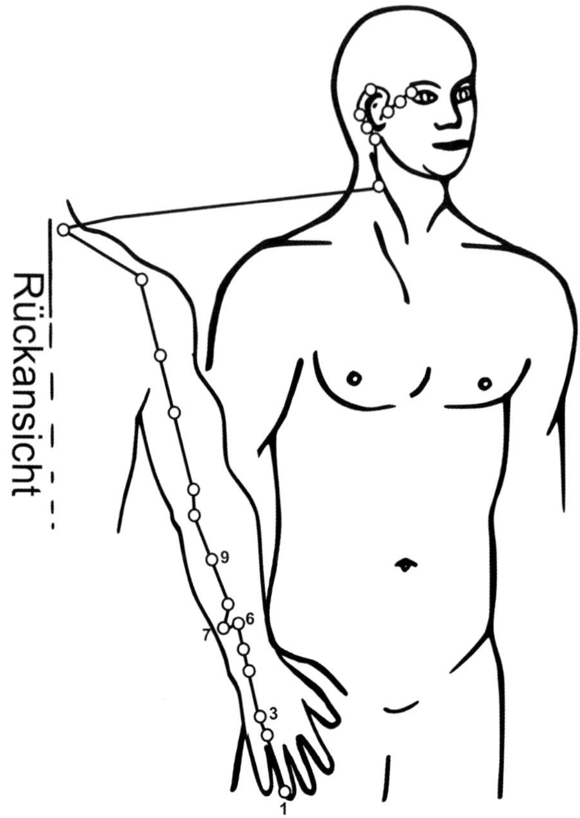

Abb. 188: Punkte 1, 3, 6, 7 und 9 auf dem Dreifacherwärmermeridian.

Dreifacherwärmermeridian – Punkte 1, 3, 6, 7 und 9

3E 1
Lokalisation: an der Nagelaußenseite des Ringfingers
Richtung: direkt 90°
Bearbeitung: Schlag- und Druckpunkt
Wirkung: örtlicher Schmerz, Schwächegefühl
Reaktivierung: Wirkungen lassen von allein wieder nach

3E 3
Lokalisation: auf dem Handrücken, in Vertiefung zwischen dem vierten und dem fünften Knochen
Richtung: nach innen zum Kleinfingerknochen
Bearbeitung: Schlag- und Druckpunkt
Wirkung: örtlicher Schmerz, Körperverspannung auf der getroffenen Seite, Gehörschaden
Reaktivierung: Massage des getroffenen Punktes

3E 6
Lokalisation: 3 cun über der Handgelenksfalte, Mitte des Unterarms zwischen Elle und Speiche
Richtung: 90° in den Arm
Bearbeitung: Schlag-, Druck- und Reibepunkt
Wirkung: örtlicher Schmerz, Unwohlsein, Schwächegefühl
Reaktivierung: 3E 6 auf gegenüberliegender Seite tief massieren

3E 7
Lokalisation: 3 cun über Handgelenksfalte, am Rand der Elle
Richtung: 90° in den Arm
Bearbeitung: Schlag-, Druck- und Reibepunkt
Wirkung: örtlicher Schmerz, Qi-Störung
Reaktivierung: 3E 7 auf gegenüberliegender Seite tief massieren

3E 9
Lokalisation: 7 cun über Handgelenksfalte, zwischen Elle und Speiche
Richtung: direkt 90°
Bearbeitung: Schlag-, Druck- und Reibepunkt
Wirkung: örtlicher Schmerz, Qi-Störung, Bewusstlosigkeit
Reaktivierung: Massage im gesamten Gebiet um den getroffenen Punkt

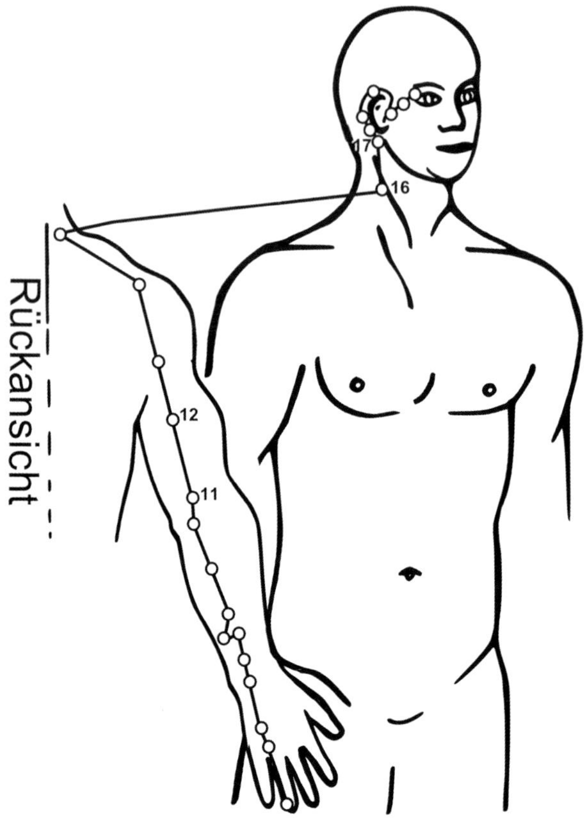

Abb. 189: Punkte 11, 12, 16 und 17 auf dem Dreifacherwärmermeridian.

Dreifacherwärmermeridian – Punkte 11, 12, 16 und 17

3E 11 Lokalisation: 2 cun über Ellbogen
Richtung: direkt 90° oder 45° Richtung Ellbogen
Bearbeitung: Schlag- und Reibepunkt
Wirkung: örtlicher Schmerz, schwächt das Ellenbogengelenk
Reaktivierung: bei Ellenbogenbruch Arzt aufsuchen

3E 12 Lokalisation: im Zentrum des Trizeps
Richtung: direkt 90° oder aufwärts
Bearbeitung: Schlag-, Druck- und Reibepunkt
Wirkung: örtlicher Schmerz, Bewusstlosigkeit
Reaktivierung: Arm leicht ausschütteln und von oben nach unten reiben, danach Di 10 und im Anschluss 3E 8 drücken

3E 16 Lokalisation: am hinteren Rand des Halswendemuskels auf Höhe des Kieferwinkels (Übergang des Unterkieferkörpers in den aufsteigenden Ast des Unterkiefers)
Richtung: direkt 90°
Bearbeitung: Schlag- und Druckpunkt
Wirkung: Bewusstlosigkeit
Reaktivierung: sofort neurologische Wiederherstellung

3E 17 Lokalisation: hinter Ohrläppchen
Richtung: Richtung Nasenspitze oder nach oben
Bearbeitung: Schlag- und Druckpunkt
Wirkung: örtlicher Schmerz, Bewusstlosigkeit
Reaktivierung: sofort neurologische Wiederherstellung

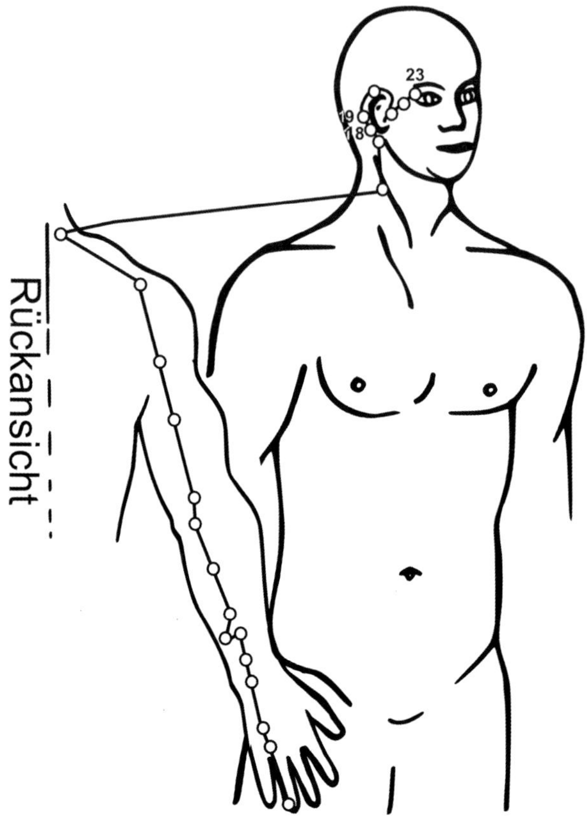

Abb. 190: Punkte 18, 19 und 23 auf dem Dreifacherwärmermeridian.

Dreifacherwärmermeridian – Punkte 18, 19 und 23

3E 18	Lokalisation:	hinter dem Ohr, 1 cun über 3E 17
	Richtung:	Richtung Nasenspitze
	Bearbeitung:	Schlag- und Druckpunkt
	Wirkung:	Gehirnschock, Bewusstlosigkeit
	Reaktivierung:	sofort neurologische Wiederherstellung
3E 19	Lokalisation:	hinter dem Ohr, 2 cun über 3E 17
	Richtung:	45° Richtung Nasenspitze
	Bearbeitung:	Schlag- und Druckpunkt
	Wirkung:	Desorientierung, Bewusstlosigkeit
	Reaktivierung:	sofort neurologische Wiederherstellung
3E 23	Lokalisation:	Vertiefung an der Außenseite der Augenbraue
	Richtung:	45° Richtung Nasenspitze
	Bearbeitung:	Schlag- und Druckpunkt
	Wirkung:	Augenverletzung, Bewusstlosigkeit
	Reaktivierung:	Druck auf Gb 20 aufwärts; ist das Auge betroffen, Gb 3 auf der gegenüberliegenden Seite massieren

Beispiele für Anwendungen am Dreifacherwärmermeridian (3E)

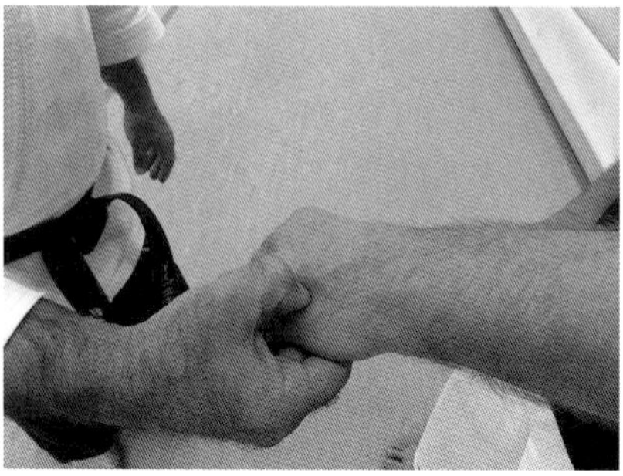

Abb. 191: 3E 3 – Druck mit dem Daumen.

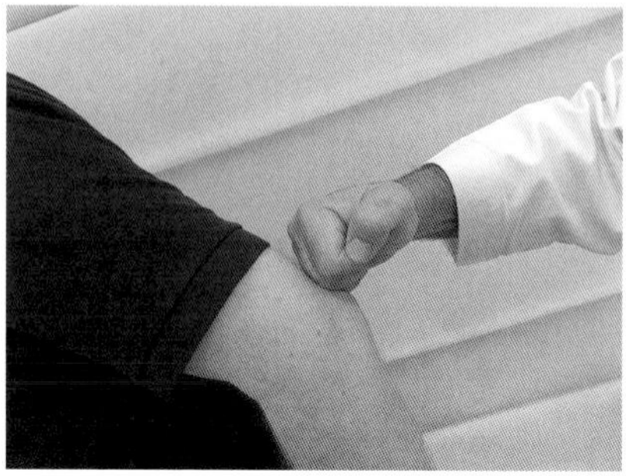

Abb. 192: 3E 10 – Schlag mit dem Fingerknöchel.

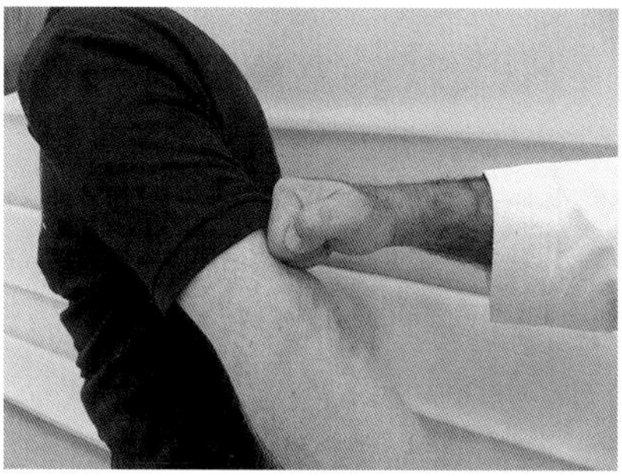

Abb. 193: 3E 11 – Reiben mit dem Fingerknöchel.

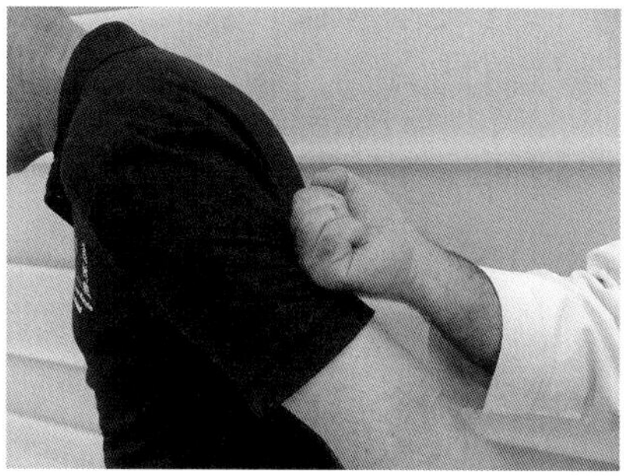

Abb. 194: 3E 12 – Schlag mit Uraken oder Ura Zuki.

Beispiele für Anwendungen am 3E-Meridian – Fortsetzung

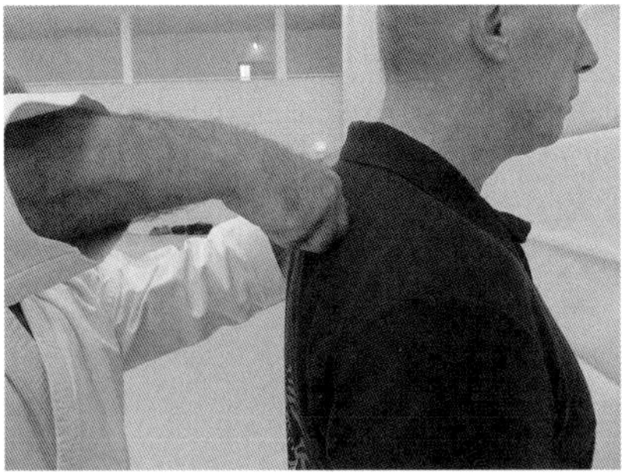

Abb. 195: 3E 15 – Schlag mit Nakadaka Ken.

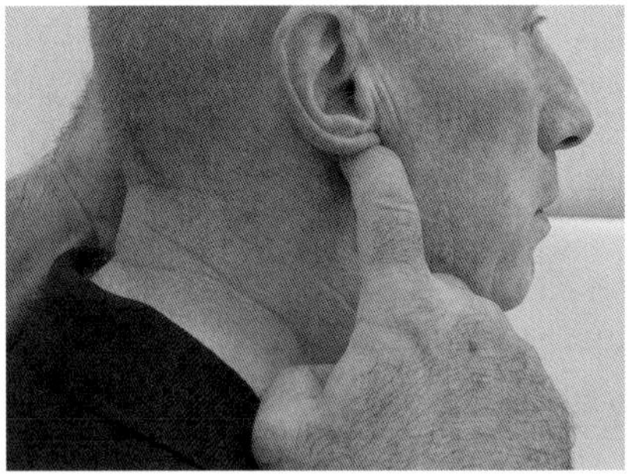

Abb. 196: 3E 17 – Druck mit Zeigefinger.

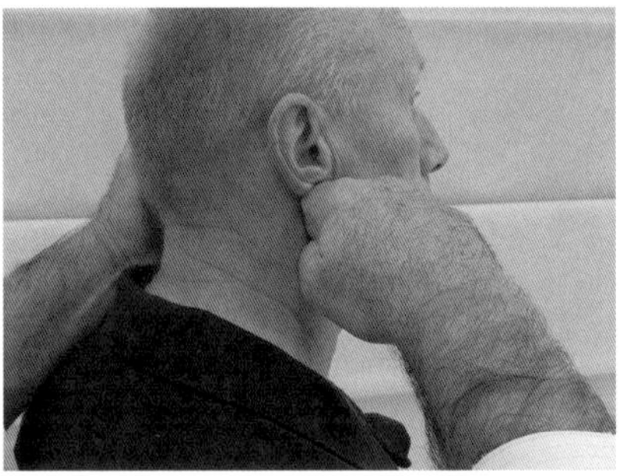

Abb. 197: 3E 17 – Schlag mit Nakadaka Ken.

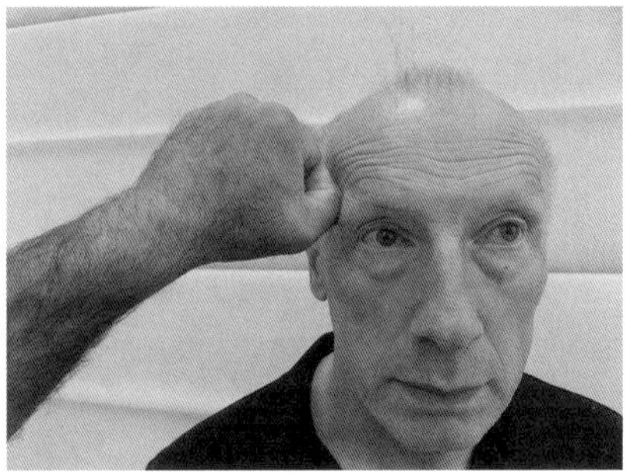

Abb. 198: 3E 23 – Schlag mit Ippon Ken, Daumenseite.

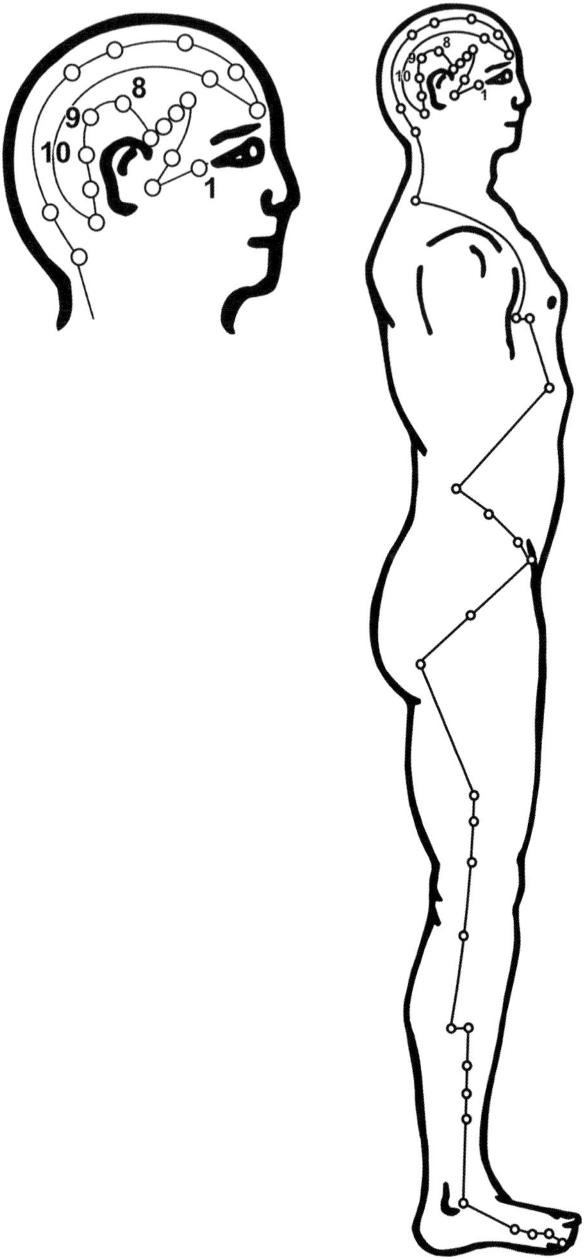

Abb. 199: Punkte 1, 8, 9 und 10 auf dem Gallenblasenmeridian.

Gallenblasenmeridian – Punkte 1, 8, 9 und 10

Gb 1 Lokalisation: Vertiefung am äußeren Augenwinkel
Richtung: 45° Richtung Auge
Bearbeitung: Schlag- und Druckpunkt
Wirkung: Übelkeit, Augenverletzung, Bewusstlosigkeit
Reaktivierung: LG 26 Richtung Nase bzw. Kopf drücken oder Gb 1 leicht Richtung Ohr reiben

Gb 8 Lokalisation: 1,5 cun oberhalb Ohrspitze
Richtung: direkt 90°
Bearbeitung: Schlag-, Druck- und Reibepunkt
Wirkung: Verlust des Erinnerungsvermögens, Bewusstlosigkeit
Reaktivierung: Bl 10 aufwärts drücken

Gb 9 Lokalisation: 0,5 cun hinter Gb 8
Richtung: direkt 90°
Bearbeitung: Schlag-, Druck- und Reibepunkt
Wirkung: Bewusstlosigkeit
Reaktivierung: Gb 20 aufwärts drücken

Gb 10 Lokalisation: auf Höhe der Ohrspitze, 1 cun über Haaransatz
Richtung: direkt 90°
Bearbeitung: Schlag-, Druck- und Reibepunkt
Wirkung: Nervensystem wird geschädigt, Gehirnschock, Bewusstlosigkeit
Reaktivierung: LG 26 bei Schock drücken, ansonsten sofort neurologische Wiederherstellung

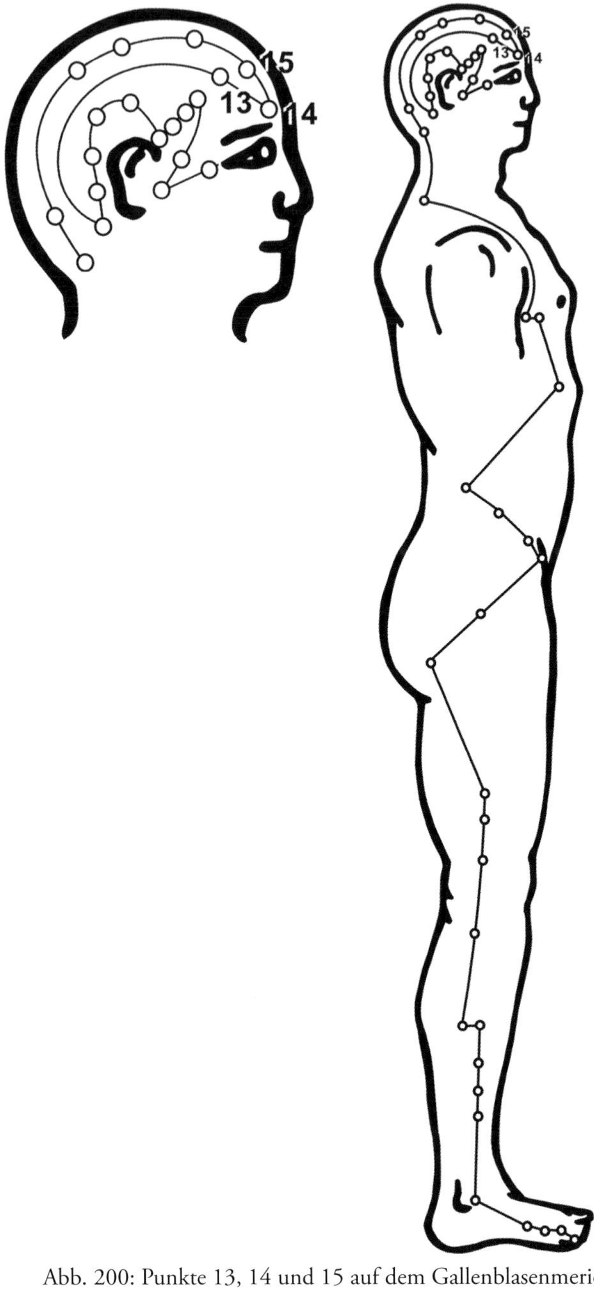

Abb. 200: Punkte 13, 14 und 15 auf dem Gallenblasenmeridian.

Gallenblasenmeridian – Punkte 13, 14 und 15

Gb 13	Lokalisation:	senkrecht oberhalb des äußeren Augenwinkels, 0,5 cun oberhalb des Haaransatzes
	Richtung:	30° Richtung Kopfmitte
	Bearbeitung:	Schlagpunkt
	Wirkung:	Gehirnfunktionsstörung, Bewusstlosigkeit
	Reaktivierung:	sofort neurologische Wiederherstellung; Arzt oder Akupunkteur aufsuchen
Gb 14	Lokalisation:	1 cun oberhalb Mitte der Augenbraue
	Richtung:	45° nach oben oder unten
	Bearbeitung:	Schlagpunkt
	Wirkung:	Übelkeit, Schaden am Hals, Bewusstlosigkeit
	Reaktivierung:	bei abwärts geführten Angriff Gb 20 drücken, bei aufwärts geführten Angriff Gb 21 drücken und danach mit beiden Händen Richtung Schulter reiben
Gb 15	Lokalisation:	senkrecht über Gb 14, 0,5 cun oberhalb des Haaransatzes
	Richtung:	direkt 90°
	Bearbeitung:	Schlagpunkt
	Wirkung:	Orientierungsverlust, Bewusstlosigkeit
	Reaktivierung:	Gb 20 drücken

Anmerkung: Gb 13, 14 und 15 werden in der Regel mit der flachen und sich drehenden Hand geschlagen.

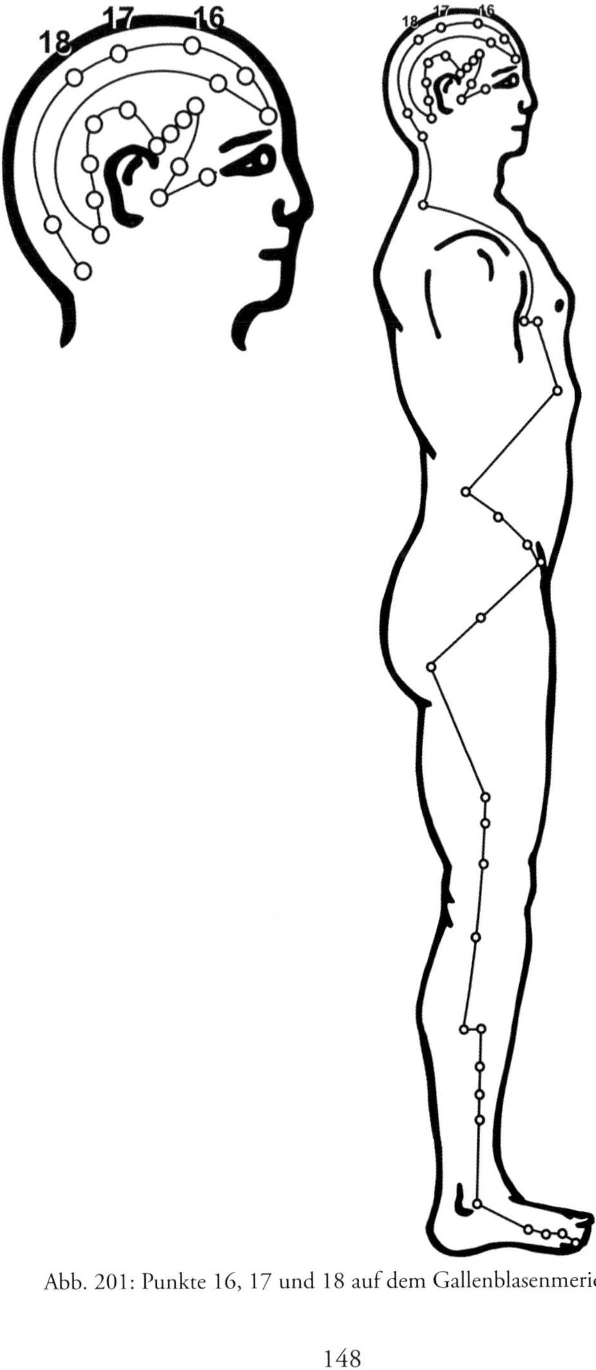

Abb. 201: Punkte 16, 17 und 18 auf dem Gallenblasenmeridian.

Gallenblasenmeridian – Punkte 16, 17 und 18

Gb 16
Lokalisation: 1,5 cun hinter Gb 15
Richtung: direkt 90°
Bearbeitung: Schlag- und Reibepunkt
Wirkung: Orientierungsverlust, Übelkeit, Bewusstlosigkeit
Reaktivierung: sofort neurologische Wiederherstellung; bei Schmerz, Orientierungsverlust und/oder Übelkeit linke Hand auf LG 20, rechte Hand auf KG 14, beim Einatmen Druck auf LG 20 mindern und auf KG 14 verstärken, beim Ausatmen umgekehrt bearbeiten

Gb 17
Lokalisation: 1,5 cun hinter Gb 16
Richtung: direkt 90°
Bearbeitung: Schlag- und Reibepunkt
Wirkung: Schwächegefühl, Bewusstlosigkeit
Reaktivierung: sofort neurologische Wiederherstellung

Gb 18
Lokalisation: 1,5 cun hinter Gb 17
Richtung: direkt 90°
Bearbeitung: Schlag- und Reibepunkt
Wirkung: behindert den Qi-Fluss im Oberkörper, Bewusstlosigkeit
Reaktivierung: Gb 20 ein- und aufwärts drücken, ansonsten sofort neurologische Wiederherstellung

Anmerkung: Gb 16, 17 und 18 werden in der Regel mit einer Reibetechnik gleichzeitig bearbeitet.

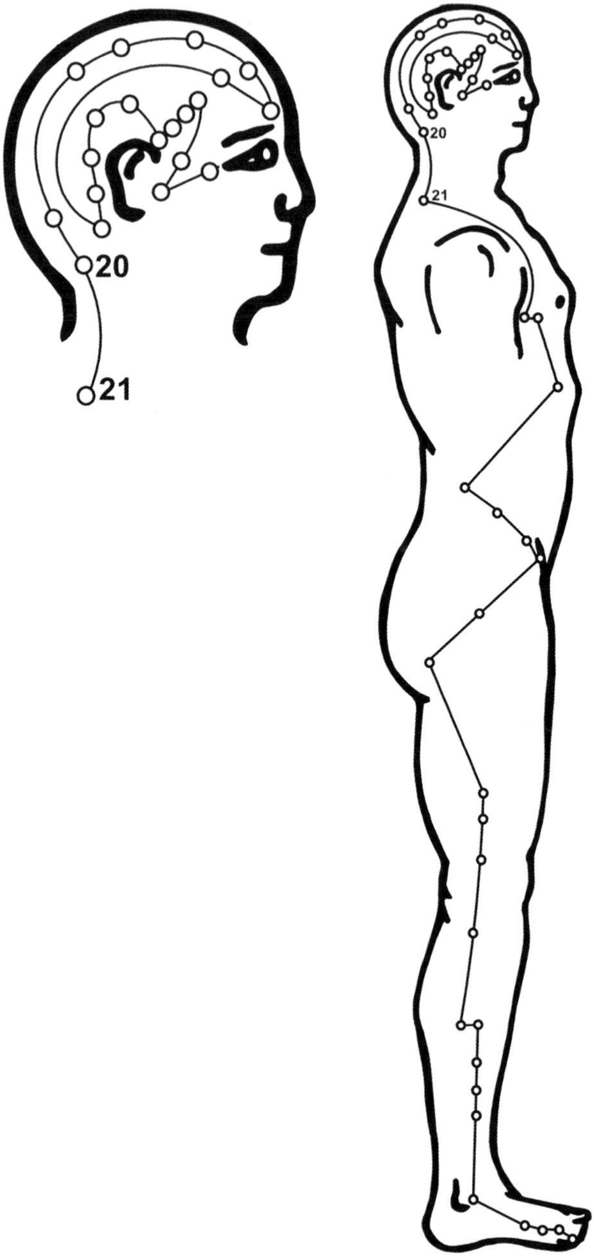

Abb. 202: Punkte 20 und 21 auf dem Gallenblasenmeridian.

Gallenblasenmeridian – Punkte 20 und 21

Gb 20	Lokalisation:	in der Vertiefung neben der Wirbelsäule am Haaransatz
	Richtung:	45° nach oben
	Bearbeitung:	Schlag- und Druckpunkt
	Wirkung:	Nervenstörung, Bewusstlosigkeit
	Reaktivierung:	beide Hände von vorn auf die Ohren legen, Daumen sind vor dem Ohr und Finger zeigen Richtung Nacken, dann Getroffenen zu sich ziehen, um somit Nacken und Kopfseite zu stimulieren, andere Methode ist Gb 21 zu stimulieren und mit beiden Händen über Schulter abstreifen
Gb 21	Lokalisation:	in der Vertiefung am höchsten Punkt der Schulter
	Richtung:	direkt 90° nach unten
	Bearbeitung:	Schlag- und Druckpunkt
	Wirkung:	örtlicher Schmerz, Benommenheit, Bewusstlosigkeit
	Reaktivierung:	Druck auf LG 20 Richtung Kopfmitte, ansonsten sofort neurologische Wiederherstellung

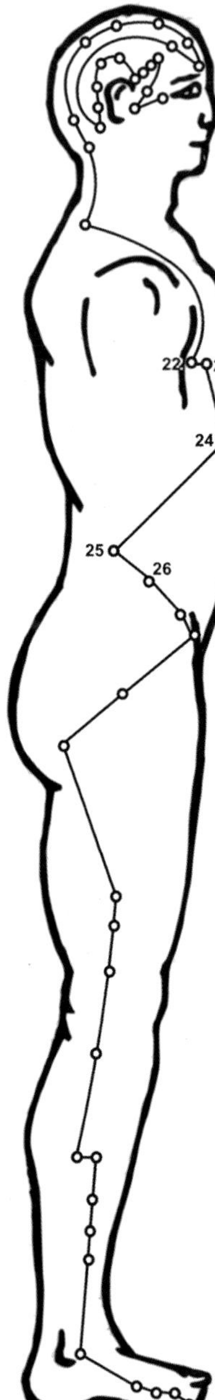

Abb. 203: Punkte 22 bis 26 auf dem Gallenblasenmeridian.

Gallenblasenmeridian – Punkte 22 bis 26

Gb 22	Lokalisation:	3 cun unterhalb der Achselfalte im vierten Interkostalraum
	Richtung:	direkt 90° zum Körper
	Bearbeitung:	Schlagpunkt
	Wirkung:	Herzrhythmusstörungen, Herzstillstand
	Reaktivierung:	sofort reanimieren, bei Bewusstlosigkeit Gb 20 oder Ni 1 drücken, andere Möglichkeiten: Di 10 oder He 3 drücken
Gb 23	Lokalisation:	im vierten Interkostalraum, 1 cun vor Gb 22
	Richtung:	direkt 90° zum Körper
	Bearbeitung:	Schlagpunkt
	Wirkung:	Herzrhythmusstörungen, Herzstillstand
	Reaktivierung:	bei Herzstillstand sofort reanimieren; ansonsten Druck einwärts auf Gb 20 und Bl 10
Gb 24	Lokalisation:	auf der Brustwarzenlinie, 1,5 cun unter Le 14 im siebten Interkostalraum
	Richtung:	direkt 90° von vorn oder von der Seite
	Bearbeitung:	Schlagpunkt
	Wirkung:	Bewusstlosigkeit
	Reaktivierung:	sofort behandeln, Druck einwärts auf Gb 20
Gb 25	Lokalisation:	auf der Spitze der kurzen Rippe (12. Rippe)
	Richtung:	direkt 90° oder 45° schräg von außen zur Rippe
	Bearbeitung:	Schlagpunkt
	Wirkung:	örtlicher Schmerz, Nierenschaden
	Reaktivierung:	sofort behandeln, Druck gleichzeitig auf Ni 1 und Ni 10
Gb 26	Lokalisation:	an Körperseite über dem Hüftknochen, auf Höhe des Nabels und zwischen der 11. und 12. Rippe
	Richtung:	direkt 90° oder 45° Richtung Hüfte
	Bearbeitung:	Schlagpunkt
	Wirkung:	örtlicher Schmerz, Kontrollverlust über die Beine
	Reaktivierung:	Druck auf Gb 20, wenn nötig, sofort reanimieren

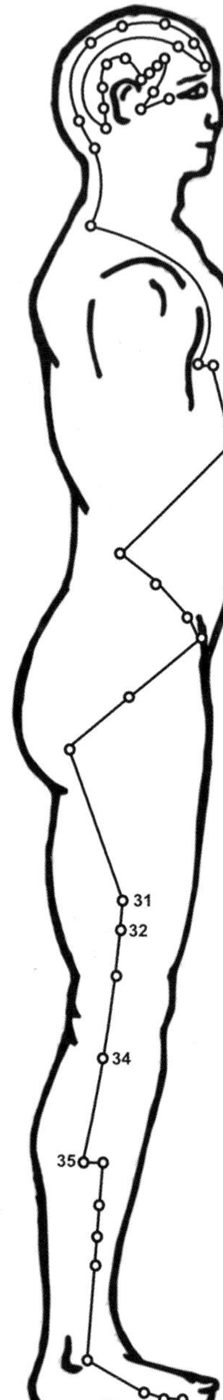

Abb. 204: Punkte 31, 32, 34 und 35 auf dem Gallenblasenmeridian.

Gallenblasenmeridian – Punkte 31, 32, 34 und 35

Gb 31 Lokalisation: an der Außenseite des Oberschenkels, 7 cun über Kniegelenksfalte
Richtung: direkt 90°
Bearbeitung: Schlagpunkt
Wirkung: Kontrollverlust des Beines, Bewusstlosigkeit, Herzrhythmusstörungen, Herzstillstand
Reaktivierung: Bei Herzstillstand sofort reanimieren, ansonsten Ma 32 mit der Handfläche drücken

Gb 32 Lokalisation: an der Außenseite des Oberschenkels 5 cun über Kniegelenksfalte
Richtung: direkt 90°
Bearbeitung: Schlagpunkt
Wirkung: Kontrollverlust des Beines, Bewusstlosigkeit, Herzrhythmusstörungen, Herzstillstand
Reaktivierung: bei Herzstillstand sofort reanimieren, ansonsten Le 3 drücken

Gb 34 Lokalisation: seitlich ca. 2 cun unter Kniegelenkspalt in Vertiefung von Schien- und Wadenbein
Richtung: 45° nach innen und Richtung Fuß
Bearbeitung: Schlagpunkt
Wirkung: Leberschaden, Bewusstlosigkeit
Reaktivierung: sofort behandeln, Gb 15 beidhändig drücken

Gb 35 Lokalisation: 7 cun über dem Knöchel am hinteren Rand des Wadenbein
Richtung: direkt 90°
Bearbeitung: Schlagpunkt
Wirkung: örtlicher Schmerz, Schaden am zentralen Nervensystem, Vitalfunktionen außer Kontrolle, Bewusstlosigkeit
Reaktivierung: Rückenlage des Geschädigten, Bein im 90° Winkel anziehen und mit einer Hand die Kniekehle fixieren und mit der anderen Hand das Sprunggelenk greifen und Richtung Ferse ziehen

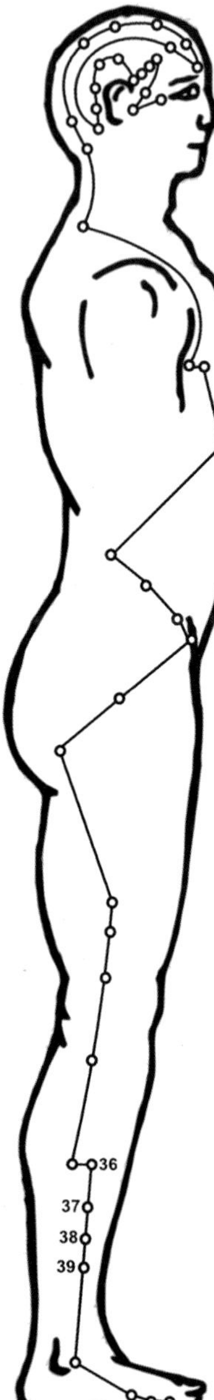

Abb. 205: Punkte 36 bis 39 auf dem Gallenblasenmeridian.

Gallenblasenmeridian – Punkte 36 bis 39

Gb 36	Lokalisation:	7 cun über dem Knöchel am vorderen Rand des Wadenbeins
	Richtung:	direkt 90°
	Bearbeitung:	Schlagpunkt
	Wirkung:	örtlicher Schmerz, Schaden am zentralen Nervensystem, Vitalfunktion außer Kontrolle, Bewusstlosigkeit
	Reaktivierung:	Gb 20 drücken
Gb 37	Lokalisation:	5 cun über dem Knöchel
	Richtung:	direkt 90° oder 45° nach innen und Richtung Fuß
	Bearbeitung:	Schlagpunkt
	Wirkung:	Leber- und Gallenblasenschaden, vorübergehende Blindheit, Bewusstlosigkeit
	Reaktivierung:	bei Leberschaden Le 3 drücken, bei Bewusstlosigkeit Gb 20 drücken
Gb 38	Lokalisation:	4 cun über dem Knöchel
	Richtung:	45° nach unten in Richtung des Knöchels
	Bearbeitung:	Schlagpunkt
	Wirkung:	Kopfschmerzen, Bewusstlosigkeit
	Reaktivierung:	Gb 15 aufwärts massieren
Gb 39	Lokalisation:	3 cun über dem Knöchel
	Richtung:	direkt 90° oder 45° nach innen und Richtung Fuß
	Bearbeitung:	Schlagpunkt
	Wirkung:	Desorientierung, Schaden am zentralen Nervensystem, Gehirnschaden, Bewusstlosigkeit
	Reaktivierung:	Rücken- und Beinrückseitenmassage, danach Beinvorderseite massieren und Arzt aufsuchen

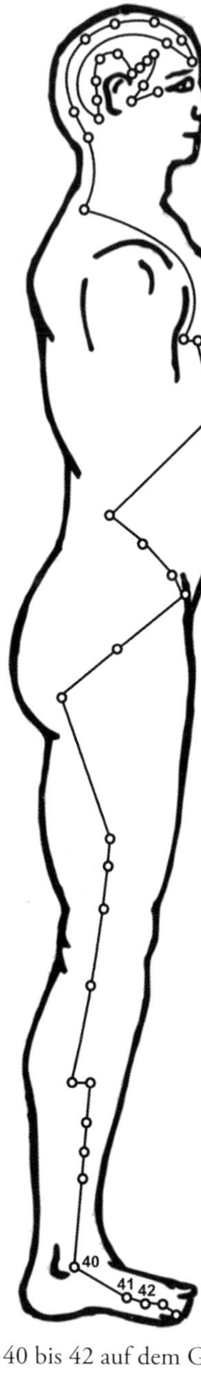

Abb. 206: Punkte 40 bis 42 auf dem Gallenblasenmeridian.

Gallenblasenmeridian – Punkte 40 bis 42

Gb 40	Lokalisation:	in Vertiefung vor und unterhalb des Knöchels
	Richtung:	direkt 90°
	Bearbeitung:	Schlag- und Druckpunkt
	Wirkung:	Lähmung des Beins oder des gesamten Körpers, Herzversagen, Bewusstlosigkeit, irreparabler Schaden an Gallenblase und Leber
	Reaktivierung:	Druck auf Le 3 oder Gb 38
Gb 41	Lokalisation:	in Vertiefung zwischen den Gelenken des vierten und fünften Zehs
	Richtung:	90° gerade auf den Fuß
	Bearbeitung:	Schlag- und Druckpunkt
	Wirkung:	Kontrollverlust der Beine, Kommunikation zwischen Oberkörper und unteren Extremitäten ist unterbunden, Bewusstlosigkeit
	Reaktivierung:	Le 3 drücken, bei einem Schaden an der Hüfte Mi 21 und Le 3, bei Bewusstlosigkeit Gb 20 aufwärts drücken
Gb 42	Lokalisation:	1 cun von Gb 41entfernt
	Richtung:	90° gerade auf den Fuß
	Bearbeitung:	Schlag- und Druckpunkt
	Wirkung:	Kontrollverlust der Beine, Kommunikation zwischen Oberkörper und unteren Extremitäten ist unterbunden, Bewusstlosigkeit
	Reaktivierung:	Le 3 drücken, bei einem Schaden an der Hüfte Mi 21 und Le 3, bei Bewusstlosigkeit Gb 20 aufwärts drücken

Beispiele für Anwendungen am Gallenblasenmeridian

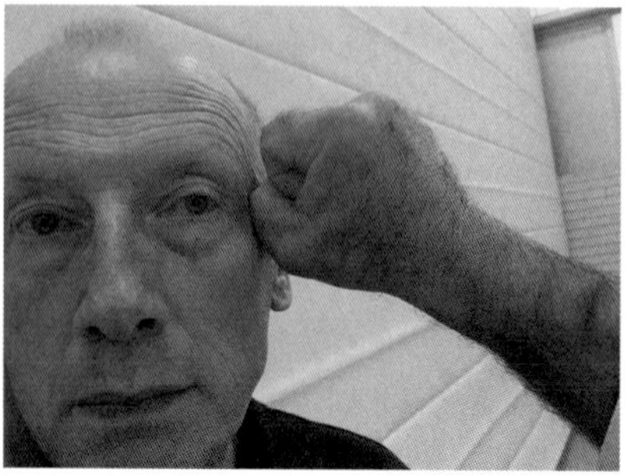

Abb. 207: Gb 1 – Schlag oder Druck mit Ippon Ken, Daumenseite.

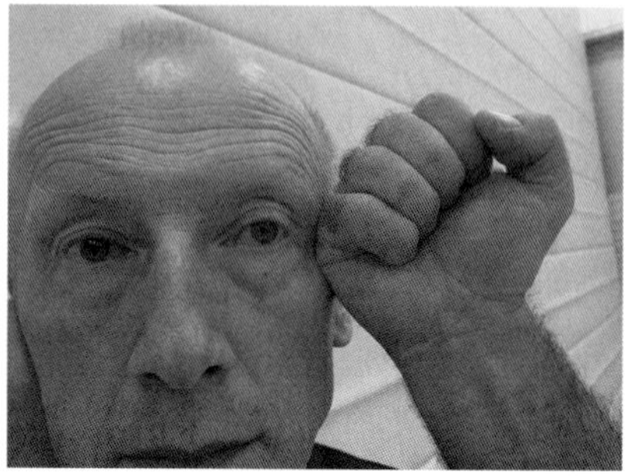

Abb. 208: Gb 1 – Schlag mit Tettsui Uchi, Kleinfingerknöchel.

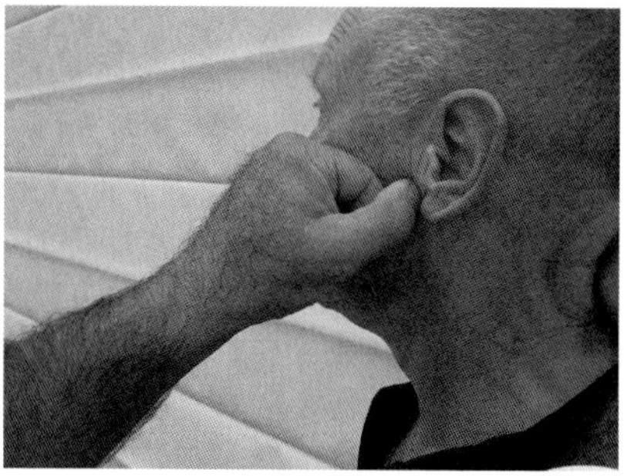

Abb. 209: Gb 2 – Druck mit dem Daumen.

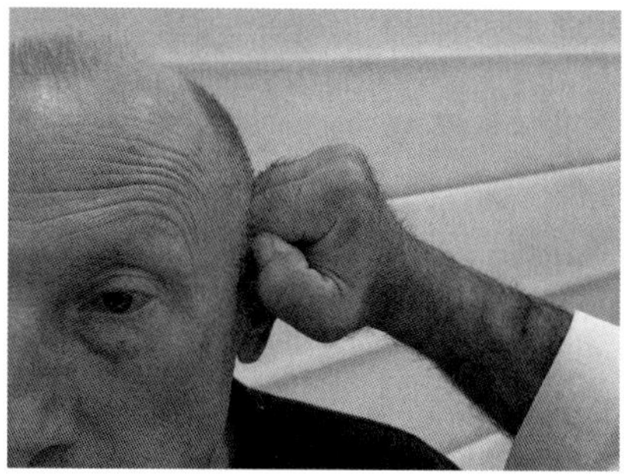

Abb. 210: Gb 8 und 9 – Reiben mit Fingerknöchel.

Beispiele für Anwendungen am Gallenblasenmeridian – Fortsetzung

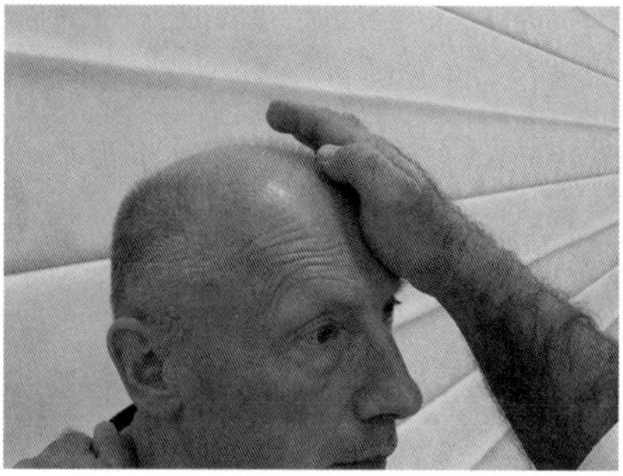

Abb. 211: Gb 13, 14 und 15 – Anschlagen mit der flachen Hand.

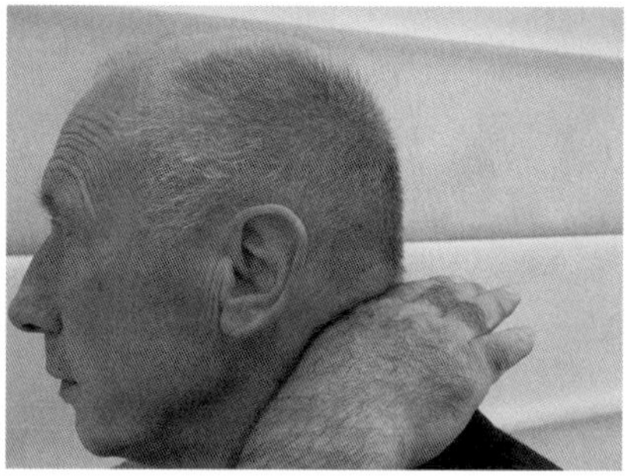

Abb. 212: Gb 20 – Schlag mit Haito Uchi.

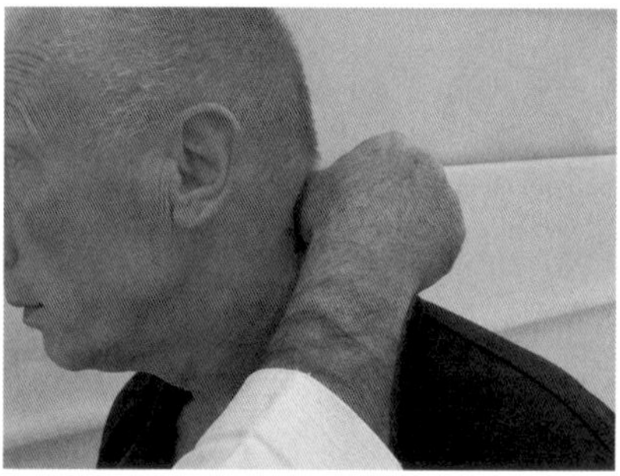

Abb. 213: Gb 20 – Schlag mit Ippon Ken, Daumenseite.

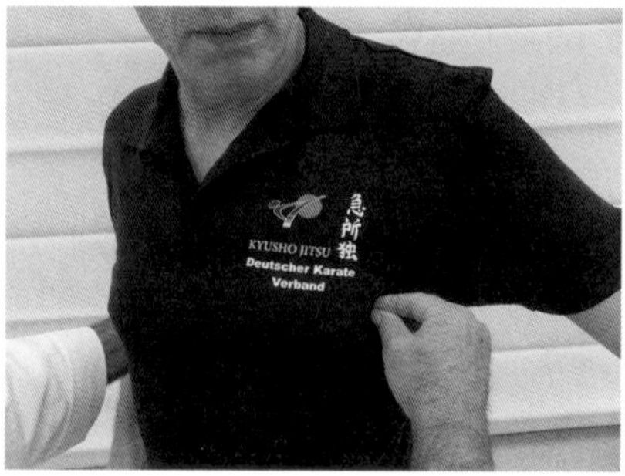

Abb. 214: Gb 22 – Schlag mit Washide.

Beispiele für Anwendungen am Gallenblasenmeridian – Fortsetzung

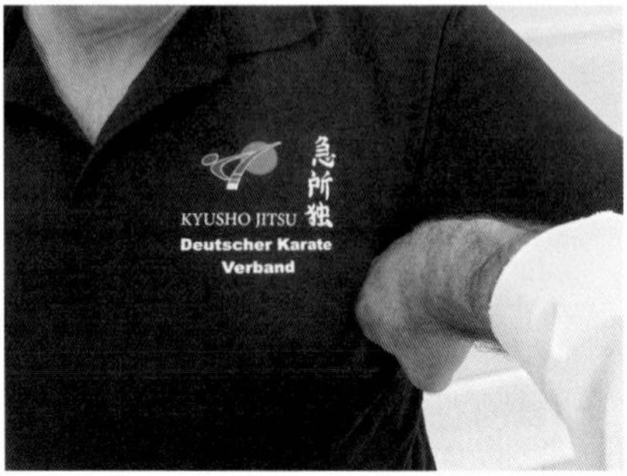

Abb. 215: Gb 22 und 23 – Schlag mit Seiken-Faust.

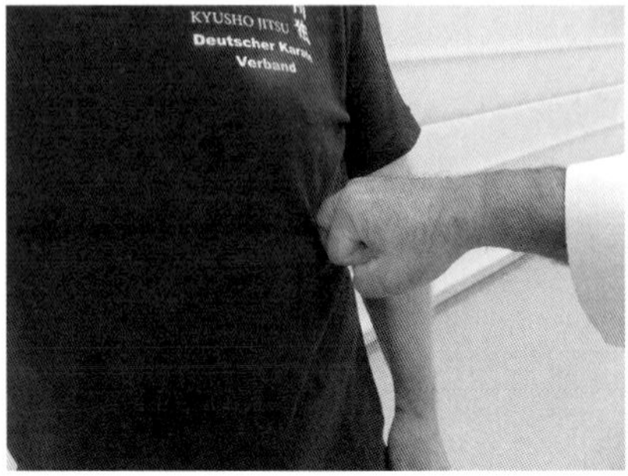

Abb. 216: Gb 24 – Schlag mit Nakadaka Ken.

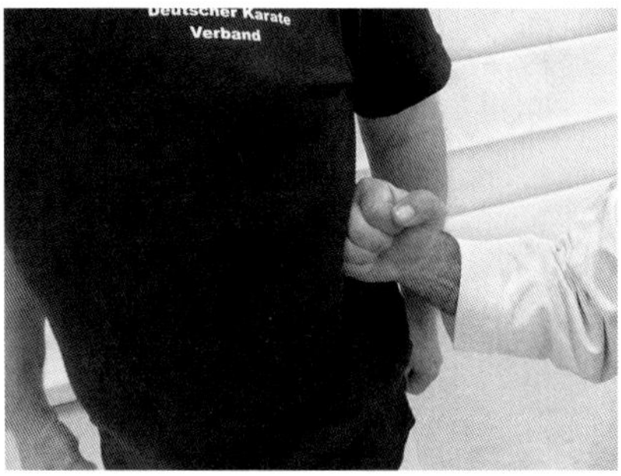

Abb. 217: Gb 25 – Schlag mit Tate Zuki.

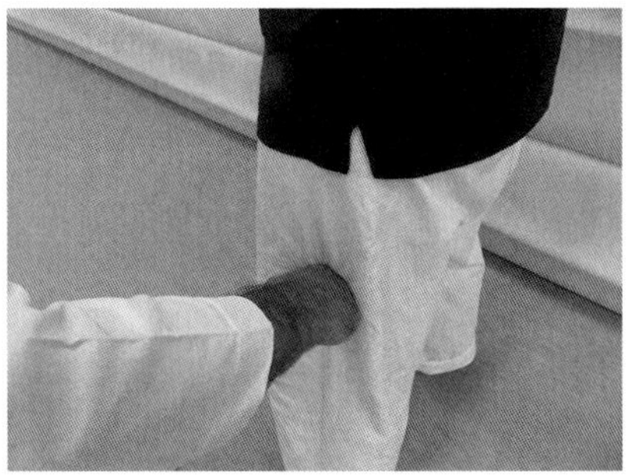

Abb. 218: Gb 31 – Schlag mit Seiken-Faust.

Beispiele für Anwendungen am Gallenblasenmeridian – Fortsetzung

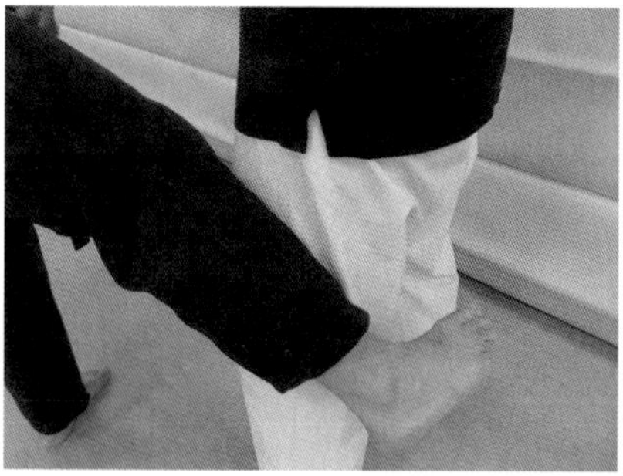

Abb. 219: Gb 31 – Stoß mit Schienbein.

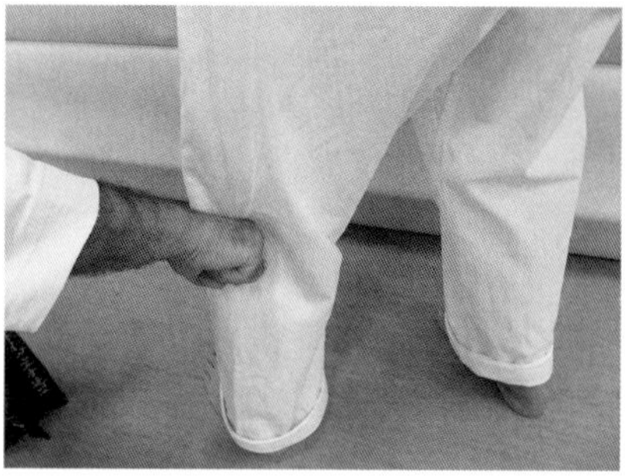

Abb. 220: Gb 34 – Schlag mit Seiken-Faust.

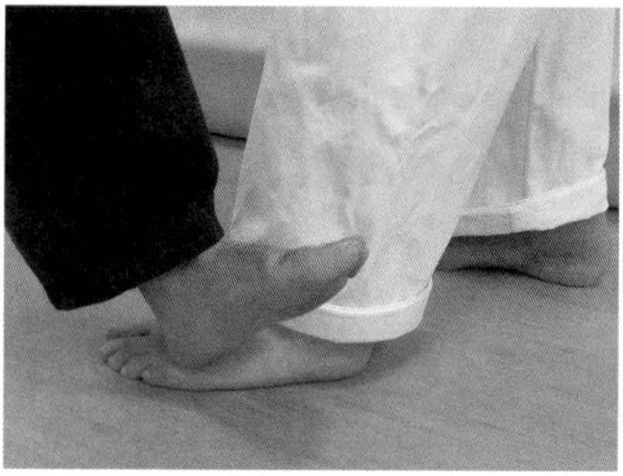

Abb. 221: Gb 42 – Tritt mit Ferse (Kakato Geri).

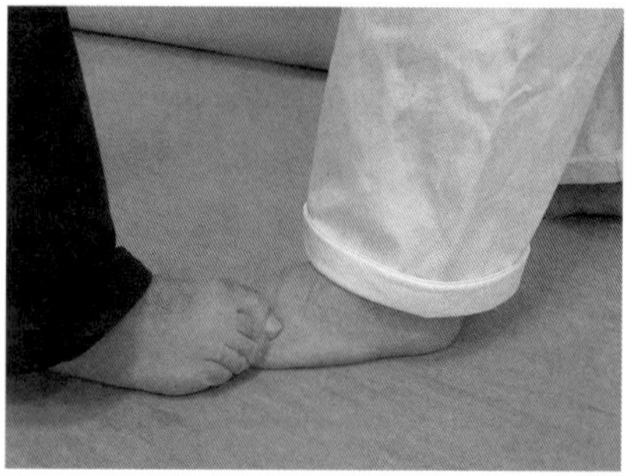

Abb. 222: Gb 42 – Druck mit großem Zeh.

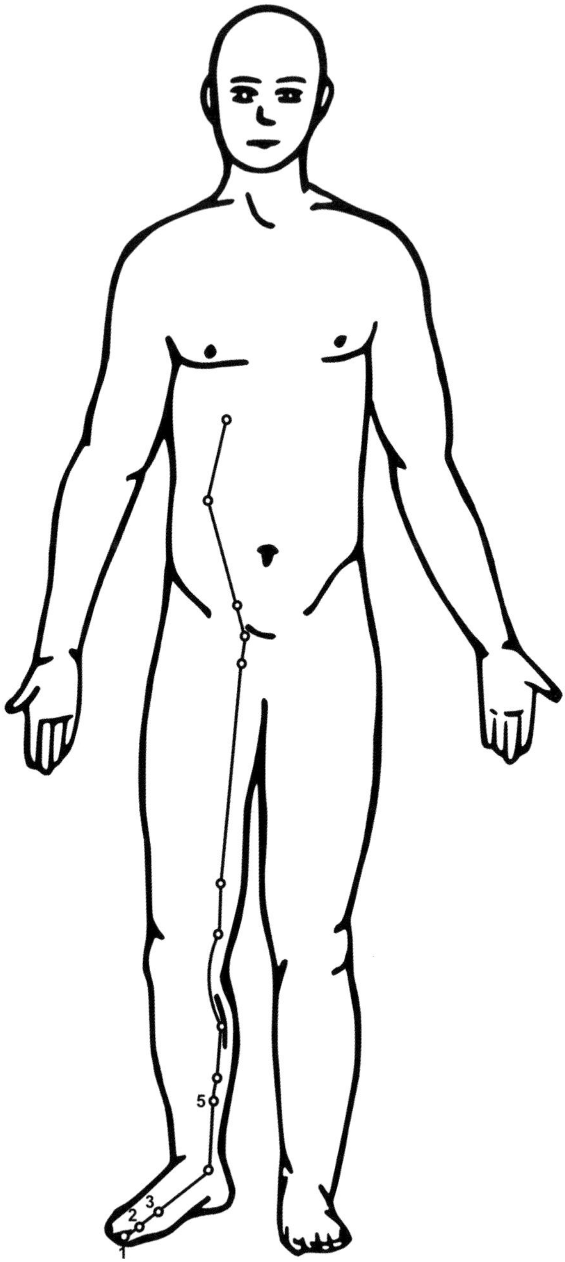

Abb. 223: Punkte 1, 2, 3 und 5 auf dem Lebermeridian.

Lebermeridian – Punkte 1, 2, 3 und 5

Le 1	Lokalisation:	am inneren Nagelfalzwinkel des großen Zehs
	Richtung:	90° nach unten auf den großen Zeh
	Bearbeitung:	Schlagpunkt
	Wirkung:	örtlicher Schmerz, Übelkeit, Schwächegefühl
	Reaktivierung:	Unterarm außen aufwärts und innen abwärts streichen
Le 2	Lokalisation:	zwischen erstem und zweitem Zeh neben dem Zehengrundgelenk
	Richtung:	nach unten auf den Ansatz des großen Zehs
	Bearbeitung:	Schlagpunkt
	Wirkung:	örtlicher Schmerz, Qi-Ableitung
	Reaktivierung:	Geschädigten in Rückenlage bringen und die Punkte Le 13 auf beiden Seiten mit den Handballen massieren
Le 3	Lokalisation:	zwischen Mittelfußknochen des ersten und zweiten Zehs in einer Vertiefung am Fußrücken
	Richtung:	90° nach unten
	Bearbeitung:	Schlagpunkt
	Wirkung:	örtlicher Schmerz, Bewusstlosigkeit
	Reaktivierung:	Geschädigten auf den Boden setzen und die komplette Magenregion immer dann abwärts reiben, wenn der Betroffene ausatmet
Le 5	Lokalisation:	5 cun über Knöchel auf der Innenseite des Schienbeins
	Richtung:	direkt 90°
	Bearbeitung:	Schlag- und Druckpunkt
	Wirkung:	örtlicher Schmerz, Übelkeit, Leberschaden
	Reaktivierung:	Geschädigten in Rückenlage bringen, die Punkte Le 13 auf beiden Seiten mit Handballen leicht stimulieren

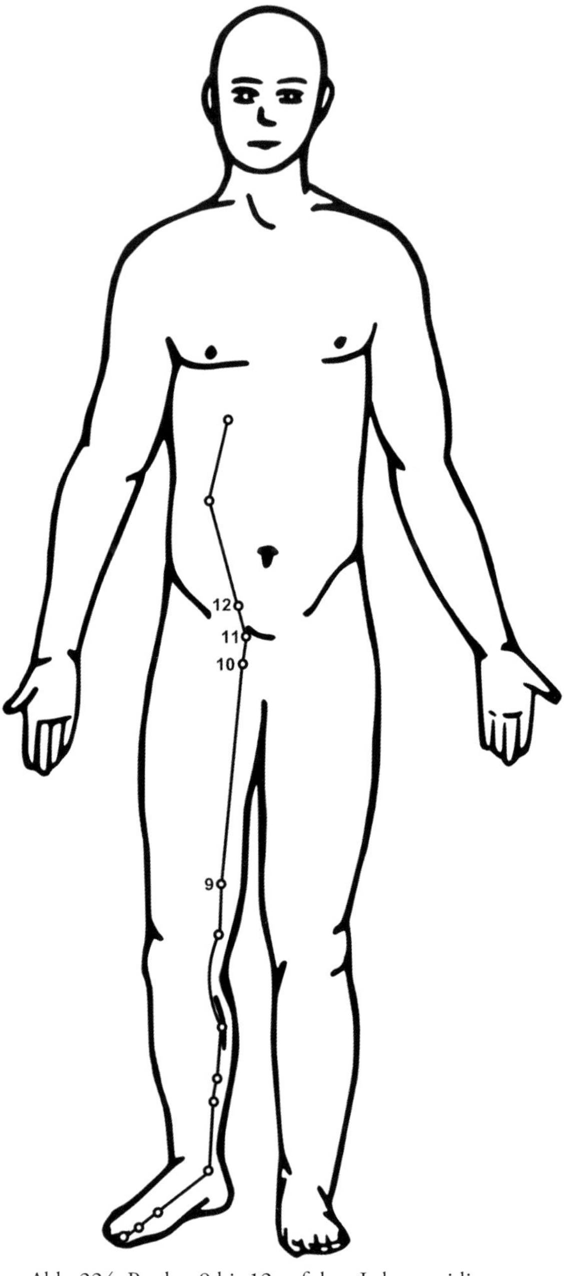

Abb. 224: Punkte 9 bis 12 auf dem Lebermeridian.

Lebermeridian – Punkte 9 bis 12

Le 9	Lokalisation:	auf Innenseite des Oberschenkels 4 cun über Kniemitte zwischen den Muskeln
	Richtung:	direkt 90°
	Bearbeitung:	Schlag- und Druckpunkt
	Wirkung:	Leberversagen, Bewusstlosigkeit
	Reaktivierung:	Gb 41 drücken
Le 10	Lokalisation:	in Leiste 3 cun unter Ma 30
	Richtung:	45° nach oben oder unten
	Bearbeitung:	Schlagpunkt
	Wirkung:	örtlicher Schmerz, Qi-Ableitung, Verwirrtheit, Augenprobleme
	Reaktivierung:	bei einer heftigen Trefferwirkung stark auf Gb 35 drücken, bei leichtem Treffer Gb 35 leicht massieren
Le 11	Lokalisation:	in Leiste 2 cun unter Ma 30
	Richtung:	direkt 90°
	Bearbeitung:	Schlagpunkt
	Wirkung:	Arm- und Beinschwächung, der Geschädigte wird zu Boden gehen
	Reaktivierung:	Mi 1 drücken oder massieren
Le 12	Lokalisation:	in Leiste auf Oberkante des Schambeins, 2,5 cun seitlich der Körpermittellinie
	Richtung:	direkt 90°
	Bearbeitung:	Schlagpunkt
	Wirkung:	Magen- und Genitalienschaden, Blutung an Genitalien
	Reaktivierung:	Geschädigten in Rückenlage bringen, Magengegend auf der nicht getroffenen Seite massieren bis Besserung eintritt

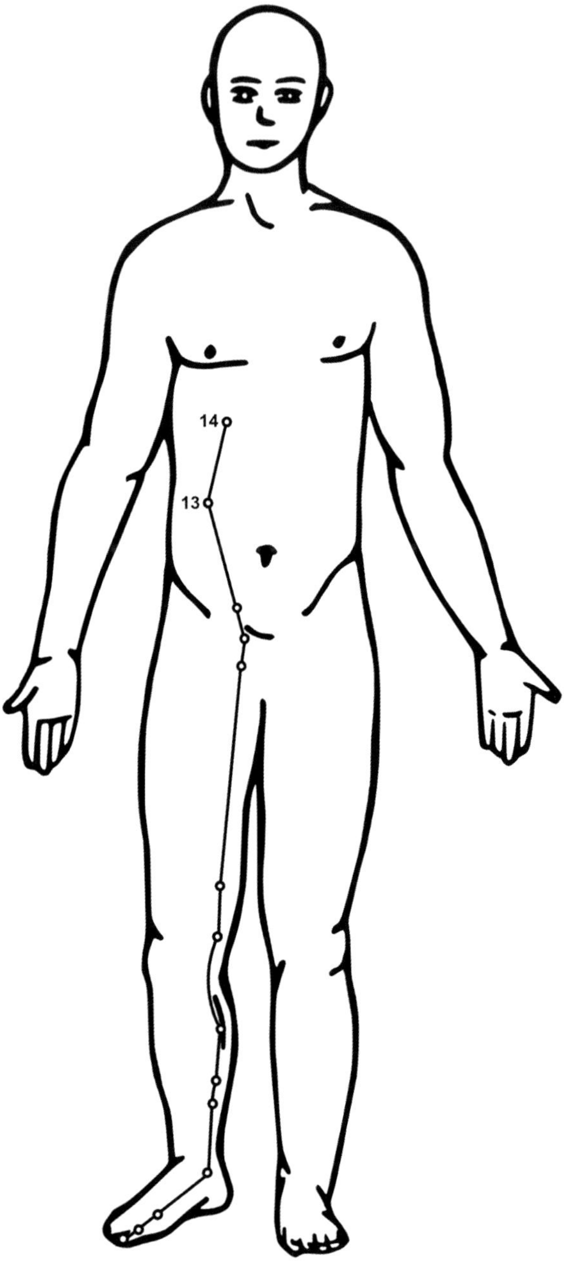

Abb. 225: Punkte 13 und 14 auf dem Lebermeridian.

Lebermeridian – Punkte 13 und 14

Le 13 Lokalisation: am Ende der 11. Rippe, bei gebeugtem Ellenbogen berührt die Ellenbogenspitze diesen Punkt
Richtung: direkt von vorn oder 45° schräg von innen nach außen zur Rippe
Bearbeitung: Schlagpunkt
Wirkung: Unwohlsein, Milz- und Leberschaden, ein physischer Schaden (Rippenbruch) kann lebensbedrohliche Formen annehmen
Reaktivierung: sofort Arzt bzw. Notarzt verständigen, bei einem energetischen Schaden (Unwohlsein) Lu 1 und Lu 5 gleichzeitig drücken

Le 14 Lokalisation: 6 cun über Bauchnabel zwischen sechster und siebter Rippe, auf der Brustwarzenlinie
Richtung: direkt 90° oder 45° von innen nach außen
Bearbeitung: Schlagpunkt
Wirkung: Lungen- und Leberschaden, Blindheit, Bewusstlosigkeit, Herzstillstand
Reaktivierung: sofort reanimieren

Beispiele für Anwendungen am Lebermeridian

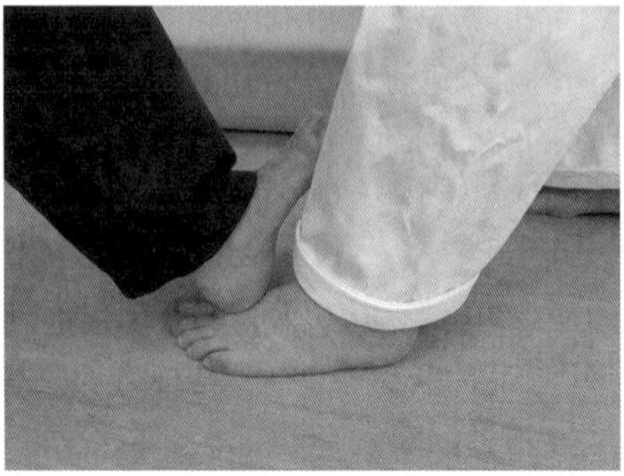

Abb. 226: Le 3 – Tritt mit Ferse (Kakato Geri).

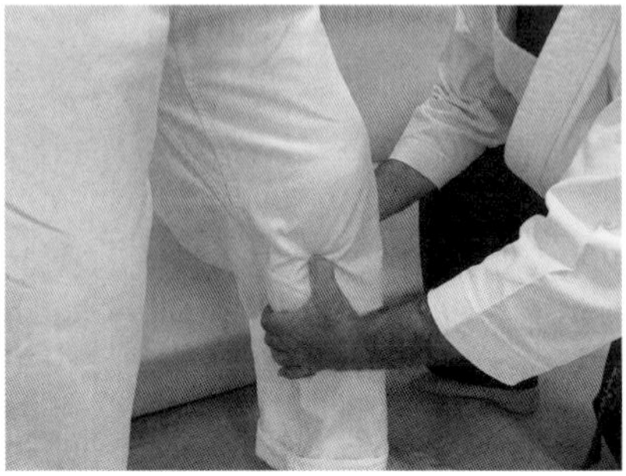

Abb. 227: Le 7 – Druck mit dem Daumen.

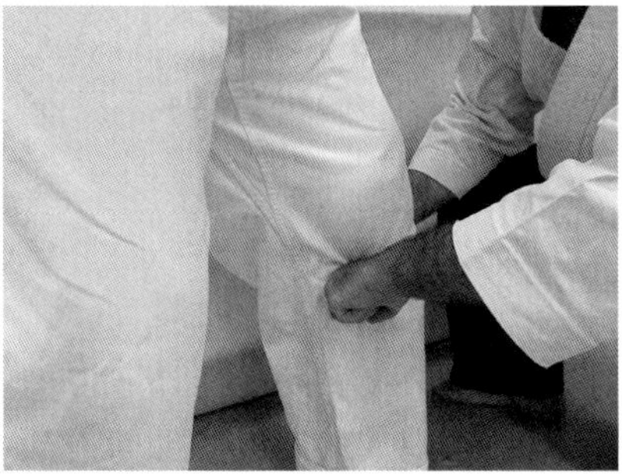

Abb. 228: Le 7 – Schlag mit Seiken-Faust.

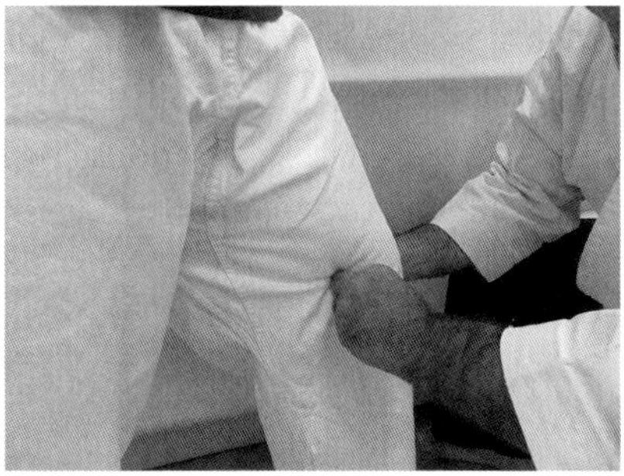

Abb. 229: Le 9 – Schlag mit Nakadaka Ken.

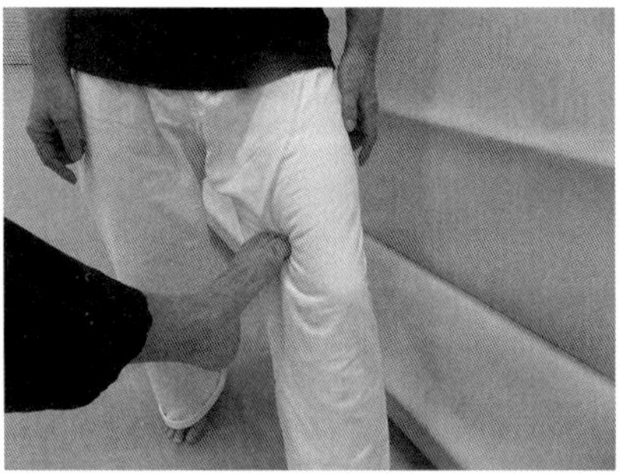

Abb. 230: Le 9 – Tritt mit Tsumasaki Geri.

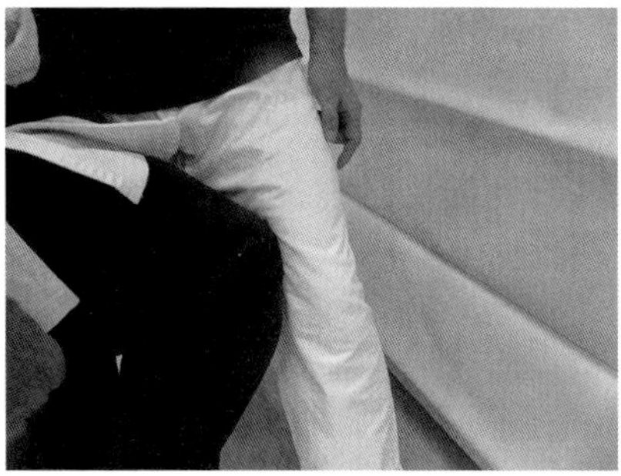

Abb. 231: Le 9 – Stoß mit Knie (Hiza Geri).

Beispiele für Anwendungen am Lebermeridian – Fortsetzung

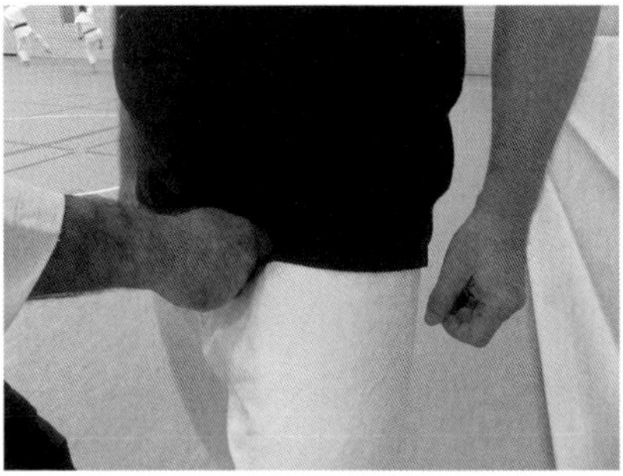

Abb. 232: Le 12 – Schlag mit Ippon Ken.

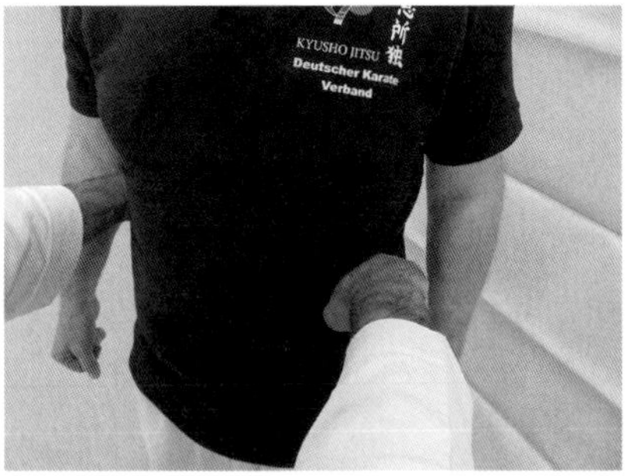

Abb. 233: Le 13 – Schlag mit Seiken-Faust.

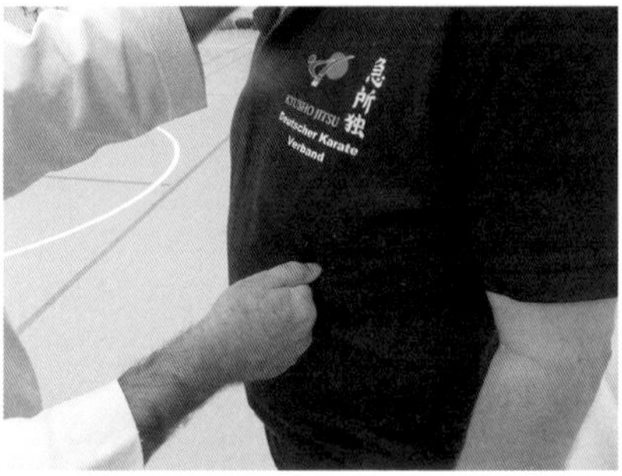

Abb. 234: Le 14 – Schlag mit Boshi Ken.

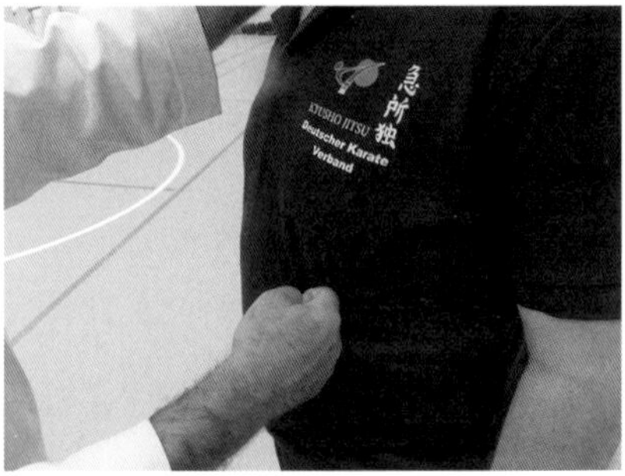

Abb. 235: Le 14 – Schlag mit Ippon Ken.

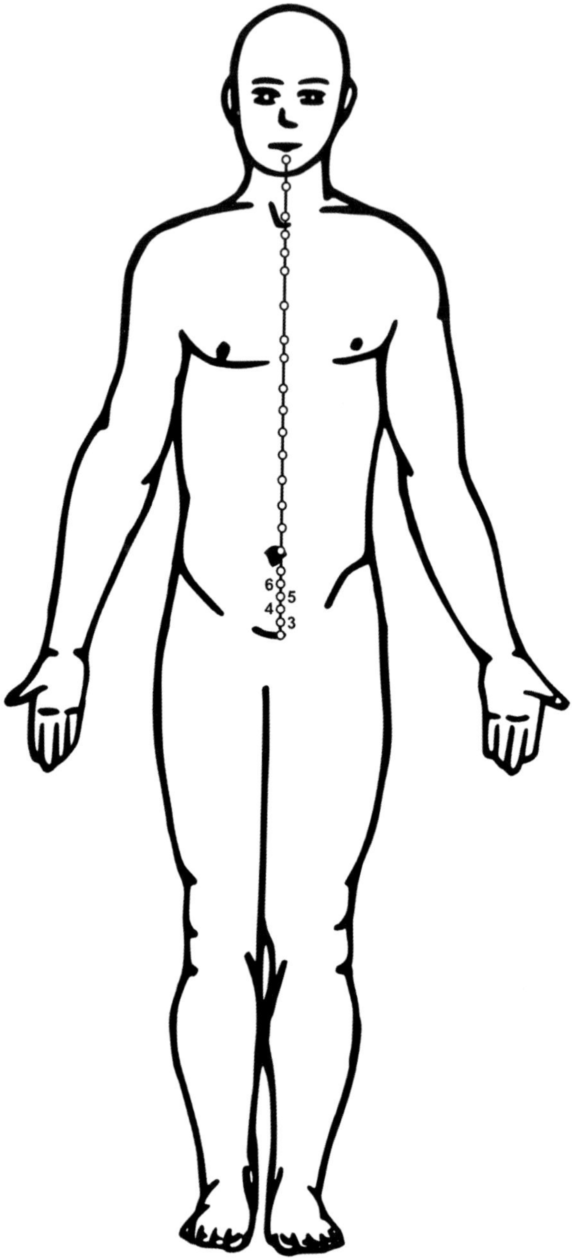

Abb. 236: Punkte 3 bis 6 auf dem Konzeptionsgefäß.

Konzeptionsgefäß (Renmai) – Punkte 3 bis 6

KG 3

Lokalisation: 4 cun unter Bauchnabel
Richtung: 45° nach oben oder unten
Bearbeitung: Schlagpunkt
Wirkung: örtlicher Schmerz, Milz-, Nieren- und Leberschaden, Blutfluss aus Geschlechtsorganen
Reaktivierung: Arzt oder Akupunkteur aufsuchen

KG 4

Lokalisation: 3 cun unter Bauchnabel
Richtung: direkt 90° oder 45° nach unten oder oben
Bearbeitung: Schlagpunkt
Wirkung: Schwächegefühl, Bewusstlosigkeit
Reaktivierung: sofort behandeln, bei Schlag gerade einwärts Geschädigten aufsetzen und gesamten Brustbereich von oben nach unten abstreifen, danach LG 26 aufwärts drücken; bei Schlag aufwärts Druck auf Ma 9; bei Schlag abwärts KG 14 massieren und KG 1 drücken

KG 5

Lokalisation: 2 cun unter dem Bauchnabel
Richtung: direkt 90°
Bearbeitung: Schlagpunkt
Wirkung: Schwächegefühl, Unfruchtbarkeit, Lebenserwartung wird reduziert
Reaktivierung: Massagen oder Gymnastik können Linderung verschaffen

KG 6

Lokalisation: 1,5 cun unter dem Bauchnabel
Richtung: direkt 90°
Bearbeitung: Schlagpunkt
Wirkung: Funktionsstörung von Niere und Leber, Bewusstlosigkeit
Reaktivierung: sofort neurologische Wiederherstellung

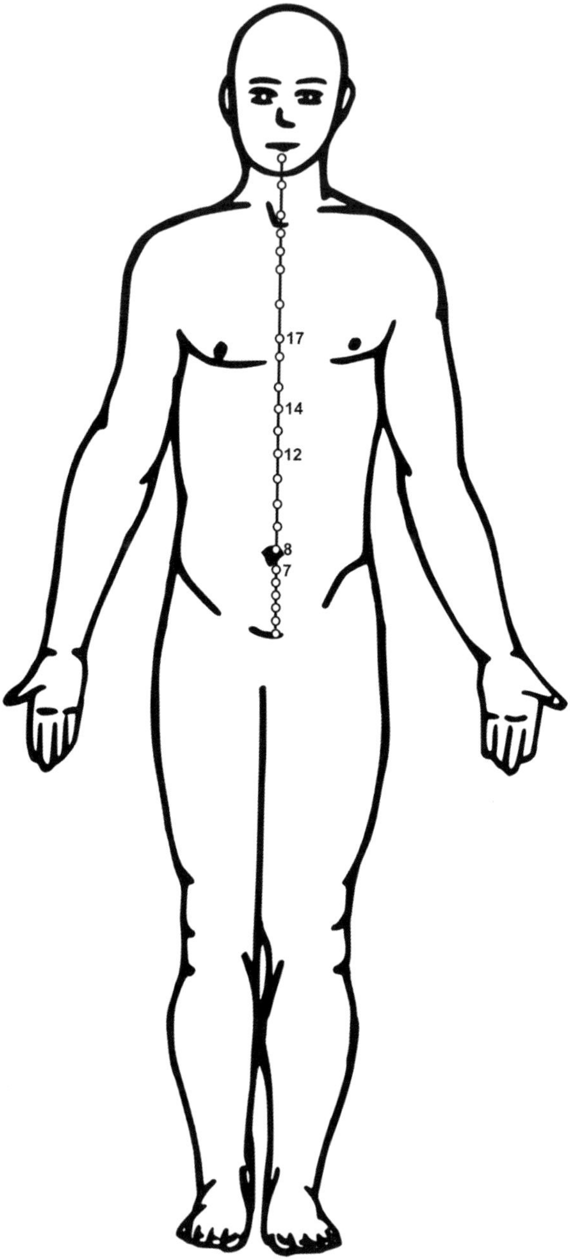

Abb. 237: Punkte 7, 8, 12, 14 und 17 auf dem Konzeptionsgefäß.

Konzeptionsgefäß (Renmai) – Punkte 7, 8, 12, 14 und 17

KG 7	Lokalisation:	1 cun unter dem Bauchnabel
	Richtung:	direkt 90°
	Bearbeitung:	Schlagpunkt
	Wirkung:	Bewusstlosigkeit, Nierenversagen
	Reaktivierung:	keine
KG 8	Lokalisation:	genau auf Nabel
	Richtung:	direkt 90°
	Bearbeitung:	Schlagpunkt
	Wirkung:	Milz- und Magenschaden, Bewusstlosigkeit
	Reaktivierung:	sofort behandeln, Gb 20 einwärts und etwas aufwärts drücken
KG 12	Lokalisation:	4 cun über Bauchnabel
	Richtung:	45° nach oben
	Bearbeitung:	Schlagpunkt
	Wirkung:	Schwächegefühl, Übelkeit, Erbrechen, Bewusstlosigkeit
	Reaktivierung:	die Innenseite des Unterarms an beiden Armen massieren und Akupunkteur aufsuchen
KG 14	Lokalisation:	6 cun über Bauchnabel
	Richtung:	direkt 90°
	Bearbeitung:	Schlagpunkt
	Wirkung:	Herzstillstand
	Reaktivierung:	sofort reanimieren
KG 17	Lokalisation:	auf Höhe der Brustwarzen
	Richtung:	45° nach unten
	Bearbeitung:	Schlagpunkt
	Wirkung:	Bewusstlosigkeit
	Reaktivierung:	sofort Arzt oder Akupunkteur aufsuchen

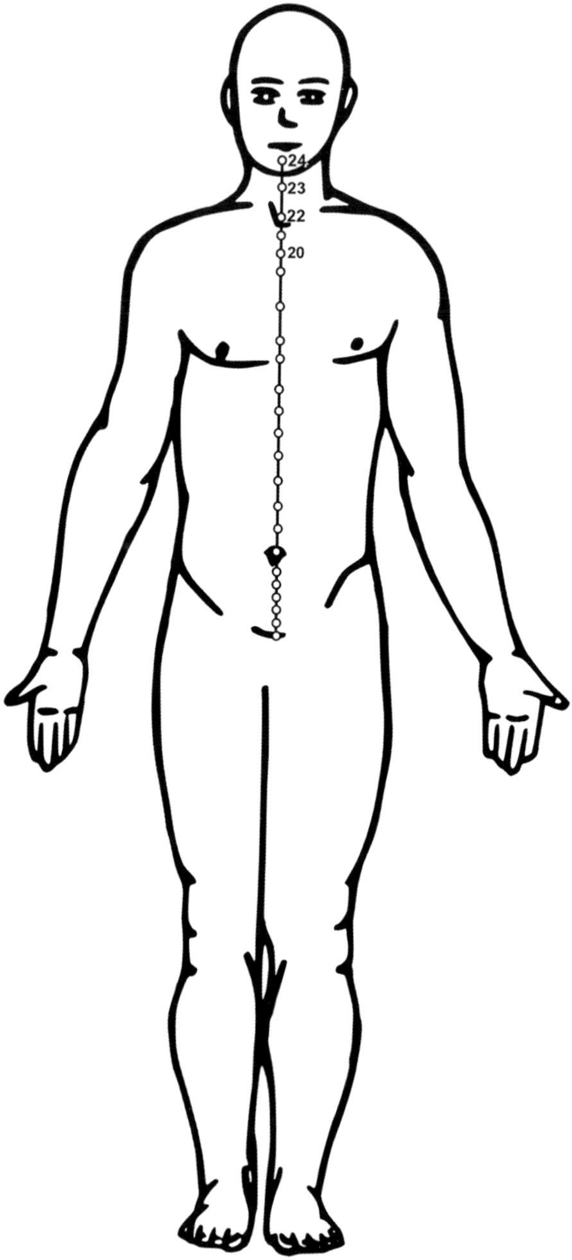

Abb. 238: Punkte 20, 22, 23 und 24 auf dem Konzeptionsgefäß.

Konzeptionsgefäß (Renmai) – Punkte 20, 22, 23 und 24

KG 20 Lokalisation: 1 cun unterhalb der Brustbeinoberkante
Richtung: 45° abwärts oder aufwärts
Bearbeitung: Schlagpunkt
Wirkung: örtlicher Schmerz, Atemnot
Reaktivierung: Brustkorb und oberen Rücken mit flachen Händen nach unten abstreifen, bei Bedarf sofort reanimieren

KG 22 Lokalisation: 0,5 cun über Brustbein in der Körpermitte
Richtung: direkt 90° in die Vertiefung unter dem Kehlkopf oder 45° nach unten
Bearbeitung: Schlag- und Druckpunkt
Wirkung: Atemnot, Angst vor dem Ersticken
Reaktivierung: sofortige Kehlkopf-Wiederherstellung

KG 23 Lokalisation: in der Vertiefung direkt über dem Kehlkopf
Richtung: 45° nach oben
Bearbeitung: Schlag- und Druckpunkt
Wirkung: örtlicher Schmerz, Bewusstlosigkeit, Tod ist wahrscheinlich
Reaktivierung: sofortige Kehlkopf-Wiederherstellung

KG 24 Lokalisation: in der Mitte des Unterkiefers, in der Vertiefung unter der Lippe
Richtung: direkt 90° oder nach links oder rechts
Bearbeitung: Schlag- und Reibepunkt
Wirkung: örtlicher Schmerz, Übelkeit, Erbrechen, Bewusstlosigkeit
Reaktivierung: bei Schlag nach links (Treffer von rechts) KG 4 im Uhrzeigersinn massieren, bei Schlag nach rechts (Treffer von rechts) KG 4 gegen den Uhrzeigersinn massieren

Beispiele für Anwendungen am Konzeptionsgefäß

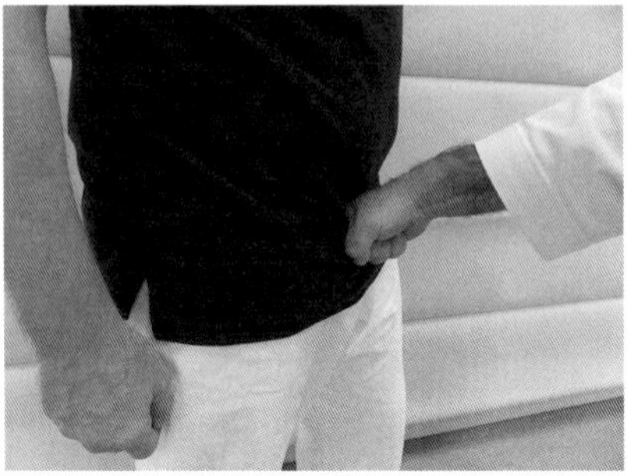

Abb. 239: KG 3 – Schlag mit Seiken-Faust.

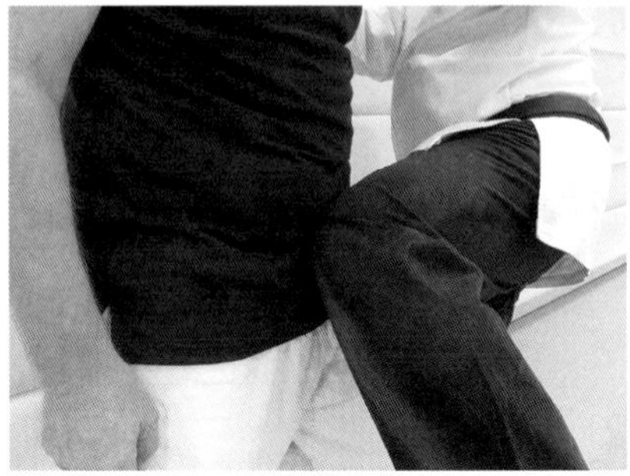

Abb. 240: KG 5 – Stoß mit Knie (Hiza Geri).

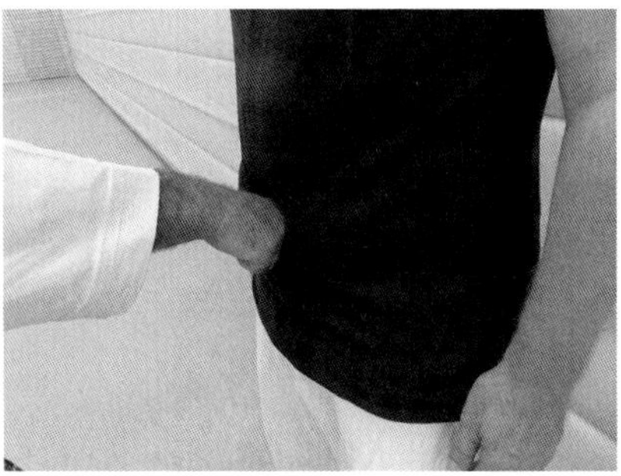

Abb. 241: KG 8 – Schlag mit Seiken-Faust.

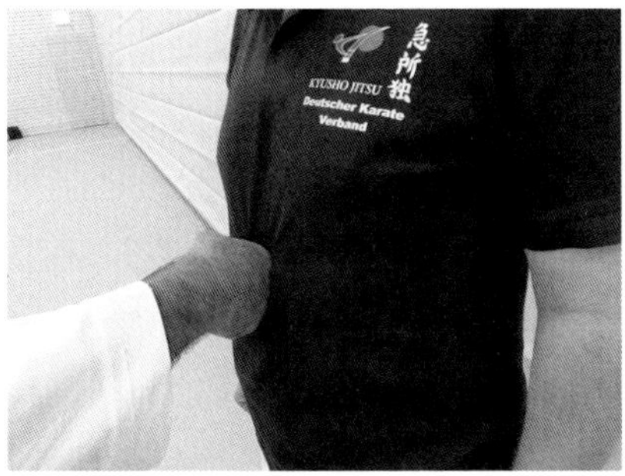

Abb. 242: KG 14 – Schlag mit Ippon Ken.

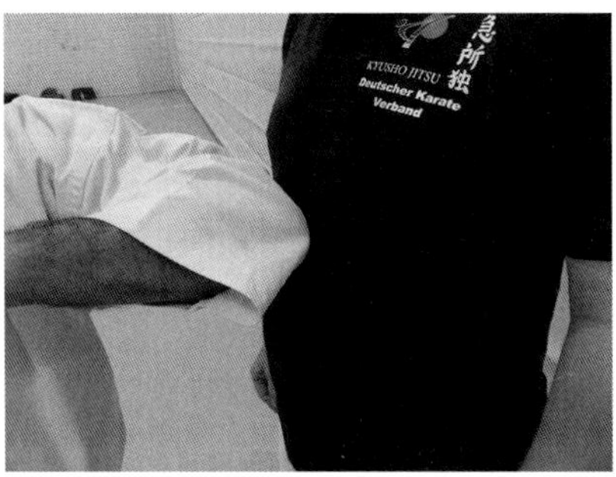

Abb. 243: KG 14 – Schlag mit Ellbogen (Empi Uchi).

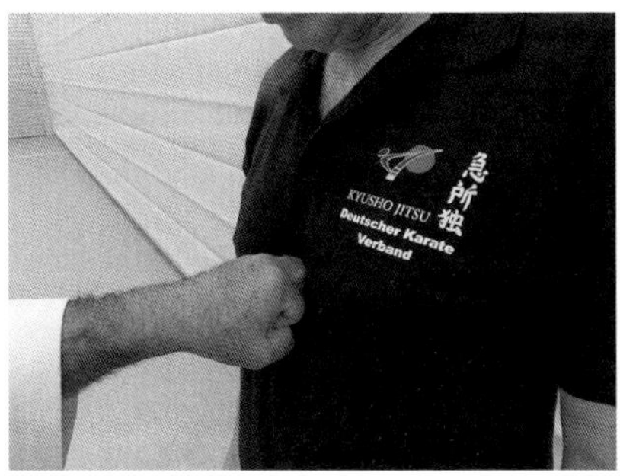

Abb. 244: KG 17 – Schlag mit Nakadaka Ken.

Beispiele für Anwendungen am Konzeptionsgefäß – Fortsetzung

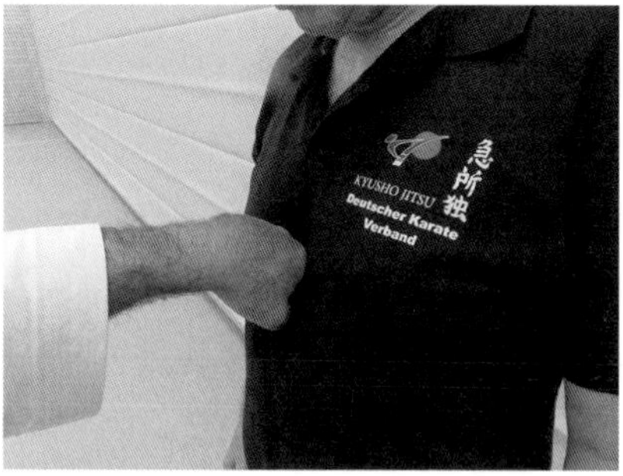

Abb. 245: KG 17 – Schlag mit Seiken-Faust.

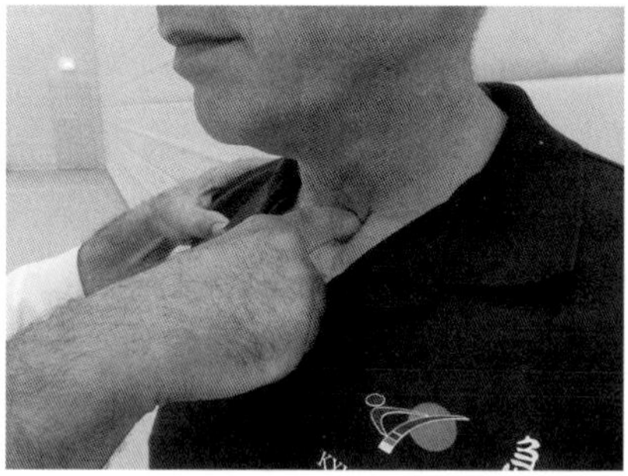

Abb. 246: KG 22 – Druck mit Zeigefinger.

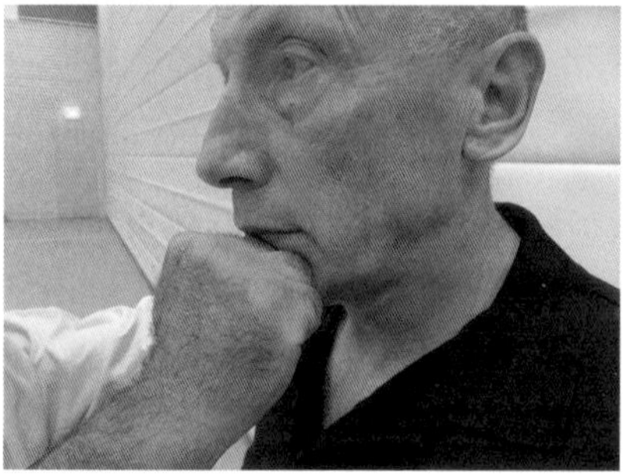

Abb. 247: KG 24 – Druck oder Schlag mit Fingerknöchel.

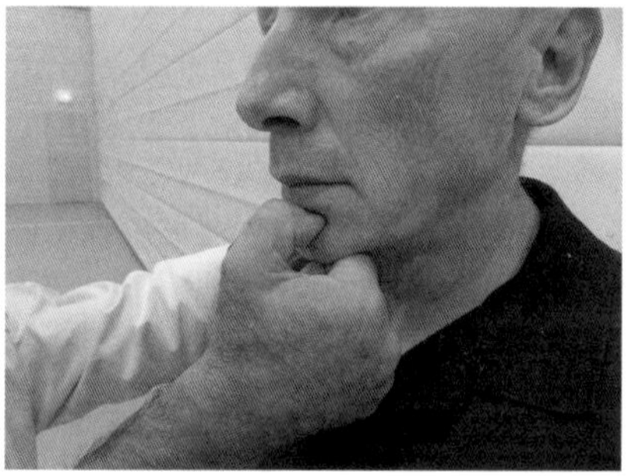

Abb. 248: KG 24 – Druck mit Daumen.

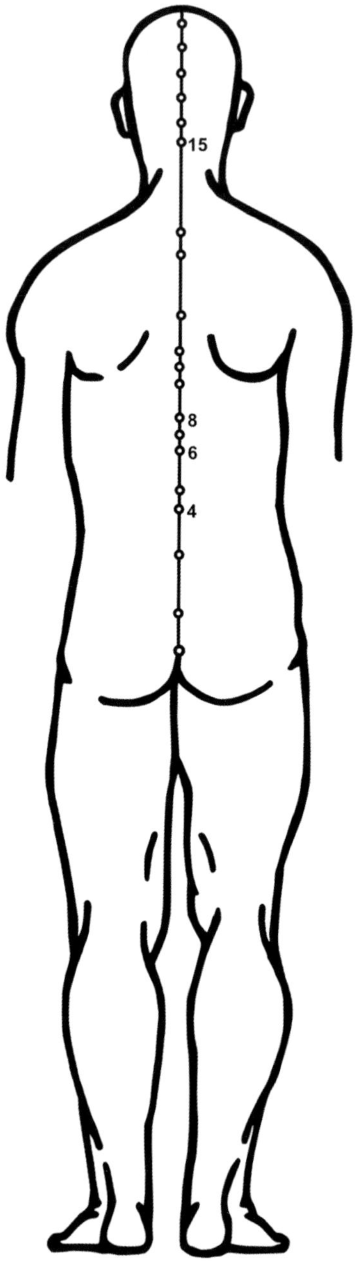

Abb. 249: Punkte 4, 6, 8 und 15 auf dem Lenkergefäß.

Lenkergefäß (Dumai) – Punkte 4, 6, 8 und 15

LG 4	Lokalisation:	auf der Körpermittellinie unterhalb des zweiten Lendenwirbels
	Richtung:	90° nach innen und etwas nach unten
	Bearbeitung:	Schlagpunkt
	Wirkung:	starker Schmerz, der sich über Hüfte bis zum Kopf ausbreitet
	Reaktivierung:	sofort Arzt aufsuchen
LG 6	Lokalisation:	auf der Körpermittellinie unterhalb des 11. Brustwirbels
	Richtung:	45° nach unten
	Bearbeitung:	Schlagpunkt
	Wirkung:	örtlicher Schmerz, der sich über Lunge und gesamten Oberkörper verteilt, Bewusstlosigkeit
	Reaktivierung:	Geschädigten in eine Ruheposition bringen, Symptome werden nachlassen, bei einem Wirbelsäulenschaden sofort Arzt rufen
LG 8	Lokalisation:	auf der Körpermittellinie unterhalb des neunten Brustwirbels
	Richtung:	45° nach unten
	Bearbeitung:	Schlagpunkt
	Wirkung:	örtlicher Schmerz, der sich über Lunge und gesamten Oberkörper verteilt
	Reaktivierung:	keine; sofort Arzt rufen
LG 15	Lokalisation:	auf der Körpermittellinie 0,5 cun oberhalb des Haaransatzes
	Richtung:	45° schräg von hinten nach vorn
	Bearbeitung:	Schlagpunkt
	Wirkung:	Bewusstlosigkeit
	Reaktivierung:	sofort neurologische Wiederherstellung, gegebenenfalls Arzt rufen

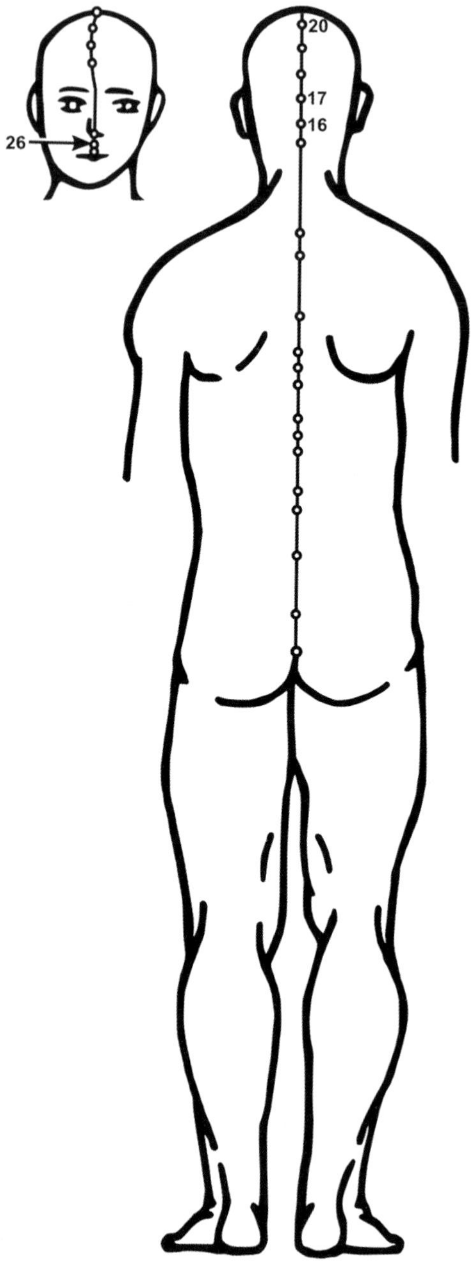

Abb. 250: Punkte 16, 17, 20 und 26 auf dem Lenkergefäß.

Lenkergefäß (Dumai) – Punkte 16, 17, 20 und 26

LG 16	Lokalisation:	auf der Körpermittellinie 1 cun oberhalb des Haaransatzes
	Richtung:	90° gerade einwärts von hinten nach vorn
	Bearbeitung:	Schlagpunkt
	Wirkung:	Schädigung des Geruchssinnes und des Gehirns, Bewusstlosigkeit
	Reaktivierung:	LG 16, Dü 5 und/oder Dü 3, LG 20 massieren oder leicht drücken
LG 17	Lokalisation:	1,5 cun über LG 16
	Richtung:	90° gerade nach vorn und etwas aufwärts
	Bearbeitung:	Schlagpunkt
	Wirkung:	Schwindelgefühl, Bewusstlosigkeit
	Reaktivierung:	Gb 20 mit Fingerdruck leicht aufwärts stimulieren
LG 20	Lokalisation:	in Mitte der Schädeldecke, am höchsten Punkt der Ohrmuschel und ca. 7 cun vom hinteren und 5 cun vom vorderen Haaransatz entfernt
	Richtung:	Richtung Ohr
	Bearbeitung:	Schlagpunkt
	Wirkung:	Kontrollverlust über Beine, Kopfschmerzen, Schock, Bewusstlosigkeit
	Reaktivierung:	Gb 20 leicht, dann Di 10 stark drücken, dies führt zu Zuckungen beim Geschädigten; bleiben Zuckungen aus, sofort reanimieren, LG 26 zur Schockminderung stimulieren
LG 26	Lokalisation:	direkt unter der Nase
	Richtung:	45° nach unten oder oben
	Bearbeitung:	Schlag-, Druck- und Reibepunkt
	Wirkung:	durch Schock Kontrollverlust über Körper, Bewusstlosigkeit
	Reaktivierung:	Gb 21auf beiden Seiten stimulieren und mit Daumen in Richtung Ohr reiben

Beispiele für Anwendungen am Lenkergefäß

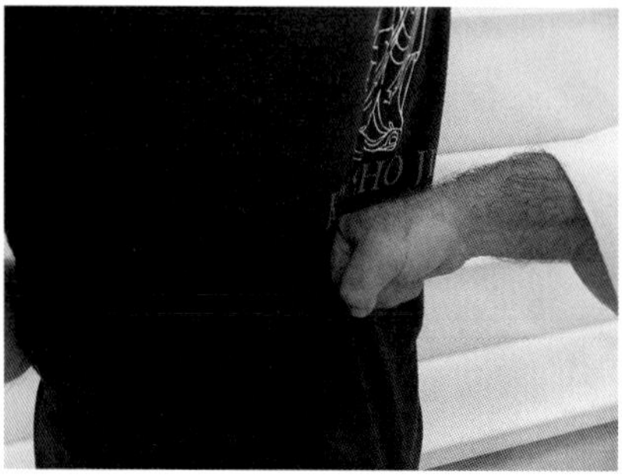

Abb. 251: LG 4 – Schlag mit Seiken-Faust.

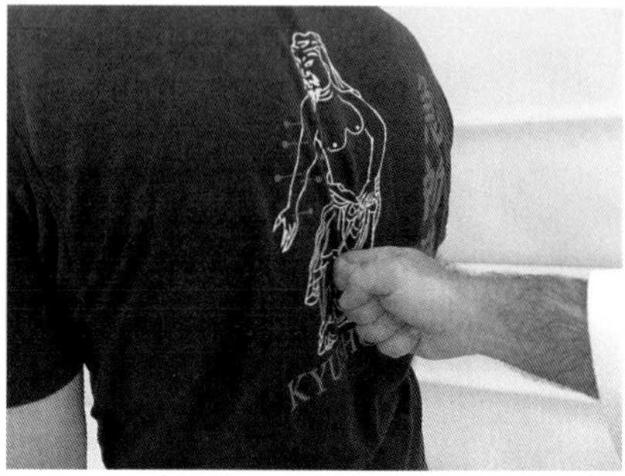

Abb. 252: LG 9 – Schlag mit Ippon Ken.

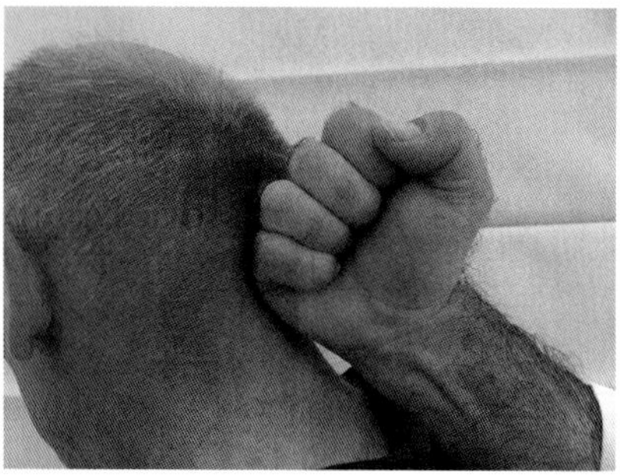

Abb. 253: LG 15 – Schlag mit Ura Zuki, Kleinfingerseite.

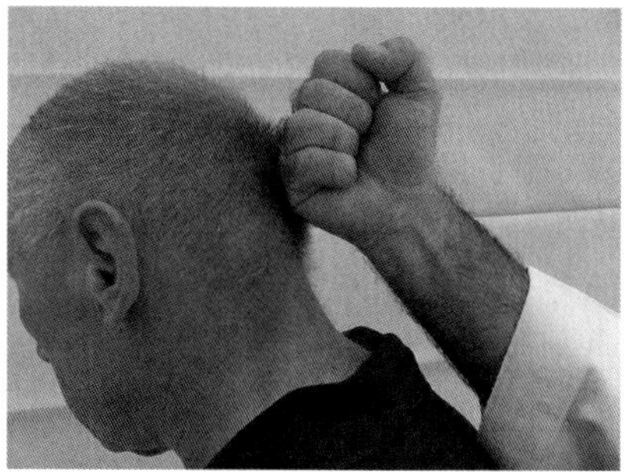

Abb. 254: LG 17 – Schlag mit Tettsui Uchi.

Beispiele für Anwendungen am Lenkergefäß – Fortsetzung

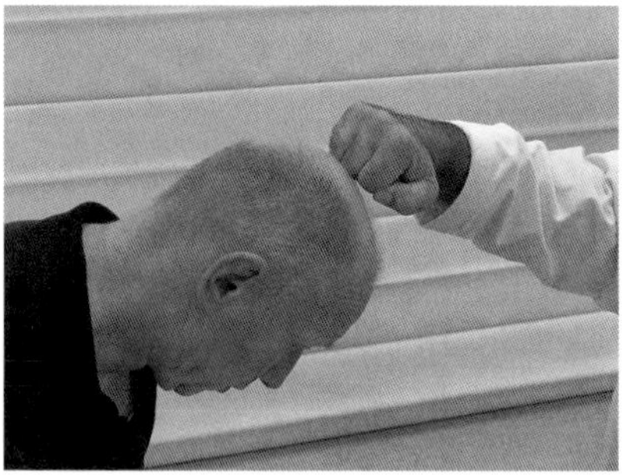

Abb. 255: LG 20 – Bai Hui: Schlag mit Fingerknöchel.

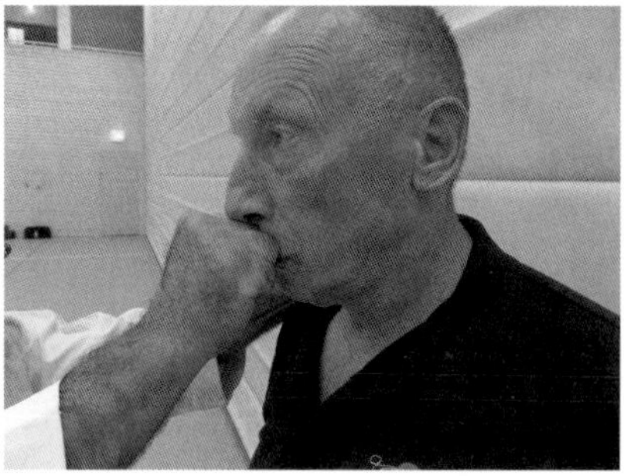

Abb. 256: LG 26 – Druck oder Reiben mit Fingerknöchel.

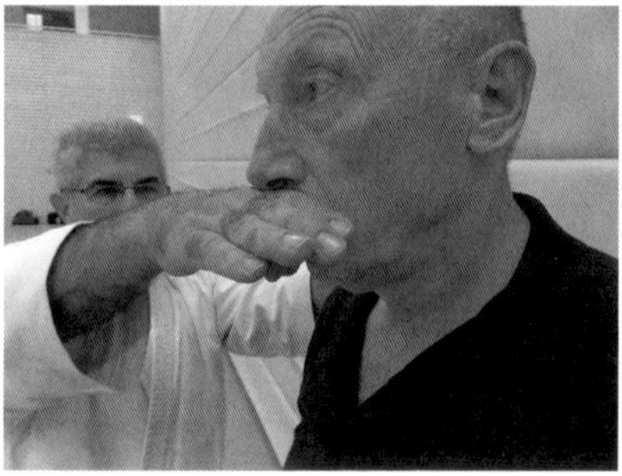

Abb. 257: LG 26 – Schlag mit Haito Uchi.

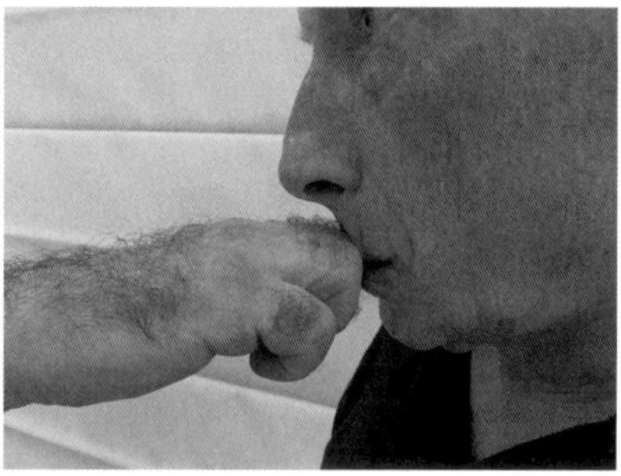

Abb. 258: LG 27 – Schlag oder Druck mit Hiraken.

Shu-Punkte und Mu-Punkte

Eine Anzahl von Vitalpunkten lässt sich in bestimmte Punktekategorien einordnen. Für das Kyusho-Jitsu von besonderer Bedeutung sind die sogenannten Shu- und die Mu-Punkte. In diesen Kategorien sind Punkte mit besonderen Funktionen zusammengefasst.

Shu bedeutet im Chinesischen »befördern« oder »transportieren«. Die Shu-Punkte werden in der Akupunkturlehre auch als »Zustimmungspunkte« bezeichnet, da durch sie Organe positiv beeinflusst werden können. Sie liegen auf der Körperrückseite und befinden sich alle auf dem Blasenmeridian 1,5 cun links und rechts neben der Mitte der Wirbelsäule. Nach der Vorstellung der traditionellen chinesischen Medizin transportieren sie die Lebensenergie Qi über den dorsalen Ast des Spinalnervs direkt zum entsprechenden Organ und können dieses unmittelbar beeinflussen.

Mu-Punkt	**Shu-Punkt**	**Organ**	**Element**
Lu 1	Bl 13	Lunge	Metall
KG 17	Bl 14	Herzbeutel	Feuer
KG 14	Bl 15	Herz	Feuer
Le 14	Bl 18	Leber	Holz
Gb 24	Bl 19	Gallenblase	Holz
Le 13	Bl 20	Milz	Erde
KG 12	Bl 21	Magen	Erde
KG 5	Bl 22	Dreifacherwärmer	Feuer
Gb 25	Bl 23	Niere	Wasser
Ma 25	Bl 25	Dickdarm	Metall
KG 4	Bl 27	Dünndarm	Feuer
KG 3	Bl 28	Blase	Wasser

Mu bedeutet »sammeln«. Alle Mu-Punkte, die in der Akupunkturlehre auch als »Alarmpunkte« bezeichnet werden, da sie sehr druckempfindlich sind, befinden sich auf der Körpervorderseite. Jedem Organ ist ein Mu-Punkt zugeordnet, diese liegen aber nicht immer auf den organbezogenen Leitbahnen. Die Mu-Punkte haben über den ventralen Ast des Spinalnervs einen direkten Einfluss auf das entsprechende Organ.

Ein gekonnter Angriff auf einen Shu- oder Mu-Punkt hat daher immer eine Auswirkung, das heißt die Schädigung des Organs, zur Folge.

Sollte sich aus einer Kampfsituation die Möglichkeit ergeben, einen Shu- und Mu-Punkt gleichzeitig zu schlagen (Scherenschlag), führt dies entsprechend der »Hinten-Vorn-Regel« der Akupunktur zu einer bedeutenden Verstärkung der – in diesem Fall negativen – Wirkung.

Zusätzliche Punkte

Neben den 361 Akupunktur- bzw. Meridianpunkten gibt es eine Vielzahl von zusätzlichen Punkten, die nicht auf den Hauptleitbahnen liegen. Um diese von den Meridianpunkten unterscheiden zu können, werden die folgenden Bezeichnungen, die aus dem englischsprachigen Raum stammen, gewählt:

M-	= miscellaneous point	= zusätzlicher Punkt
HN	= head + neck	= Kopf + Hals
UE	= upper extremities	= obere Gliedmaßen (Arme)
CA	= chest + abdomen	= Brust + Bauch
BW	= back + waist	= Rücken + Hüfte
LE	= lower extremities	= untere Gliedmaßen (Beine)

Die zusätzlichen Punkte wurden zudem nummeriert (z. B. M-UE 31). Die Reihenfolge der Nummerierung entspricht der Reihenfolge der Entdeckung des jeweiligen Punktes.

Die folgenden Seiten bieten eine Übersicht über einige für das Kyusho-Jitsu besonders wichtige zusätzliche Punkte.

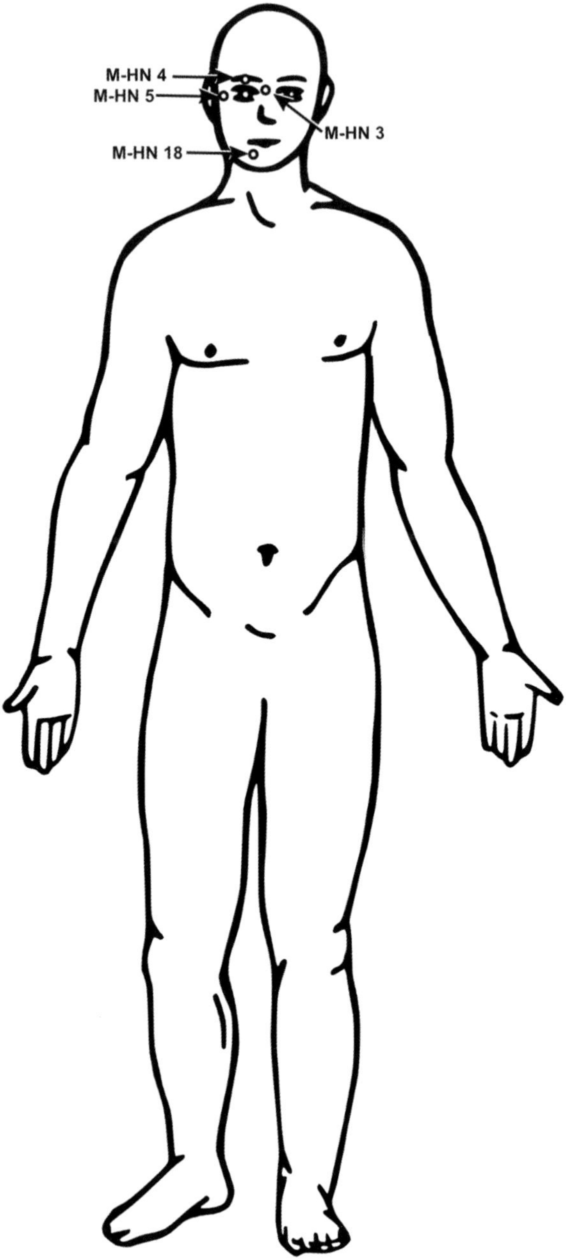

Abb. 259: Zusätzliche Punkte am Kopf.

Zusätzliche Punkte am Kopf

M-HN 3	Lokalisation:	in der Mitte zwischen den Augenbrauen
	Richtung:	90° direkt nach innen
	Bearbeitung:	Schlagpunkt
	Wirkung:	örtlicher Schmerz, Desorientierung, Gehirnschock, Bewusstlosigkeit
	Reaktivierung:	sofort neurologische Wiederherstellung
M-HN 4	Lokalisation:	in der Vertiefung der Augenbraue, direkt über Pupille bei geradem Blick
	Richtung:	45° nach oben
	Bearbeitung:	Schlag- und Druckpunkt
	Wirkung:	örtlicher Schmerz, Desorientierung, Gehirnschock, Bewusstlosigkeit
	Reaktivierung:	sofort neurologische Wiederherstellung
M-HN 5	Lokalisation:	in Mitte der Schläfe
	Richtung:	90° direkt nach innen
	Bearbeitung:	Schlagpunkt
	Wirkung:	örtlicher Schmerz, Desorientierung, Gehirnschock, Bewusstlosigkeit
	Reaktivierung:	sofort neurologische Wiederherstellung
M-HN 18	Lokalisation:	leicht schräg unterhalb des Mundwinkels (nervus mentalis – mentaler Nerv bzw. Kinnnerv, siehe Seite 247)
	Richtung:	90° nach innen oder 45° nach unten oder oben
	Bearbeitung:	Schlag-, Druck- oder Reibepunkt
	Wirkung:	örtlicher Schmerz, Halsmuskelschwächung, Bewusstlosigkeit
	Reaktivierung:	sofort neurologische Wiederherstellung

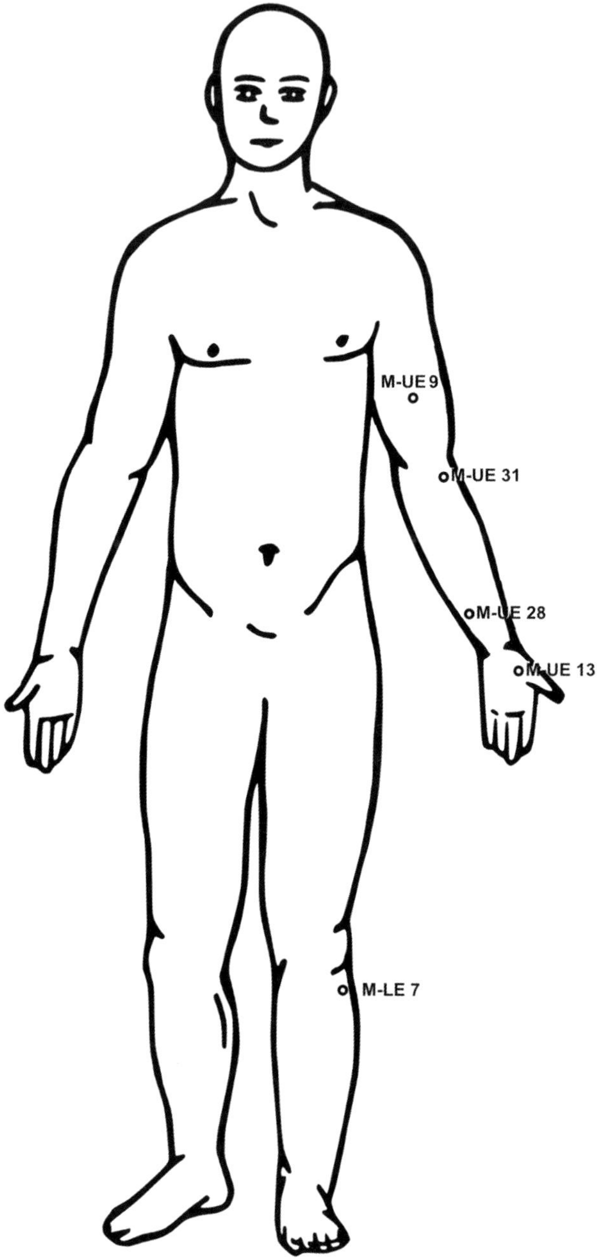

Abb. 260: Zusätzliche Punkte an den Gliedmaßen.

Zusätzliche Punkte an den Gliedmaßen

M-UE 9	Lokalisation:	in der Mitte des Bizeps am höchsten Punkt
	Richtung:	90° nach innen
	Bearbeitung:	Schlag- und Druckpunkt
	Wirkung:	Kontrollverlust des Armes, Schwindelgefühl
	Reaktivierung:	Klopfen und Massieren des Punktes
M-UE 13	Lokalisation:	unter Daumenballen, unter Daumenknochen
	Richtung:	90° nach innen und 45° Richtung Daumenknochen
	Bearbeitung:	Schlag- und Druckpunkt
	Wirkung:	örtlicher Schmerz
	Reaktivierung:	Massieren des Punktes
M-UE 28	Lokalisation:	auf der Unterarminnenseite in der Mitte zwischen He 3 und He 6
	Richtung:	90° nach innen oder 45° nach unten oder oben
	Bearbeitung:	Schlagpunkt
	Wirkung:	örtlicher Schmerz, Taubheit und Öffnen der Hand
	Reaktivierung:	M-UE 28 massieren
M-UE 31	Lokalisation:	1 cun unterhalb der Ellenbogenbeuge Daumenseite
	Richtung:	nach innen und ca. 30° Richtung Daumen
	Bearbeitung:	Schlag- und Druckpunkt
	Wirkung:	örtlicher Schmerz, Taubheit und Öffnen der Hand
	Reaktivierung:	M-UE 31 klopfen und massieren
M-LE 7	Lokalisation:	2 cun unter der Knieaußenseite
	Richtung:	nach innen und oben
	Bearbeitung:	Schlag- und Druckpunkt
	Wirkung:	örtlicher Schmerz, Kontrollverlust über das Bein, Bewusstlosigkeit
	Reaktivierung:	Massieren des Punktes, sofort reaktivieren

Beispiele für Anwendungen an zusätzlichen Punkten

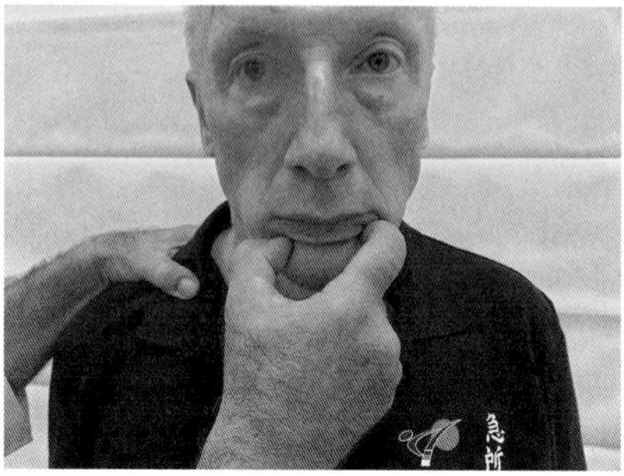

Abb. 261: M-HN 18 – mentaler Nerv; Druck mit Zeigefinger und Daumen.

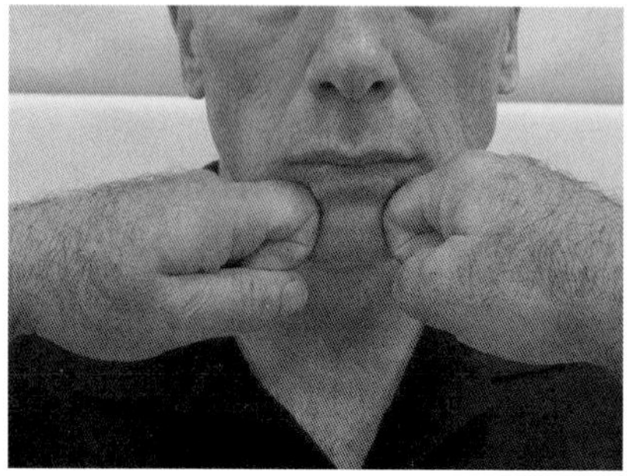

Abb. 262: M-HN 18 – mentaler Nerv; Schlag mit Ippon Ken.

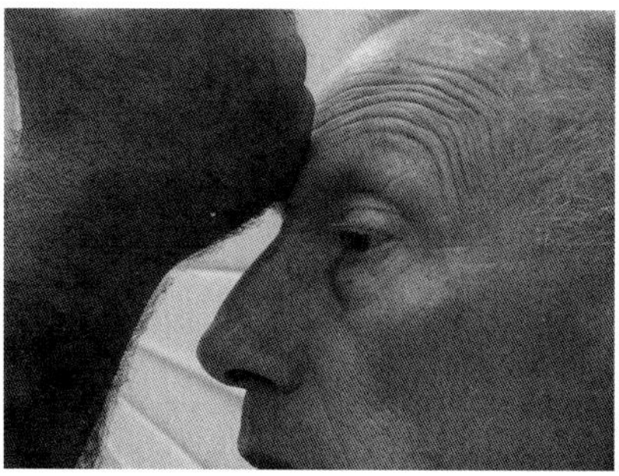

Abb. 263: M-HN 3 – Angriff auf »drittes Auge« mit Tettsui Uchi.

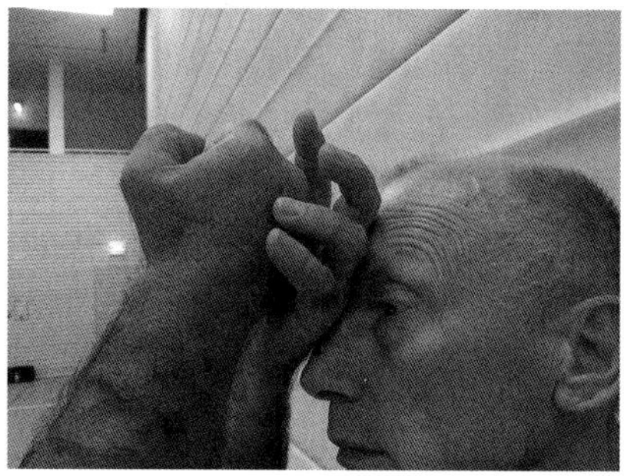

Abb. 264: M-HN 3 – Angriff auf »drittes Auge« mit Handauflegen und Schlag.

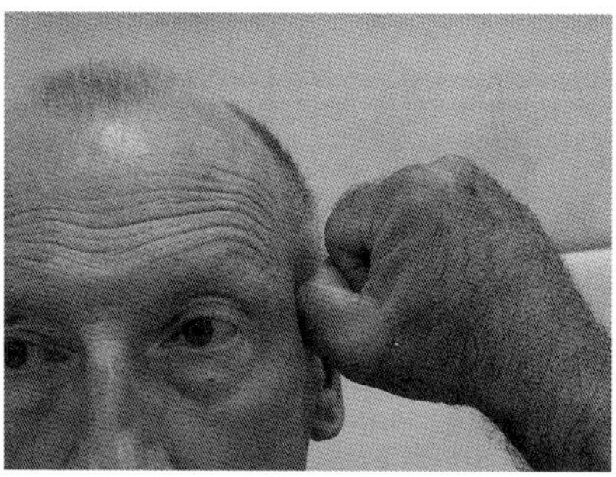

Abb. 265: M-HN 5 – Schlag mit Ippon Ken, Daumenseite.

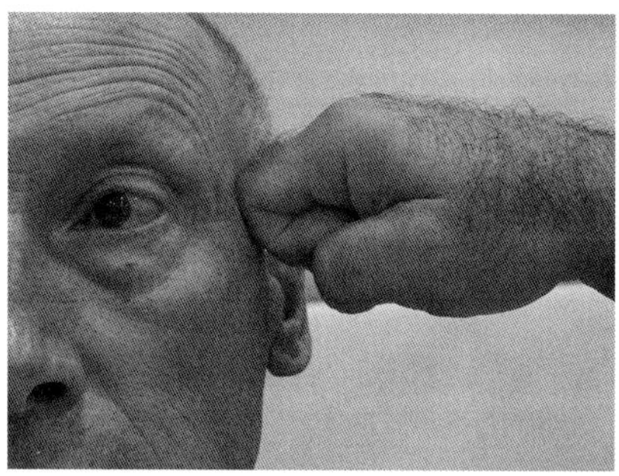

Abb. 266: M-HN 5 – Schlag mit Ippon Ken (Zeigefingerknöchel).

Beispiele für Anwendungen an zusätzlichen Punkten – Fortsetzung

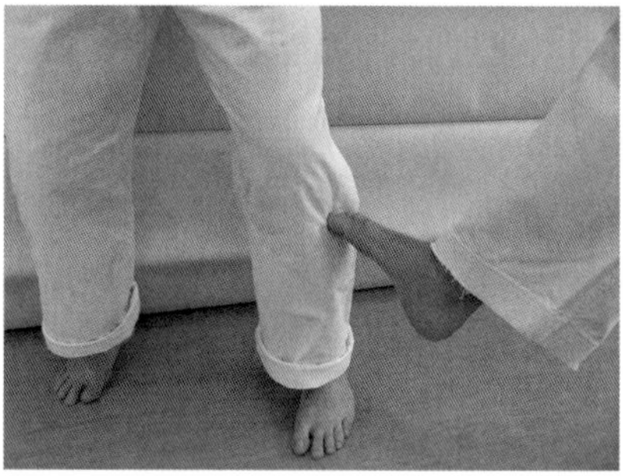

Abb. 267: M-LE 7 – Tritt mit Tsumasaki Geri.

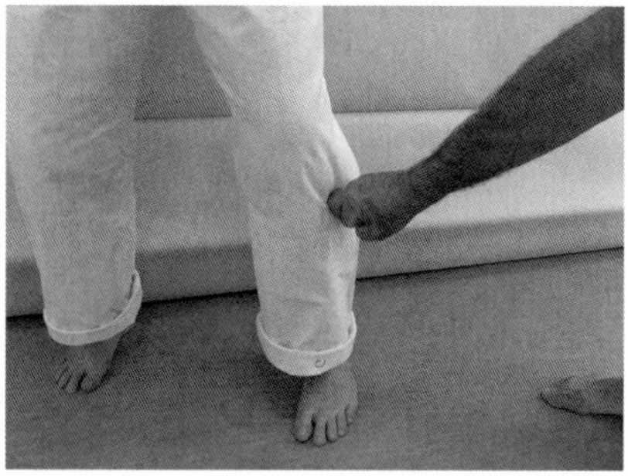

Abb. 268: M-LE 7 – Schlag mit Nakadaka Ken.

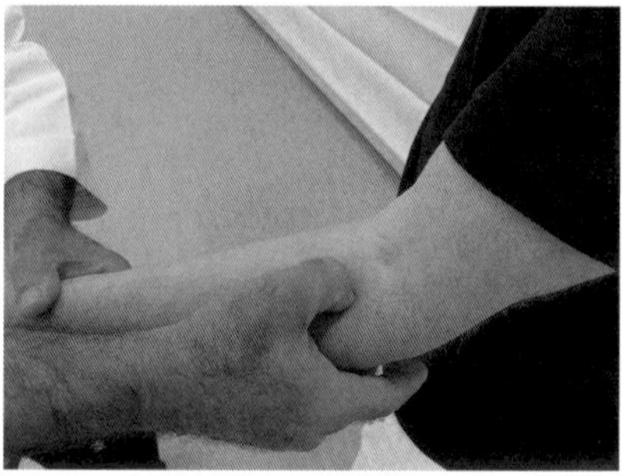

Abb. 269: M-UE 31 – Druck mit Daumen.

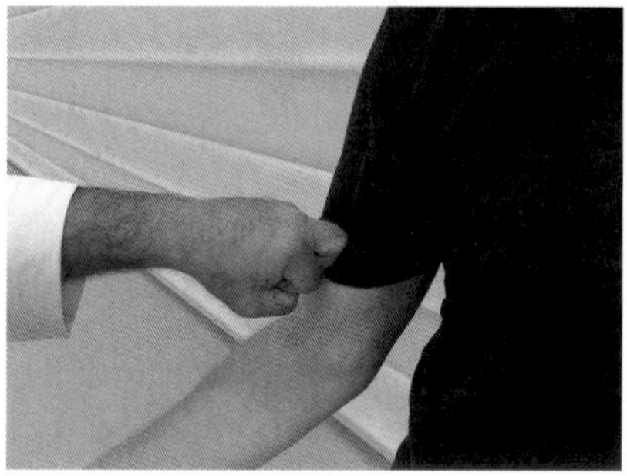

Abb. 270: M-ÜE 9 – Schlag mit Nakadaka Ken.

Das Kiai-Jitsu

Das Kiai-Jitsu ist eine energetische Ergänzung zu den Vitalpunkttechniken und erhöht deren Wirkung bedeutend. Es wurde jahrhundertelang unter strenger Geheimhaltung in den Kampfkünsten geübt. Kiai-Jitsu beinhaltet weit mehr als nur den einfachen, allgemein bekannten Kampfschrei (Kiai).

Im Allgemeinen versucht man mit einem Kampfschrei, einen Gegner mental zu beeinflussen, um ihn für Sekundenbruchteile aus dem Konzept zu bringen. Des Weiteren wird durch das Ausatmen beim Kampfschrei der gesamte Körper angespannt, so dass beim Auftreffen einer Technik die maximale Wirkung erzeugt wird.

Im Kiai-Jitsu wird jedoch nicht versucht, mit brachialer Gewalt zu blocken oder zu schlagen, sondern es wird mit relativ lockerer, dafür aber schneller natürlicher Waffe (Hand, Fuß usw.) geschlagen. Schnelligkeit bedeutet hohe kinetische Energie. Wird nun die Schnelligkeit mit einem richtig ausgeführten Kiai verbunden, so kann dies eine bis zu 80 Prozent verstärkte energetische Wirkung im Vergleich zur »normal« ausgeführten Technik zur Folge haben.

Im Kiai-Jitsu gibt es für jede Richtung einen bestimmten Ton, um den Energiefluss zu optimieren. Der Ton wird von Beginn der Technik bis zum Eindringen in den Körper gehalten.

Technik nach vorn – O
Technik nach hinten – Ü
Technik nach oben – A
Technik nach unten – U
Technik nach außen – E
Technik nach innen – I

Der Kiai soll in der Übungsphase zum richtigen Erlernen immer laut ausgeführt werden. In der tatsächlichen Anwendung hat jedoch ein Kiai, der leise oder lautlos ausgeführt wird, eine größere Wirkung.

Es werden die folgenden drei Arten von Kiai unterschieden:

1. Der hörbare bzw. äußere Kiai ist ein grob ausgerichteter Kiai, der als Schockwelle die energetische Konfiguration eines Gegners direkt beeinflussen soll.

2. Der leise bzw. geflüsterte und innere Kiai führt und leitet die Energie durch den Körper.

3. Der nicht hörbare, »geheimnisvolle« Kiai hat die meiste Energie und findet auf geistiger Ebene statt. Ihn zu erlernen erfordert viel meditatives Training, durch das eine Erhöhung der Disziplin und eine Fokussierung des Geistes entwickelt wird.

Stellungen und Töne im Kiai-Jitsu

Durch die Kombination von geeigneter Technik, Richtungston und einer passenden Stellung kann die Wirkung einer Kyusho-Jitsu-Anwendung enorm verstärkt werden.

Hierzu gibt es verschiedene Möglichkeiten. Zum einen kann man sich nach dem Zerstörungszyklus richten. Will man zum Beispiel einen Vitalpunkt auf einem der Metall-Meridiane Lunge oder Dickdarm angreifen, setzt man die Feuerstellung Zenkutsu Dachi und den entsprechenden Richtungston ein. – Feuer schmilzt Metall.

Zum anderen gibt es auch die Möglichkeit, einen Vitalpunkt aus einem Stand heraus anzugreifen, bei dem beiden dasselbe Element zugeordnet ist. Zum Beispiel kann man einen Vitalpunkt auf einem der Metall-Meridiane Lunge oder Dickdarm angreifen und dabei die »Metall-Stellung« Nekoashi Dachi und den entsprechenden Richtungston einsetzen.

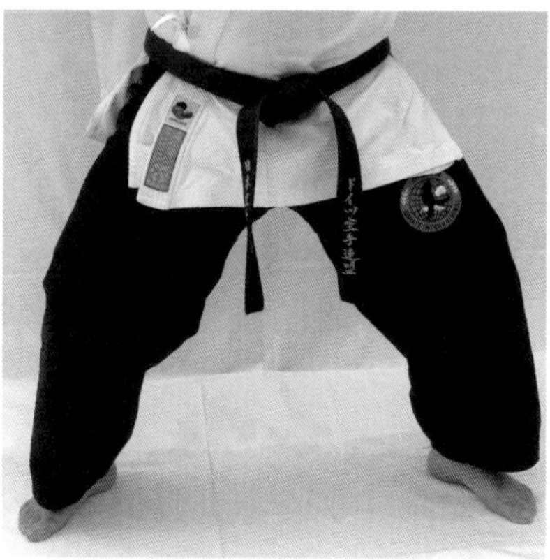

Abb. 271

Abb. 271: Shiko Dachi. Dies ist die »Holz-Stellung«, deren Energie nach hinten wirkt. Sie verstärkt die Wirkung auf Erde- und Holzpunkte. Der geeignete Richtungston ist das »Ü«, d. h. der Ton, bei dem die Energie nach hinten wirkt.

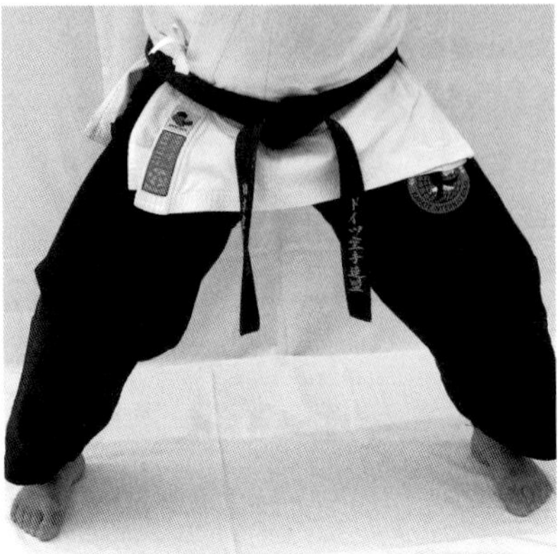

Abb. 272

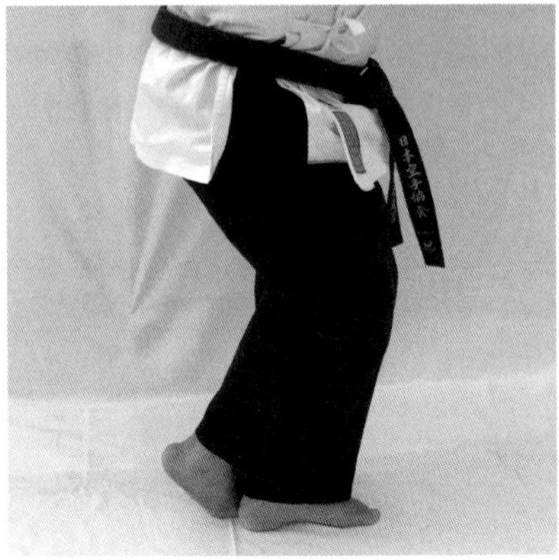

Abb. 273

Abb. 272: Kiba Dachi. Dies ist die »Erde-Stellung«, deren Energie nach außen wirkt. Sie verstärkt die Wirkung auf Wasser- und Erdpunkte. Der geeignete Richtungston ist das »E«, also der Ton, bei dem die Energie nach außen wirkt.

Abb. 273: Kosa Dachi. Dies ist die »Wasser-Stellung«, deren Energie nach unten wirkt. Sie verstärkt die Wirkung auf Feuer- und Wasserpunkte. Der geeignete Richtungston ist das »U«, also der Ton, bei dem die Energie nach unten wirkt.

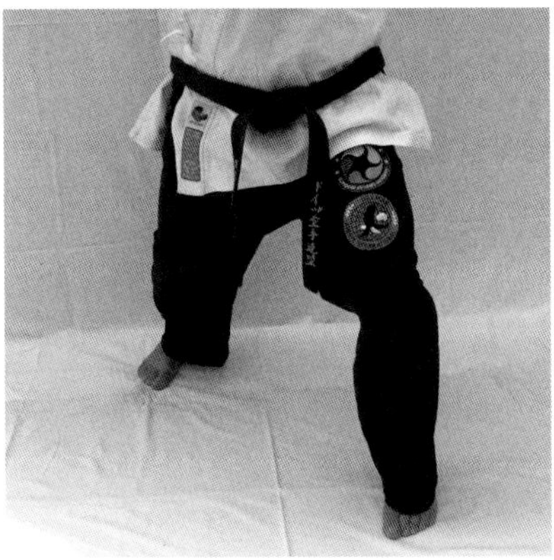

Abb. 274

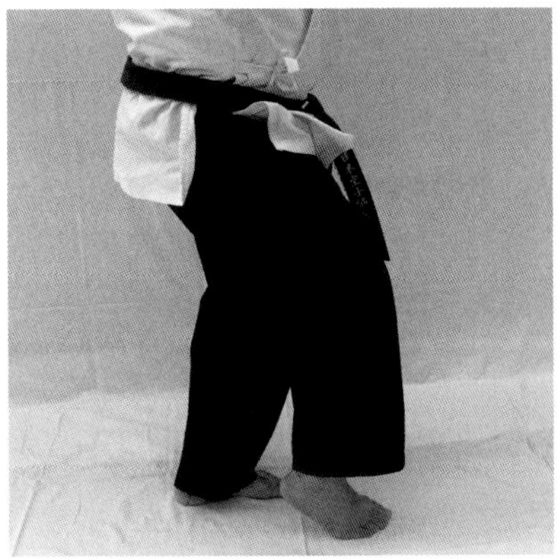

Abb. 275

Abb. 274: Zenkutsu Dachi. Dies ist die »Feuer-Stellung«, deren Energie nach oben und vorn wirkt. Sie verstärkt die Wirkung auf Metall- und Feuerpunkte. Richtungston: »A« (Energie wirkt nach oben) oder »O« (Energie wirkt nach vorn).

Abb. 275: Nekoashi Dachi. Dies ist die »Metall-Stellung«, deren Energie nach innen wirkt. Sie verstärkt die Wirkung auf Holz- und Metallpunkte. Richtungston: »I« (wirkt nach innen).

Die drei Methoden des Kiai-Jitsu

Die Wirkungsweise von Vitalpunkt-Angriffen

Ein Angriff auf einen Vitalpunkt erzeugt örtlichen Schmerz oder Lähmung eines Körperteils.

Zwei Vitalpunkte gleichzeitig geschlagen, kann Schmerz im Bereich zwischen den zwei Punkten und oder einen technischen K. o. zur Folge haben.

Drei zeitgleich geschlagene Punkte erzeugen fast immer eine Bewusstlosigkeit.

Vier Punkte, in sehr kurzer Folge geschlagen, können zur massiven Störung eines Organs, Bewusstlosigkeit und sogar zum Tod führen.

Um mehrere Vitalpunkte gleichzeitig oder sehr kurz hintereinander anzugreifen bzw. zu aktivieren, gibt es drei Methoden, die in den folgenden Abschnitten vorgestellt werden: die Yin-und-Yang-Methode, die Methode der fünf Elemente bzw. des Zerstörungszyklus und die Energie-Quadranten-Methode.

Die Yin-und-Yang-Methode

Es sollten in der Regel immer zwei Yang-Meridiane und ein Yin-Meridian aktiviert werden, um eine optimale Wirkung zu erzielen. Um den Bereich des Kopfes und des Oberkörpers empfindlicher für Folgetechniken zu machen, sollte mit einem Armpunkt begonnen werden.

Sinnvolle Aktivierungsreihenfolgen ergeben sich, wenn man hintereinander jeweils einen Vitalpunkt auf den folgenden Meridianbahnen bearbeitet:

- Lunge – Dickdarm – Magen
- Dickdarm – Magen – Milz
- Herz – Dünndarm – Blase
- Dünndarm – Blase – Niere
- Perikard – Dreifacherwärmer – Gallenblase
- Dreifacherwärmer – Gallenblase – Leber

Hier einige Beispiele für Vitalpunkte, die hintereinander durch Schläge bearbeitet werden können, um so zu einer besonders starken Wirkung des Angriffs zu gelangen:

- Lu 7 (Yin) – Di 18 (Yang) – Ma 5 (Yang)
- Di 10 (Yang) – Ma 15 (Yang) – Mi 6 (Yin)
- He 2 (Yin) – Dü 16 (Yang) – Bl 2 (Yang)
- Dü 6 (Yang) – Bl 2 (Yang) – Ni 27 (Yin)
- Pe 6 (Yin) – 3E 11 (Yang) – Gb 31 (Yang)
- 3E 12 (Yang) – Gb 20 (Yang) – Le 14 (Yin)

Die Methode der fünf Elemente bzw. des Zerstörungszyklus

Neben dem bekannten Konzept des Yin und Yang gibt es in der traditionellen chinesischen Medizin mit dem System der fünf Elemente eine weitere Haupttheorie. Diese Theorie besagt, dass alle Dinge aus einer spezifischen Kombination von fünf Elementen bestehen und dass auf diese Weise alle Dinge in der Natur einen inneren Zusammenhang miteinander besitzen. Es handelt sich dabei um die Elemente Erde, Metall, Wasser, Holz und Feuer. Die Theorie der fünf Elemente wird von jeher auch in den Kampfkünsten genutzt, da sie die Kampfkunsttechniken bedeutend verstärkt (siehe auch den Abschnitt »Die fünf Elemente der Faust und Hand« auf Seite 26).

Dieser bereits weiter vorn beschriebene Zerstörungszyklus ist der Folgende:

- Metall zerstört Holz
- Holz zerstört Erde
- Erde zerstört Wasser
- Wasser zerstört Feuer
- Feuer zerstört Metall

Das folgende Anwendungsbeispiel soll die Methode veranschaulichen: Zunächst wird ein Herzmeridianpunkt (z. B. He 3) – »Feuer« – geschlagen, anschließend der Lungenmeridianpunkt Lu 5 – »Metall« – und abschließende der Gallenblasenmeridianpunkt Gb 20 – »Holz«. Damit wurde der Zerstörungszyklus berücksichtigt: Feuer zerstört Metall, Metall zerstört Holz.

Einige Beispiele:

- 3E 12 (Feuer) und Di 18 (Metall)
- Gb 31 (Holz) und Ma 9 (Erde)
- Ma 12 (Erde) und Ni 27 (Wasser)
- Bl 2 (Wasser) und 3E 11 (Feuer)
- Lu 5 (Metall) und Gb 20 (Holz)

Die Energie-Quadranten-Methode

Die Energie-Quadranten-Methode ist ein weiteres System aus dem alten China. In allen Objekten und Lebewesen gibt es die Yin- und Yang-Polaritäten, wie auf Seite 21 im Abschnitt »Yin und Yang« beschrieben. Bei dem Energie-Quadranten-System wird der Körper in Yin- und Yang-Zonen eingeteilt. Im Kyusho-Jitsu werden nun bei einer Abwehr oder einem Angriff Schläge auf verschiedene Quadranten-Feldern ausgeführt. Dies stellt einen besonders effektiven Angriff dar. Selbst ohne tiefgründige Kenntnisse im Kyusho-Jitsu ist es auf diese Weise möglich, die Wirksamkeit im Kampf wesentlich zu erhöhen.

Zu diesem Zweck wird der Körper in Quadranten eingeteilt. Dies geschieht gemäß der chinesischen Tradition wie folgt:

Man steht mit dem Gesicht in Richtung Süden. Die Sonne geht im Osten auf, von uns aus gesehen also links. Im Westen geht die Sonne unter, also zu unserer Rechten. Somit gilt die linke Körperseite als Yang (Sonne, Licht) und die rechte Körperseite als Yin (Mond, Schatten) – siehe Abbildung 276.

Ebenso verhält es sich mit dem oberen und dem unteren Bereich des Körpers. Oben dominiert Sonne bzw. Licht, also Yang. Unten, ab etwa dem Bereich des Bauchnabels, dominiert Schatten bzw. Nacht, also Yin – siehe Abbildung 277.

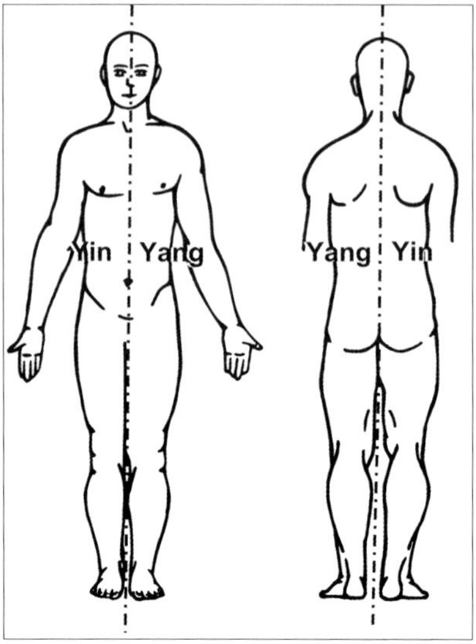

Abb. 276

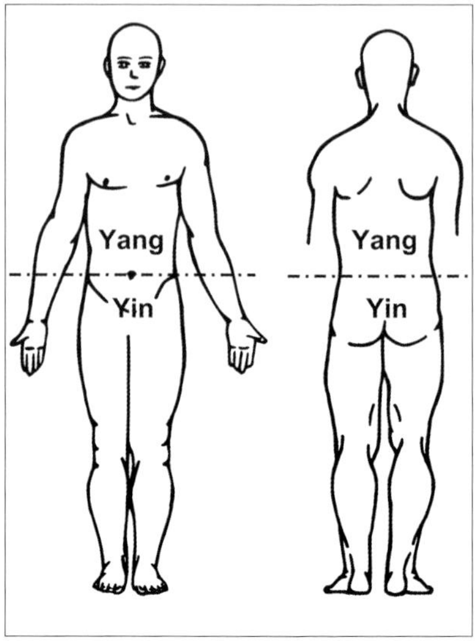

Abb. 277

Kombiniert man diese Darstellungen, ergeben sich die in Abbildung 278 aufgezeigten Polaritäten. Abbildung 279 stellt die daraus abgeleitete Einteilung des Körpers in Quadranten dar.

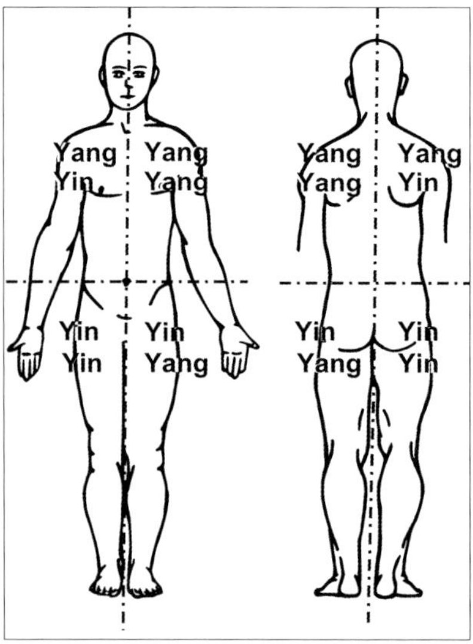

Abb. 278

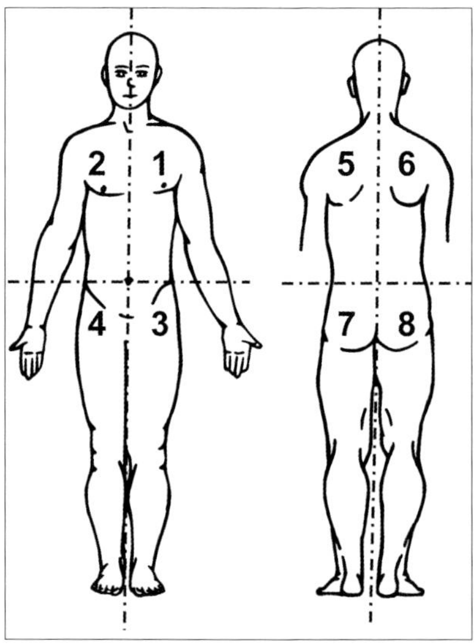

Abb. 279

Eine entsprechende Einteilung ist auch für den Kopf, die Arme und die Beine möglich. Abbildung 280 und 281 zeigt die Energie-Quadranten-Einteilung für den Kopf:

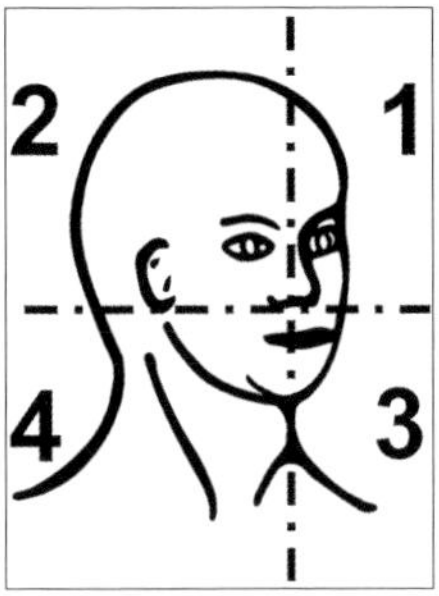

Abb. 280

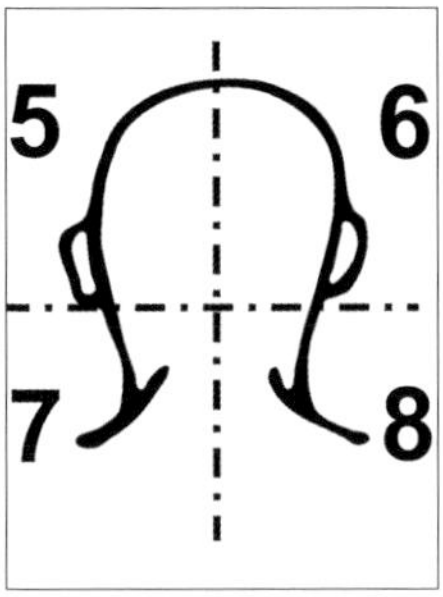

Abb. 281

Hier nun einige Möglichkeiten, wie Quadranten erfolgreich bearbeiten werden können. Dabei ist es nicht immer nötig, in beide Regionen zu schlagen, es reicht meist, den Gegner in einem Quadranten zu berühren und in einem anderen Quadranten zu schlagen, um die Wirkung des Schlags beträchtlich zu erhöhen.

Beispiele für den Rumpf:

- Quadrant 3 (Gb 31) und Quadrant 1 (Ni 27)
- Quadrant 4 (Mi 6) und Quadrant 1 (Ma 5)
- Quadrant 2 (Mi 21) und Quadrant 1 (Mi 21)
- Quadrant 3 (Lu 8) und Quadrant 5 (Gb 20)
- Quadrant 1 (Ma 25) und Quadrant 2 (Ni 27)

Beispiele für den Kopf:

- Quadrant 4 (3E 17) und Quadrant 3 (Ma 5)
- Quadrant 8 (Gb 20) und Quadrant 1 (Gb 13/14/15)
- Quadrant 4 (Ma 5) und Quadrant 7 (Gb 20)
- Quadrant 3 (Dü 18) und Quadrant 4 (M-HN 18 – mentaler Nerv)

Einige Kyusho-Jitsu-Lehrer nehmen die Nummerierung der Quadranten genau entgegengesetzt vor, da sie ihre Einteilung nicht nach der oben erwähnten alten chinesischen Überlieferung durchführen. Dies ist aber kein Problem oder Fehler; entscheidend im Quadranten-System ist, dass man immer mit gegenüberliegenden Quadranten arbeitet.

Die größtmögliche Wirkung erzielt man bei einer diagonalen Bearbeitung der Quadrantenfelder. Gleichgültig, ob man den gesamten Körper, nur den Kopf, nur ein Bein oder nur einen Arm anschlägt – je weiter die bearbeiteten Punkte voneinander entfernt liegen, um so größer ist die Wirkung.

Fazit

Bei allen drei Systemen oder Methoden geht es darum, eine kombinierte Wirkung zu erzielen. Kyusho-Jitsu zielt auf die Störung des Nervensystems. Ein Angriff auf einen Yin-Meridian erhöht die Herzfrequenz, wogegen ein Angriff auf ein Yang-Meridian die Herzfrequenz mindert. Ein Angriff auf die linke Körper- oder Kopfhälfte wird von der rechten Hirnseite erfasst und verarbeitet und umgekehrt. Durch Schlagen, Drücken oder Berühren von mehreren verschiedenen Punkten wird versucht, mit einer maximalen Informationsflut an das Hirn für eine Reizüberflutung zu sorgen und somit die Kampfunfähigkeit eines Gegners herbeizuführen.

Kyusho-Jitsu ist Energiearbeit und benötigt daher auch keinen übermäßigen Kraftaufwand wie in vielen anderen Kampfsystemen, die vorrangig auf Techniken mit brachialem Krafteinsatz basieren, welche beim Gegner meist einen mechanischen Schaden, wie zum Beispiel Frakturen bewirken.

Die »Eisenrüstung« des Kyusho-Jitsu

In den Kampfkünsten gibt es seit jeher die Möglichkeit, mit genügend Übung den Körper physisch und mental vor Angriffen auf Vitalpunkte zu schützen. Diese Möglichkeit sollte jeder Kyusho-Jitsu Betreibende erlernen, um in einer Ernstfallsituation bestehen zu können.

Wie bei allen Aspekten der Verteidigung in der Kampfkunst gibt es natürlich auch für diesen Fall wiederum Techniken und Möglichkeiten, die sogenannte Eisenrüstung zu umgehen bzw. zu durchdringen.

Die erste Schutzmaßnahme, um einen Angriff auf die eigenen Vitalpunkte zu verhindern oder zu neutralisieren, besteht immer im Anspannen der Muskeln.

Um den Körper im Bereich von Bauch und Brustraum richtig zu schützen, ist es nötig, die Stellung Sanchin Dachi einzunehmen (Abbildung 282), und auch die Körperhaltung muss der in der Kata Sanchin des Goju-Ryu eingenommenen entsprechen. Durch die leicht gebeugte Oberkörperhaltung werden in den Beinen und im Rumpf hohe Muskelspannungen erzeugt. Durch diese Haltung werden auch die Rippen im Brustbereich geschlossen, was in beiden Fällen ein Treffen der Vitalpunkte verhindert oder wesentlich erschwert.

Der Schutz des seitlichen Körperbereichs wird durch ein Einrollen der Seite erreicht, durch welches die Rippen geschlossen werden, zwischen denen sich die Vitalpunkte befinden. Wichtig dabei ist, die Arme leicht zu heben und die Schulter zu senken – siehe Abbildung 283.

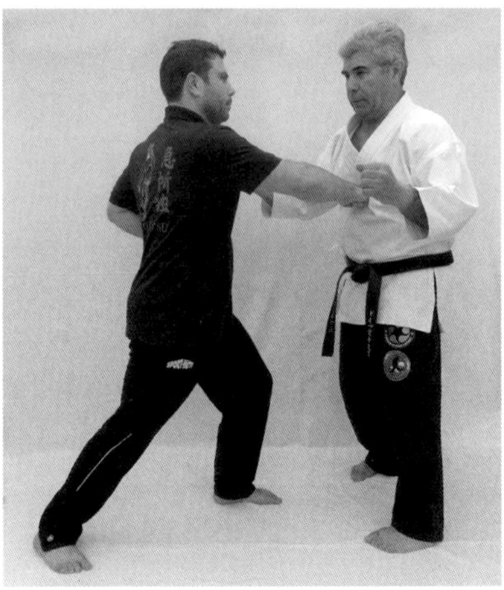

Abb. 282

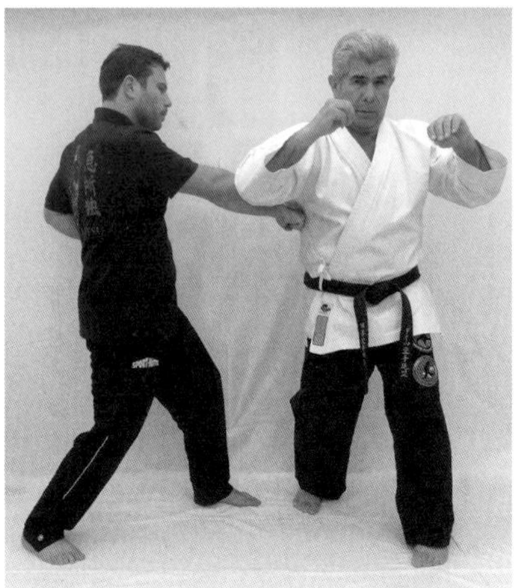

Abb. 283

Den oberen und unteren Rückenbereich kann man schützen, indem man die Rückenmuskulatur anspannt, die Schulterblätter zurückzieht und die Hüfte nach vorn einrollt, um auf diese Weise den Rücken zu strecken.

Vitalpunkte am Oberschenkel innen und außen, wie zum Beispiel Gb 31, Mi 10 oder Le 09, werden durch Anspannen der Beinmuskeln oder durch Strecken der Beinmuskulatur geschützt, wodurch sich die Zwischenräume verschließen und somit die Vitalpunkte nicht mehr erreicht werden können, da sie nun hinter dem Muskel verborgen sind. Das Anspannen erreicht man wiederum durch Einrollen der Hüfte – siehe Abbildung 284.

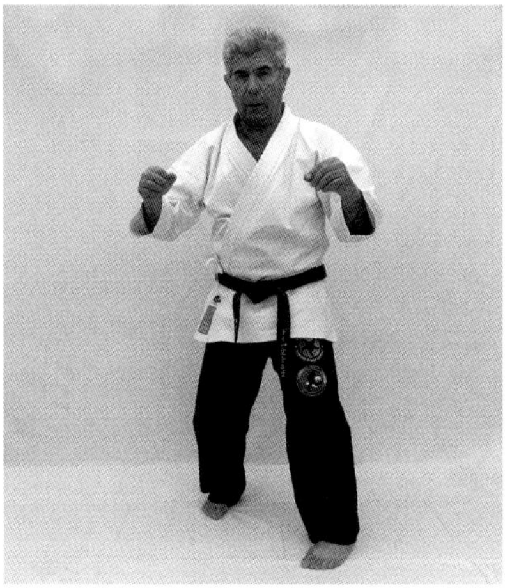

Abb. 284

Wie weiter vorn schon erwähnt, ist es möglich, diese »Eisenrüstung« zu durchdringen. Durch eine schnelle Folge von Techniken auf ein und dieselbe Stelle wird der Gegner letztendlich seine Schutzhaltung aufgeben, und man kann ihn wieder normal bearbeiten. Der Mehrfachangriff kann mit ein und derselben Hand bzw. Faust oder auch mit beiden Händen bzw. Fäusten erfolgen.

Eine weitere Schutzmöglichkeit des Körpers besteht aus dem Überkreuzen von Armen oder Beinen. Erfolgt ein Angriff zum Kopf, kann man sich durch Überkreuzen der Beine schützen, und es ist möglich, auf diese Weise Schlägen, wie zum Beispiel auf Gb 20 oder Ma 05, die Wirkung zu nehmen – siehe Abbildung 285.

Angriffe auf den Körper oder die Beine innen und außen kann man durch Überkreuzen der Arme vor dem Körper neutralisieren – siehe Abbildung 286.

Doch auch hierfür gibt es eine Neutralisierungsmöglichkeit. Man nimmt einfach die Ferse eines Beins vom Boden wie beim Gyaku Nekoashi Dachi (Abb. 287) oder das gesamte Bein wie beim Tsuruashi Dachi (Abb. 288), um die Energie in den Gegner zu leiten und sie nicht an die Erde zu verlieren.

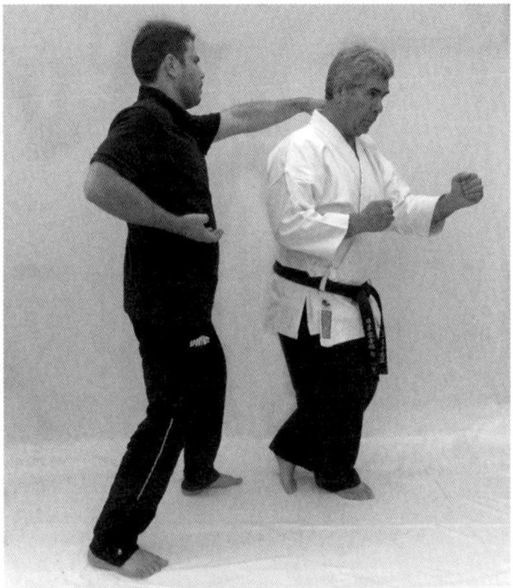

Abb. 285

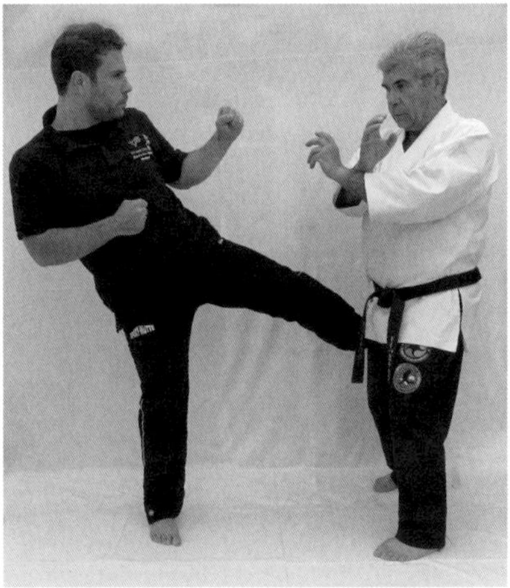

Abb. 286

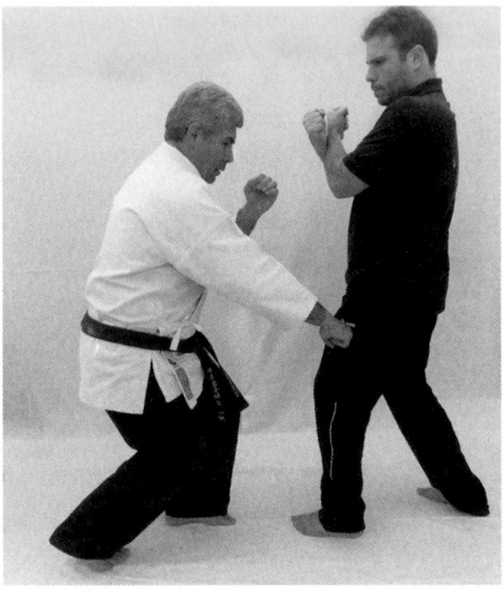

Abb. 287

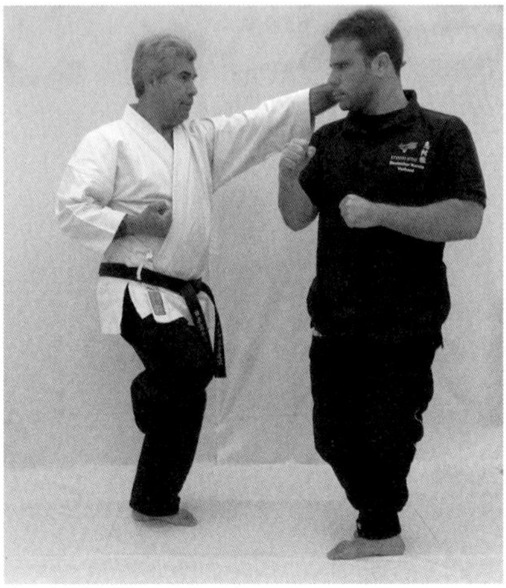

Abb. 288

Übungsdrills

Wie in den meisten Kampfkünsten, ist es auch im Kyusho-Jitsu wichtig, Verteidigungs- und Angriffsabläufe zu automatisieren. Wenn man in einer Ernstfallsituation erst überlegen muss, mit welcher Technik oder Kombination man am besten arbeiten sollte, ist der Kampf bereits verloren. Im Folgenden wird eine kleine Auswahl für derartige Übungsdrills vorgestellt.

1. Tori greift mit der rechten Hand an, Uke blockt bzw. schlägt Dü 6 und 3E 12 wie in Abbildung 289, um danach einen Konter auf Dü 18 (Abb. 290) auszuführen. Von Tori folgt sofort ein zweiter Angriff mit der linken Faust und Uke reagiert wie beim ersten Angriff. Im Anschluss wird Uke zu Tori, und dies wiederholt sich mehrfach.

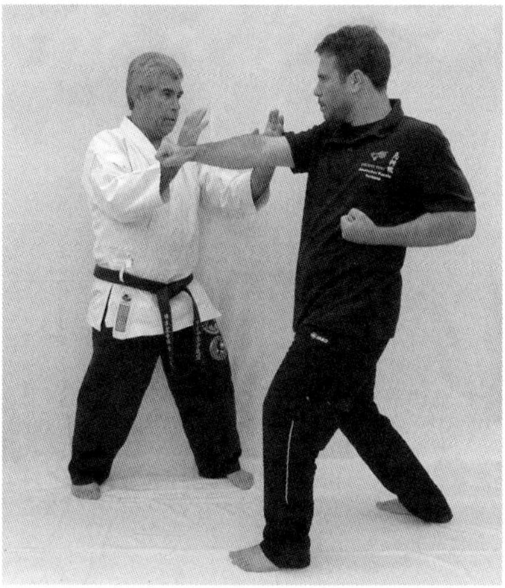

Abb. 289

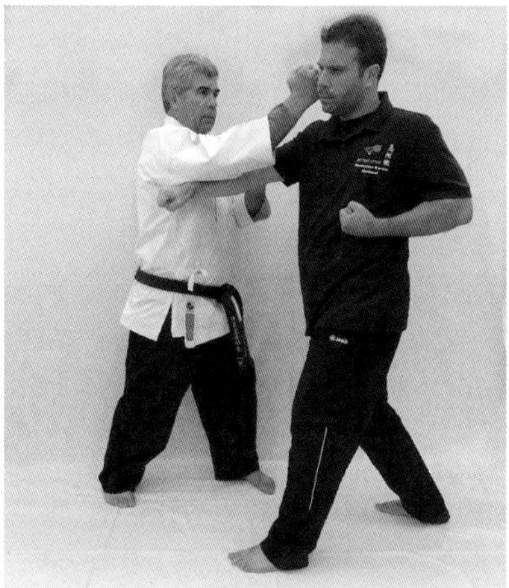

Abb. 290

2. Tori greift mit der rechten Hand an, Uke greift sein Handgelenk und dreht den Arm über die Vitalpunkte He 6, Lu 8 und Di 5, so dass er mit der linken Faust den Punkt 3E 11 oder 3E 12 anschlagen kann (Abb. 291). Mit der rechten Hand erfolgt nun der Konter zu Gb 13, 14, 15 (Abb. 292). Nun wiederholt sich dasselbe mit einem Angriff von Tori, links. Danach wird Uke zu Tori und so weiter.

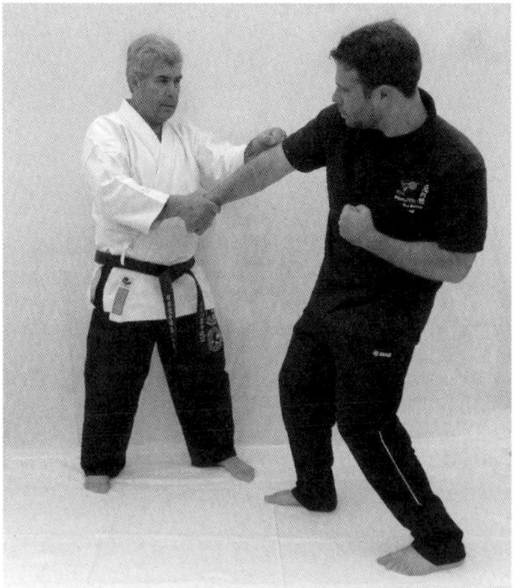

Abb. 291

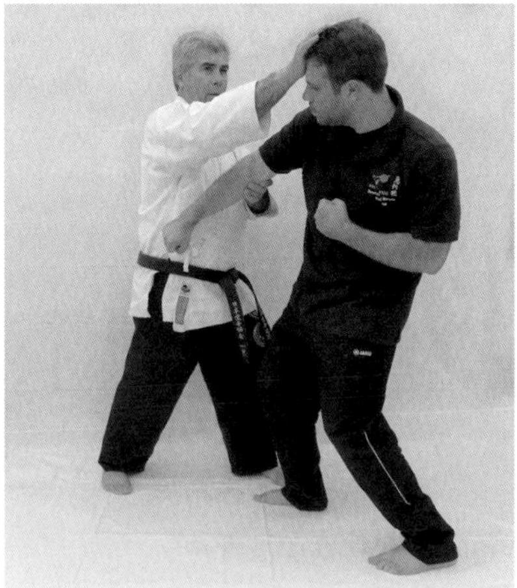

Abb. 292

3. Tori greift mit der rechten Hand an, Uke kontert sofort auf den Arm von Tori – auf Lu 7 und M-UE 9, wie in Abbildung 293 – danach schlägt er zum M-UE 18 (mentaler Nerv) – Abbildung 294. Jetzt erfolgt ein Angriff links von Tori, und Uke kontert wie zuvor, allerdings seitenverkehrt. Im Anschluss wird Uke zu Tori und so weiter.

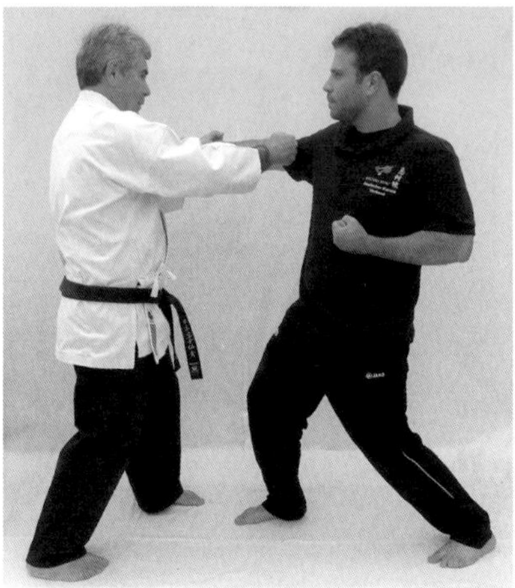

Abb. 293

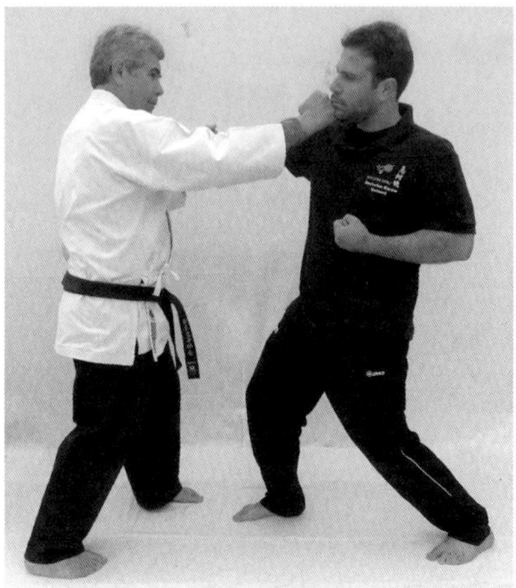

Abb. 294

4. Tori greift rechts an, Uke blockt auf Lu 8 (Handknöchel) und kontert mit einem Fußtritt auf Gb 31 (Abb. 295), gefolgt von einem vibrierenden Fauststoß auf KG 15 (Abb. 296).

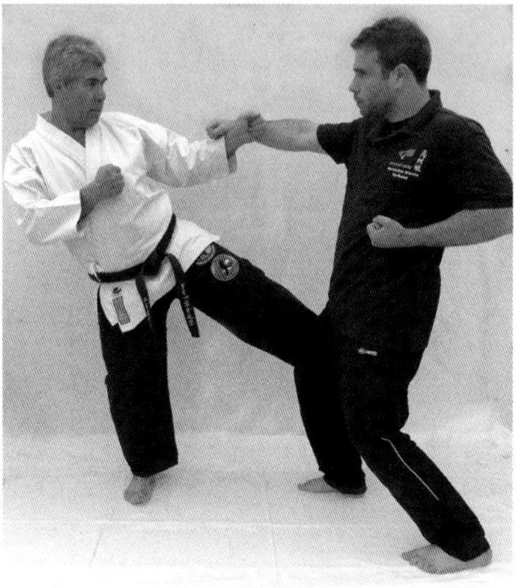

Abb. 295

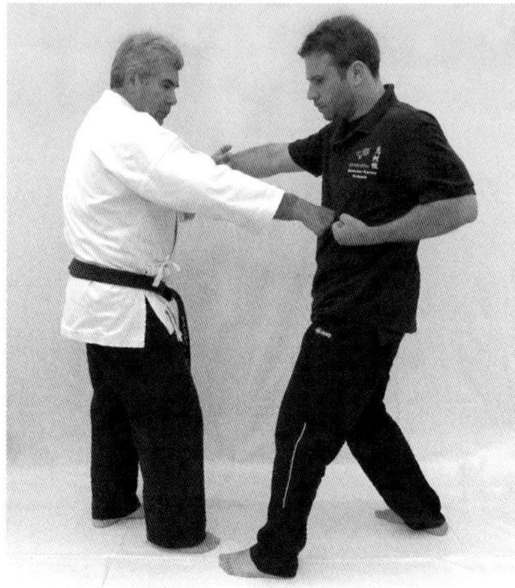

Abb. 296

Wichtige Grundregeln für das Training von Kyusho-Jitsu

Die in diesem Buch gezeigten Techniken und Anwendungen sind gefährlich und können bei falscher Anwendung zu Verletzungen, Bewusstlosigkeit oder auch zum Tod führen. Daher sind folgende Grundregeln unbedingt einzuhalten:

- Kyusho-Jitsu nie ohne erfahrenen Trainer üben!
- Wirkliche Vitalpunktbearbeitung darf nie länger als 20 Minuten je Woche dauern, und dies verteilt über die Woche!
- Beim Training immer nur eine Körperseite bearbeiten, möglichst die rechte, da sich das Herz mehr in der linken Körperhälfte befindet!
- Keine überkreuzten Techniken anwenden, das heißt, nicht den gleichen Vitalpunkt auf beiden Körperseiten des Partners anschlagen, da dies zu schwerer Schädigung des Partners führen kann!

- Es ist wichtig, die Wiederbelebungstechniken zu beherrschen, dazu müssen die Energie- und Wiederherstellungstechniken erlernt werden! – Siehe das folgende Kapitel über Kuatsu.
- Mit Personen, die generelle gesundheitliche Probleme haben, oder Personen, die bewusstseins- bzw. wahrnehmungsverändernde Substanzen einnehmen, sollte man grundsätzlich nicht Kyusho-Jitsu üben!
- Übung immer mit größter Zurückhaltung ausführen; in der Regel reicht eine leichte Bearbeitung eines Vitalpunktes aus, um die Effektivität zu demonstrieren!
- Nicht wahllos am Partner Vitalpunkte bearbeiten.

Teil III

Kuatsu – Die Kunst der Wiederherstellung

Einführung

Viele Sportler ahnen nicht, wie gefährlich ihr Sport sein kann, gleichgültig, welche Sportart sie betreiben. Dies trifft auch auf zahlreiche Praktizierende von Kampfkünsten zu. Sie trainieren mit einer erschreckenden Nachlässigkeit und arbeiten unkontrolliert und undiszipliniert mit ihren Partnern, wobei ihnen dies für gewöhnlich gar nicht bewusst ist. Unfälle werden natürlich bedauert aber als »schicksalhaft« angesehen. Wer Sport im Allgemeinen oder konkret eine Kampfkunst betreibt, muss sich aber auch Gedanken über rechtliche Konsequenzen machen, falls ein Partner durch einen Unfall verletzt wird. Was auch immer in den Statuten, Satzungen oder Sonstigem stehen mag, die Versicherung des Geschädigten wird stets versuchen, den Verursacher des Schadens haftbar zu machen. Durch das Erlernen von Erste-Hilfe-Techniken oder, speziell in der Kampfkunst, des Kuatsu, können in den meisten Fällen Schäden bzw. Funktionsstörungen beim Partner sofort beseitigt oder bedeutend abgemildert werden.

Grundsätzlich gilt: Bei einem physischen Schaden wie einem Bruch an irgendeiner Körperstelle muss immer sofort ein Arzt aufgesucht bzw. der Notarzt gerufen werden.

Bei Bewusstlosigkeit, Atem- oder Herzstillstand hingegen muss unverzüglich gehandelt werden. Je schneller der Geschädigte behandelt wird, umso weniger Nach- oder Nebenwirkungen wird es geben. Bei einer sofortigen Wiederherstellung gibt es in der Regel keine Nachwirkungen, und der Geschädigte ist schnell wieder einsatzfähig.

Die Reanimation oder Wiederherstellung der Trainingspartner ist einer der wichtigsten Aspekte beim Erlernen und Ausüben von Kyusho-Jitsu. Vitalpunkttechniken zu trainieren, ohne umfassende Kenntnisse im Kuatsu zu besitzen, wäre extrem verantwortungslos.

Kuatsu, ein wichtiger Bestandteil von Kyusho-Jitsu, verlangt genau wie das Kyusho-Jitsu selbst eine gewissenhafte und ernsthafte Ausbildung. Eine falsch ausgeführte Kuatsu-Technik kann fatale Auswirkungen haben.

Kuatsu-Techniken sind in der westlichen Medizin nicht zulässig und nicht anerkannt, jedoch für das Studium von Kyusho-Jitsu und den Kampfkünsten allgemein von größter Wichtigkeit. Mit Kuatsu-Techniken kann ein Trainingspartner oder im Ernstfall auch ein Gegner sofort erfolgreich behandelt und somit bleibende Schäden vermieden werden.

Wie auch in den Kampfkünsten, sind die Ursprünge von Kuatsu in Indien und China zu finden; hier wird diese Art der Behandlung bzw. Wiederherstellung schon seit Jahrhunderten angewandt. Durch mündliche Überlieferung an enge Vertraute, meist die sogenannten inneren Schüler von Kampfkunstexperten, wurden die Kuatsu-Methoden unter dem Siegel der Geheimhaltung von Generation zu Generation weitergegeben.

In den fünfziger Jahren wurde Kuatsu auch in Europa bekannt; einer der ersten, der auch ein Buch darüber schrieb, war der Schweizer Ju-Jitsu- und Judoexperte Robert Käsermann. Er war auch beruflich sehr an dieser Materie interessiert, da er im Kantonsspital von Basel Leiter der Versuchsabteilung war. Um die Wirksamkeit des Kuatsu zu beweisen, erwürgte er im Beisein von Ärzten seinen Sohn, um ihn dann mit Kuatsu wiederzubeleben. Seit den 1950er Jahren wird bei uns die Mund-zu-Mund-Beatmung zur Wiederbelebung von der westlichen Medizin anerkannt und eingesetzt. Diese Methode entstammt dem Kuatsu und wurde schon seit Jahrhunderten mit Erfolg in Asien praktiziert.

Kuatsu erfordert eine gewissenhafte und sorgfältige Ausbildung. Werden Kuatsu-Techniken falsch angewandt, so kann dies gravierende Folgen haben. Das Kuatsu-Studium ist unerlässlich und von größter Wichtigkeit, um in einer Ernstfallsituation sofort helfen zu können. Kuatsu-Techniken sind Klopf-, Druck- und Streichmassagen auf spezielle Körperpunkte und stellen Erste-Hilfe-Maßnahmen dar. Die speziellen Methoden des Kuatsu ermöglichen oft noch dann Erfolg, wo die westliche Medizin nichts mehr erreichen kann.

Bei Dysfunktionen durch Kyusho-Jitsu gibt es vier grundlegende Möglichkeiten der Behandlung:

1. Einzelpunkt-Wiederherstellung
2. Neurologische Wiederherstellung
3. Lungen-Reanimation
4. Herz-Reanimation

Die jeweiligen Maßnahmen sollten, falls erforderlich, maximal dreimal in Folge ausgeführt werden. In den folgenden Abschnitten werden die wichtigsten Kuatsu-Techniken ausführlich vorgestellt.

Die Kuatsu-Techniken

Einzelpunkt-Wiederherstellung

Nach erfolgter Fremdeinwirkung auf einen beliebigen Vitalpunkt durch Schlag, Druck oder Reibung (Abb. 297 zeigt einen Angriff durch synchrone Schläge auf zwei Vitalpunkte) sollte man etwa dreimal mit der flachen Hand auf die getroffene Stelle klopfen (Abb. 298) und danach kreisförmig reiben. Eine weitere Möglichkeit basiert darin, nach dem Klopfen über die getroffene Stelle in Laufrichtung der betroffenen Meridianbahn zu reiben.

Wichtig dabei ist, den Kontakt mit dem Partner immer mit beiden Händen herzustellen. Dabei spielt es keine Rolle an welche Körperstelle die Wiederherstellung durchgeführt wird.

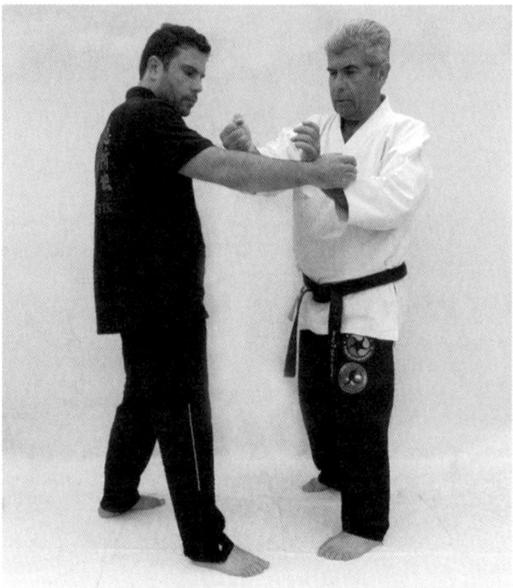

Abb. 297

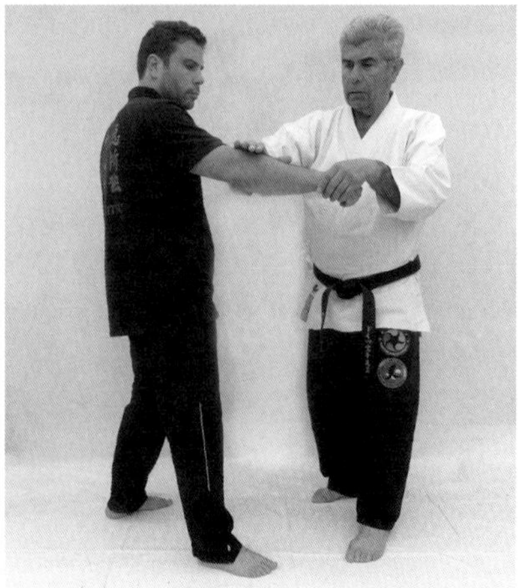

Abb. 298

Neurologische Wiederherstellung

Wird durch einen Angriff zum Kopf oder auch an anderen Stellen des Körpers der Energiefluss zwischen lebenswichtigen Punkten unterbrochen, kommt es in der Regel zu einer Bewusstseinsstörung. Diese kann von leichter Desorientierung bis hin zur absoluten Bewusstlosigkeit reichen. Die Energie wurde dabei aus dem Kopf entzogen.

Zur Energierückführung gibt es je nach Trefferwirkung mehrere Varianten:

Variante 1: Bei einer leichten bis mittleren Desorientierung des Getroffenen steht oder sitzt dieser, und man streicht ihm mit gekrümmter Hand von unten nach oben über die Wirbelsäule, ohne diese zu berühren (Abb. 299). Danach reibt man mit Daumen und Zeigefinger fest über den Nacken in Richtung Kopf (Abb. 300). Wichtig dabei ist, im Anschluss immer die eigene Hand auszuschütteln, um nicht die negative Energie des Partners aufzunehmen und damit den eigenen Körper zu schwächen.

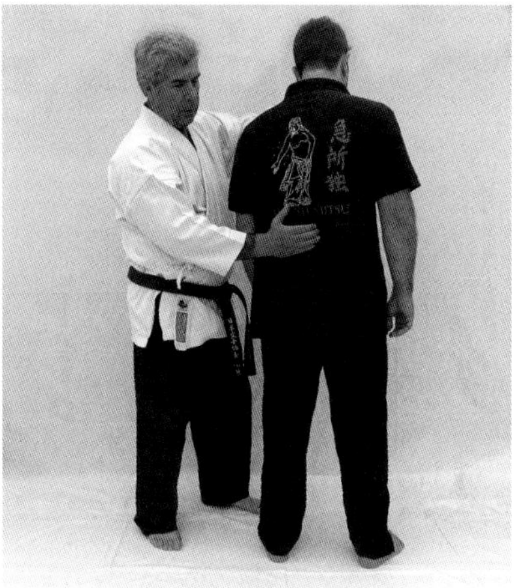

Abb. 299

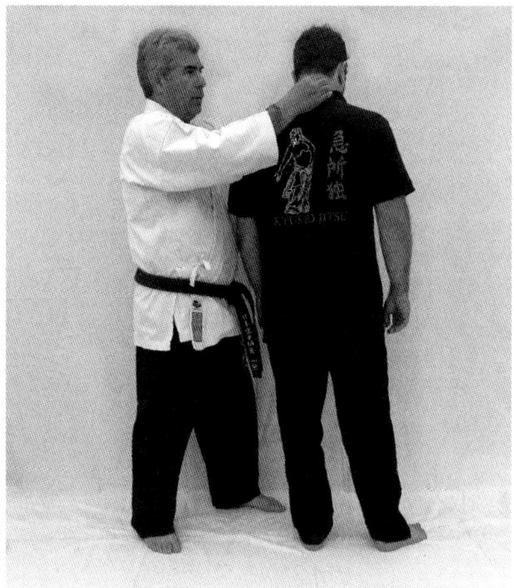

Abb. 300

Variante 2: Nach einem K. o. (Bewusstlosigkeit) reagiert der Körper nicht mehr, und das Gehirn hat sich abgeschaltet. Werden jetzt nicht sofort Reaktivierungstechniken durchgeführt, besteht die Gefahr von bleibenden Schäden, selbst der Tod ist möglich. Zunächst werden Beine und Arme des am Boden liegenden Bewusstlosen überkreuzt (Abb. 301). Nun greift man mit der rechten Hand unter den Nacken des Liegenden und richtet ihn vorsichtig auf. Sein Gesäß muss Bodenkontakt haben, und der Rücken soll möglichst gerade sein. Diese Haltung unterstützt der Helfer mit dem rechten Knie (Abb. 302), doch darf er dabei keinen Druck auf die Wirbelsäule ausüben, um weitere Schäden zu vermeiden.

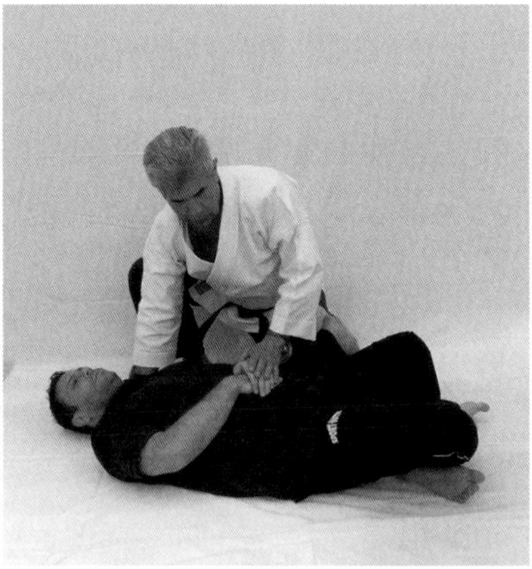

Abb. 301

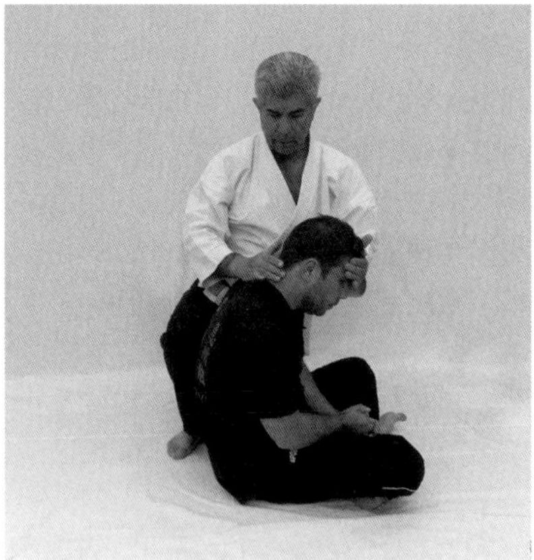

Abb. 302

Wichtig ist auch, den Kopf des Bewusstlosen zu stützen. Hierzu kann man ihm unter das Kinn greifen oder den Verletzten, wie in Abbildungen 302 bis 304 gezeigt, an der Stirn halten, damit sein Kopf nicht nach vorn kippt. Dabei wird der Kopf auch leicht zur Seite geneigt, damit der Helfer an den sogenannten Aufwecknerv gelangen kann. Dieser Nerv befindet sich seitlich am Nacken zwischen dem Trapezmuskel und dem Halswendemuskel. Mit den Fingerspitzen mittelstark auf den Nerv schlagen (Abb. 303 und 304) und dabei immer wieder überprüfen, ob der Verletzte wieder ansprechbar ist.

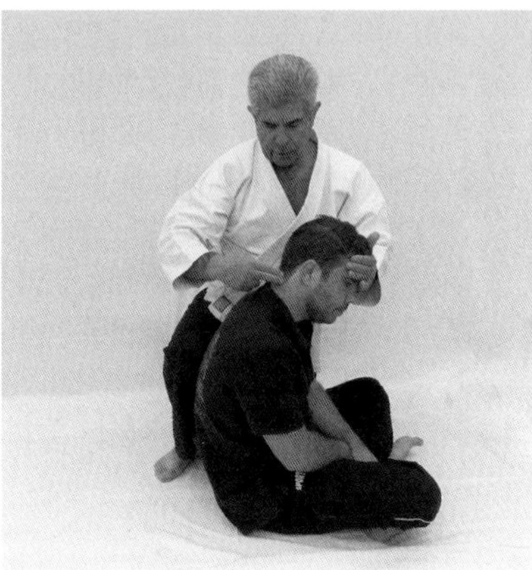

Abb. 303

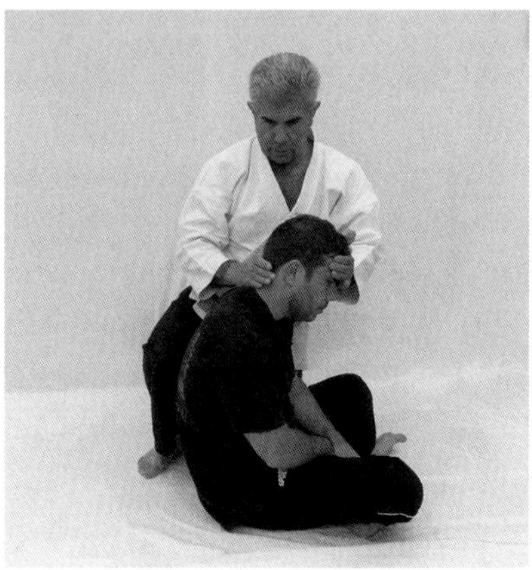

Abb. 304

Variante 3: Als zusätzliche und wichtige Erweiterung von Variante 2 kann man mit der flachen Hand einen leichten Klaps auf den Bereich der Niere ausführen (Abb. 305) und im Anschluss mit der Hand neben der Wirbelsäule nach oben gleiten (Abb. 306) und kreisförmig über den Kopf streichen (Abb. 307), um die verlorene Energie wieder in den Kopf zurückzuführen. Achtung: Nicht diagonal über den Rücken nach oben gleiten!

Es ist auch möglich, die Varianten 2 und 3 zu verbinden und abwechselnd anzuwenden.

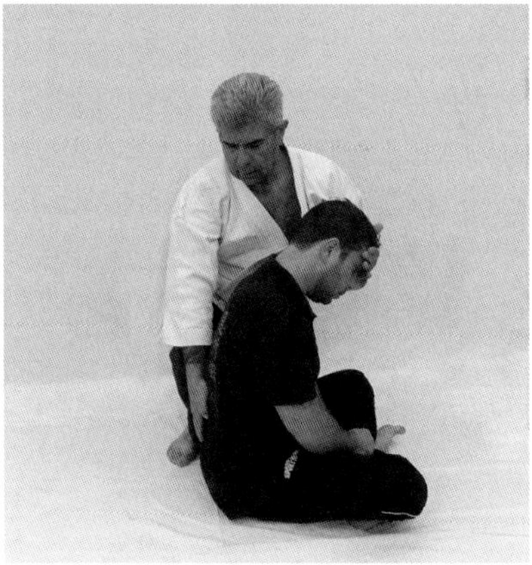

Abb. 305

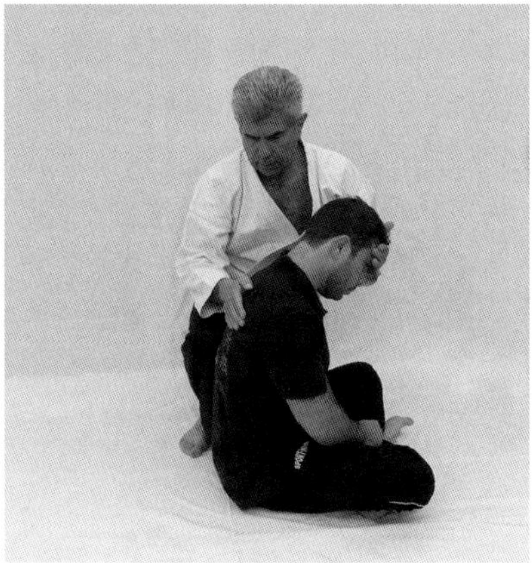

Abb. 306

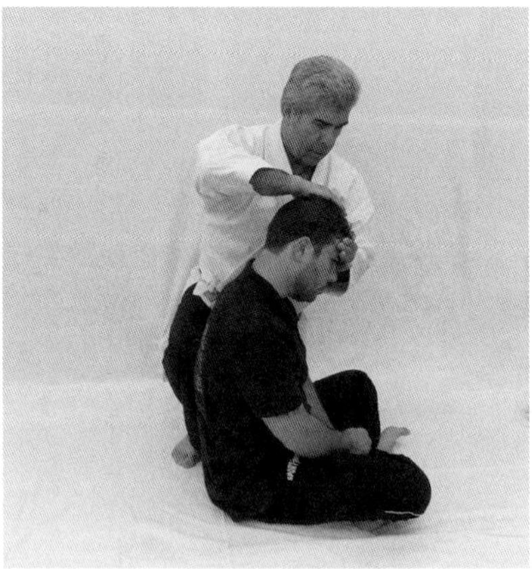

Abb. 307

Lungen-Reanimation

Eine Lungen-Reanimation ist erforderlich, wenn ein Angriff auf das Atemorgan oder dessen Umgebung erfolgte, so dass die Atmung aussetzt (Lungenschock). Um auf einen Lungenschock richtig reagieren zu können, sollte man wissen, dass die Lunge bei einem Ausfall nicht wieder selbstständig zu arbeiten beginnt. Das Zwerchfell, eine Muskel-Sehnen-Platte, ist für die Lungentätigkeit verantwortlich. Die Kontraktion des Zwerchfells bewirkt das Einatmen, da sich die Lunge dadurch ausdehnt. Die anschließende Entspannung des Zwerchfells führt zu einer Kontraktion der Lunge, wodurch die verbrauchte Luft wieder herausgepresst wird.

Zum »Wiederanspringen-Lassen« der Lunge bzw. zur Rückführung der Energie in die Lunge gibt es verschiedene Möglichkeiten, von denen drei hier vorgestellt werden.

Variante 1: Die betroffene Person sitzt am Boden, die Beine sind gekreuzt und beide Arme liegen auf den Oberschenkeln. Der Helfer schlägt mit beiden Fäusten (Kleinfingerknöchel) jeweils auf den Vitalpunkt Di 10 in Richtung des Ellenbogens (Abb. 308). Dies erzeugt eine spastische Reaktion die das Zwerchfell zusammenzieht und der Lunge dadurch wieder Luft zuführt.

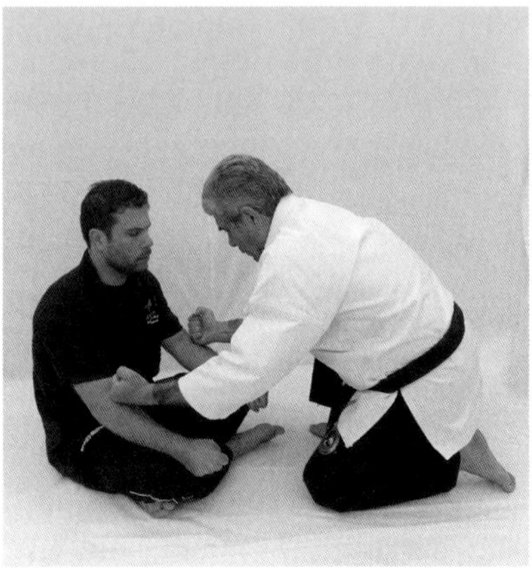

Abb. 308

Variante 2: Die betroffene Person sitzt am Boden, die Beine sind gekreuzt. Wichtig ist, dass beide Arme seitlich am Boden liegen. Der Helfer kniet hinter dem Geschädigten und schlägt mit den Handballen mittelstark beidseitig auf den Vitalpunkt Mi 17 (Abb. 309) oder Mi 21. Der Schlag erfolgt nach innen und oben.

Variante 3: Die betroffene Person sitzt am Boden, die Beine sind gekreuzt. Wichtig ist, dass beide Arme seitlich am Boden liegen. Der Helfer kniet hinter dem Geschädigten und greift mit den Fingern unter den Brustkorb (Abb. 310) und reißt sie ruckartig nach oben. Das Hochreißen erzeugt die gleiche Wirkung wie die zuvor gezeigten Wiederherstellungsmethoden.

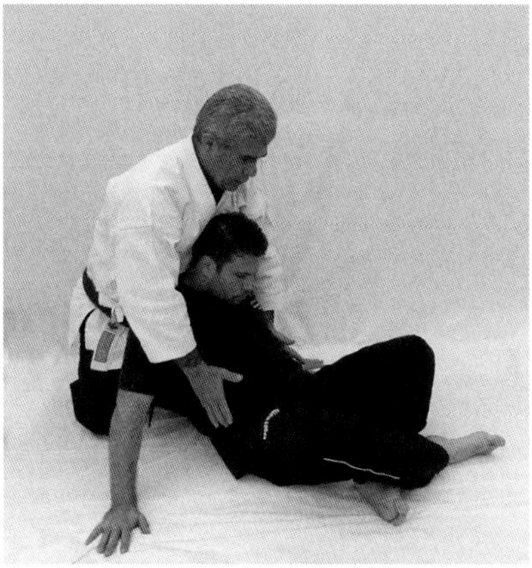

Abb. 309

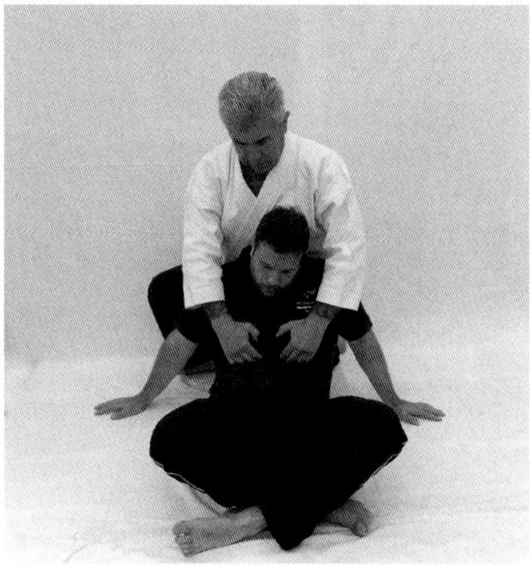

Abb. 310

Variante 4: Die betroffene Person zieht durch die Verkrampfung den Körper so nach vorn, dass eine Behandlung im Brustbereich nicht möglich ist. Man verfährt wie bei den vorherigen Reaktivierungen: Der Geschädigten wird auf den Boden gesetzt. Der Helfer kniet hinter ihm und schlägt mit der flachen Hand dreimal auf den Punkt Bl 13, verbunden mit einer Drehbewegung nach außen (Abb. 311). Nun wartet man 20 Sekunden, bevor die Prozedur fortgesetzt wird. In dieser Zeit wechselt der Helfer auf die Vorderseite und schlägt dreimal den Punkt Di 10 auf beiden Seiten (Abb. 312). Anschließend wird an allen Fingern außer dem Daumen (an den Fingerkuppen) des Geschädigten gezogen (Abb. 313). Falls erforderlich, wird der gesamte Ablauf wiederholt.

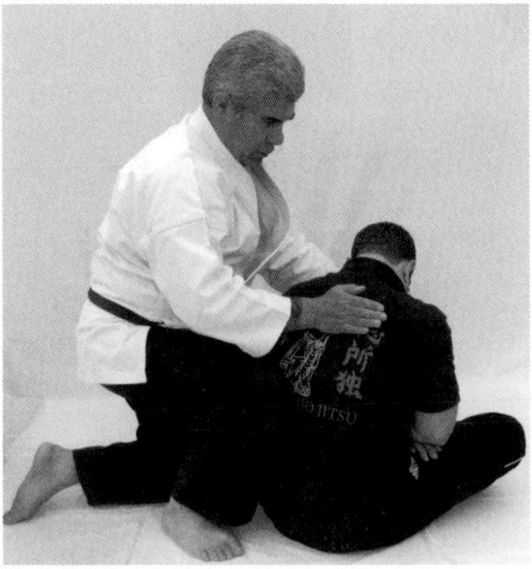

Abb. 311

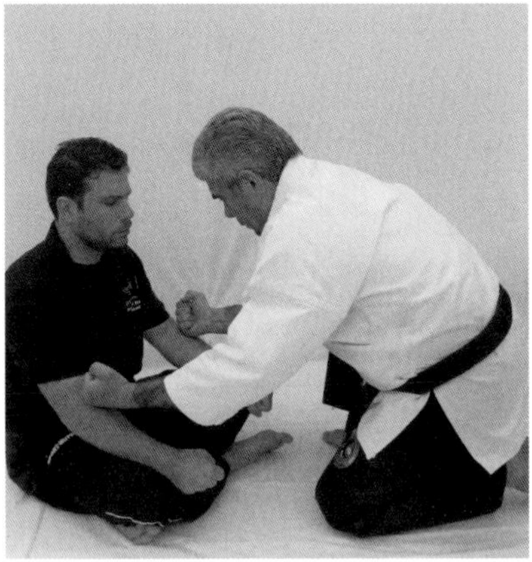

Abb. 312

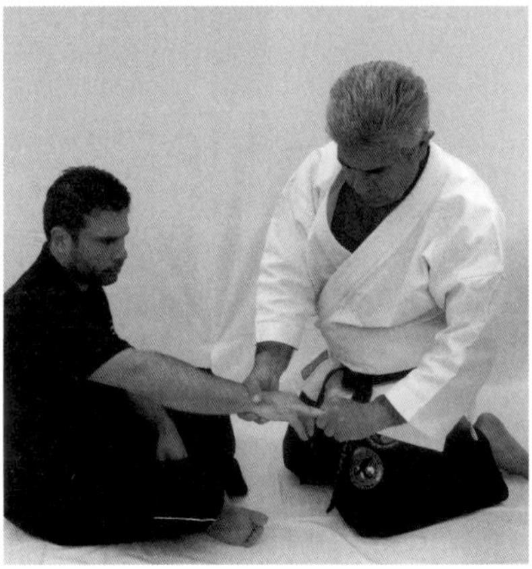

Abb. 313

Herz-Reanimation

Die Herz-Reanimation ist die schwierigste, aber zugleich auch die wichtigste Methode der Wiederbelebung.

Beine und Arme des Bewusstlosen werden überkreuzt. Man greift mit der rechten Hand vorsichtig unter den Nacken des Liegenden und richtet ihn vorsichtig auf. Sein Gesäß muss Bodenkontakt haben, und der Rücken muss gerade sein. Diese Haltung unterstützt der Helfer mit dem rechten Knie (Abb. 314). Dabei muss er darauf achten, mit dem Knie nicht auf die Wirbelsäule zu drücken, da dies sonst weitere Schäden zur Folge haben könnte.

Der Helfer schlägt nun mit dem rechten Handballen, im Uhrzeigersinn oder entgegengesetzt drehend, auf den Vitalpunkt Bl 15 (Abb. 315, 316); dieser Punkt wird auch als Herzstarter bezeichnet. Durch den nach rechts oder links drehenden Schlag wird der Nerv etwas an die Oberfläche gezogen und somit besser stimuliert. Dadurch entsteht ein gebündelter Reiz auf die Herzspitze, der diese anregt. Die Schlagrichtung sollte also zur Herzspitze erfolgen. Der Schlag wird mit mittlerer Stärke ausgeführt. Nur wenn dies ohne Wirkung bleibt, muss der Vitalpunkt stark angeschlagen werden.

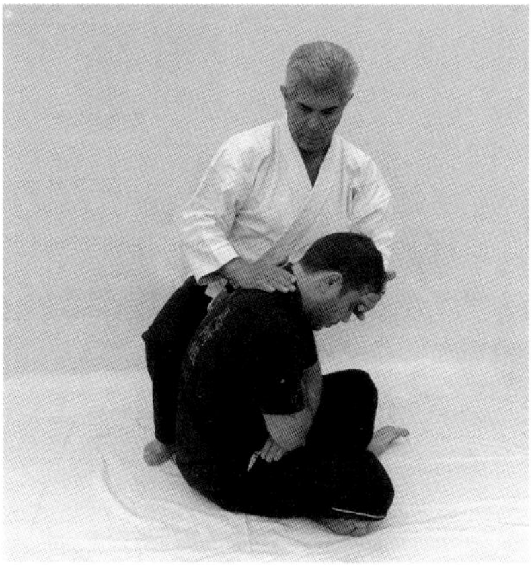

Abb. 314

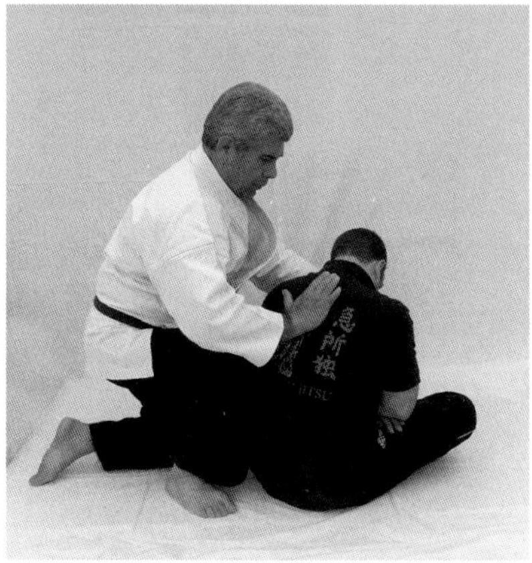

Abb. 315

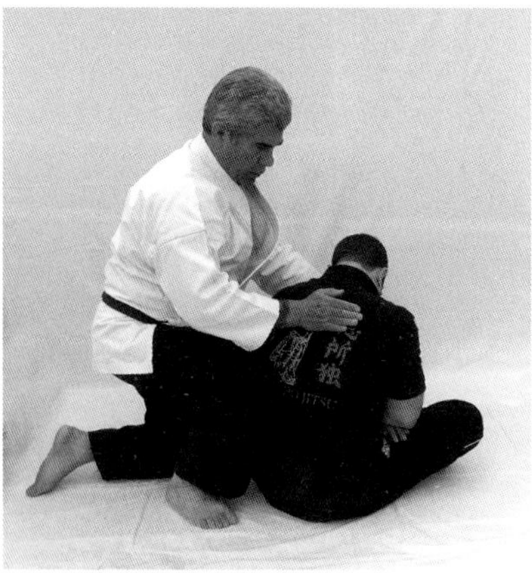

Abb. 316

Nach erfolgter Wiederbelebung sollte unbedingt der Vitalpunkt Bl 15 kreisförmig massiert und der Blasenmeridian auf der rechten Seite durch Streichen von oben nach unten abgezogen werden. Der Punkt wurde zur Reanimation stark stimuliert, so dass eine derartige Ableitung der Energie nach erfolgreicher Wiederbelebung wichtig ist.

Bei Übungen der Herz-Reanimation darf nur an der rechten Körperseite gearbeitet werden, da auf der linken Seite die Entfernung zum Herzen kürzer ist und dies eine negative Auswirkung haben könnte. Das Üben dieser Reanimation sollte auch nicht zu häufig und mit wenig Kraftaufwand erfolgen. Es ist wichtig, stets auf die Reaktion des am Boden Sitzenden zu achten.

Weitere Kuatsu-Anwendungen

Im Folgenden werden Situationen beschrieben, wie sie nicht nur bei der Praxis des Kyusho-Jitsu, sondern auch in der »normalen« Kampfsport- oder Kampfkunstpraxis auftreten können.

Energieüberschuss in Folge einer Behandlung

Sollten nach einer Behandlung mittels Kuatsu-Techniken Kopfschmerzen durch zu viel Energie im Kopf auftreten, kann man die überschüssige Energie wie folgt vom Kopf wegführen: Man streicht, vom Oberarm beginnend (Abb. 317), nach unten bis in die Finger. Mit einer Hand hält man den Unterarm des Geschädigten und mit Daumen und Zeigefinger der anderen Hand zieht man, beginnend von der Kleinfingerseite, jeden Finger entlang (Abb. 318). Danach erfolgt die gleiche Anwendung auf der anderen Armseite.

Anschließend wird mit beiden Händen, am Hals beginnend, die Schultern entlang die Energie nach außen abgestreift (Abb. 319).

Energiemangel

Für den Fall, dass im Kopf ein Mangel an Energie herrscht (Indiz: blasse Gesichtsfarbe), sollte man sich mit beiden Händen, vom Unterarm beginnend, rautenförmig nach oben arbeiten (Abb. 320).

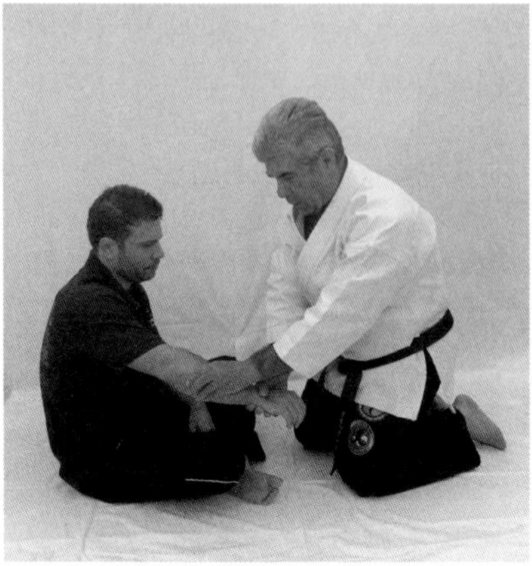

Abb. 317

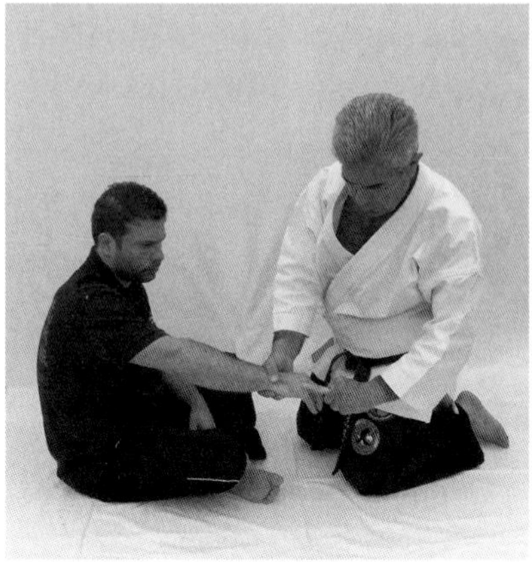

Abb. 318

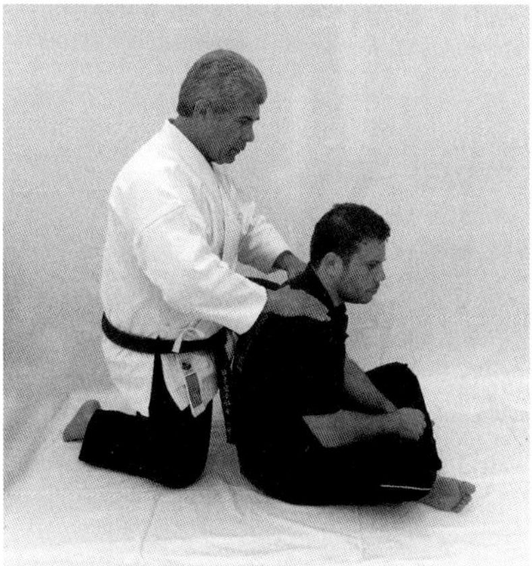

Abb. 319

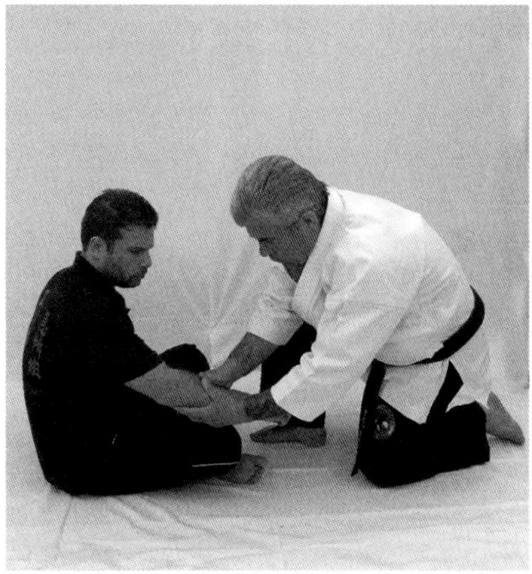

Abb. 320

Kopfschmerzen ohne Begleitsymptome

Für den Fall von Kopfschmerzen, die verschiedene Ursachen haben können, sollen hier zwei Varianten vorgestellt werden.

Variante 1: Man legt die Hände auf die Ohren des Betroffenen (Abb. 321) und reibt mit den Daumen von Gb 20 bis vor zur Stirnseite mit etwas Druck; dies wird dreimal wiederholt. Sollten nach ca. 20 Minuten die Schmerzen noch vorhanden sein, wird die Prozedur wiederholt.

Variante 2: Mit beiden Daumen Gb 20 nach oben drücken (Abb. 322), dann Gb 21 nach unten drücken (Abb. 323) und über die Schulter abstreifen (Abb. 324).

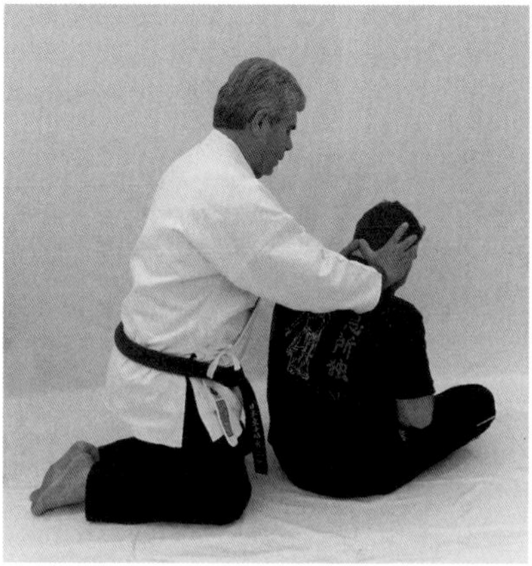

Abb. 321

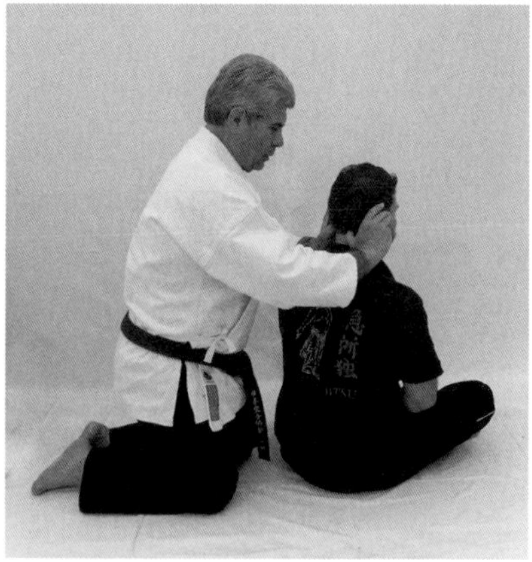

Abb. 322

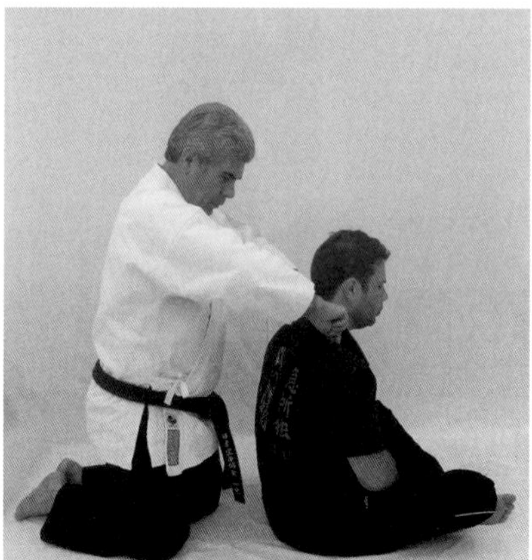

Abb. 323

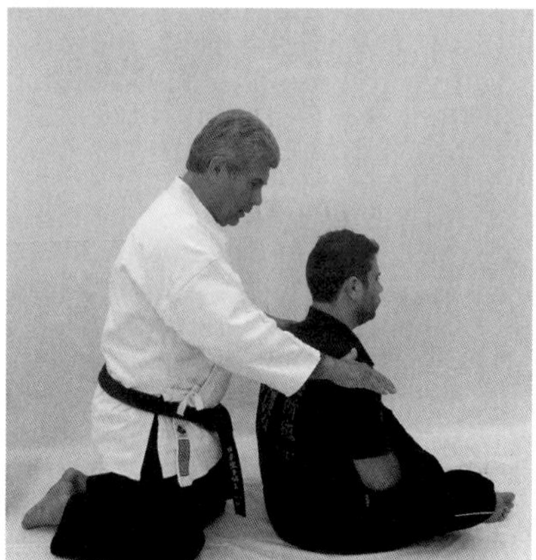

Abb. 324

Hoden-Wiederherstellung

Ein Treffer in den Unterleib bewirkt ein schockartiges Zusammenziehen der Samenstränge. Durch diese Reaktion werden die Hoden weit in den Körper hinaufgezogen, was eine sehr gefährliche Situation darstellt, bei der der Getroffene nicht nur Schmerz, sondern auch Luftmangel aufgrund von reflexartiger Atemnot erleiden kann.

Man setzt den Betroffenen auf den Boden, hebt ihn etwa 15 Zentimeter an (Abb. 325) und lässt ihn fallen; dadurch löst sich die Verkrampfung und die Hoden gleiten wieder in ihre Ausgangslage. Dies sollte etwa dreimal wiederholt werden, danach muss der Betroffene umher gehen, tief durchatmen und seine Leisten abwärts mit den Handkanten massieren (Abb. 326).

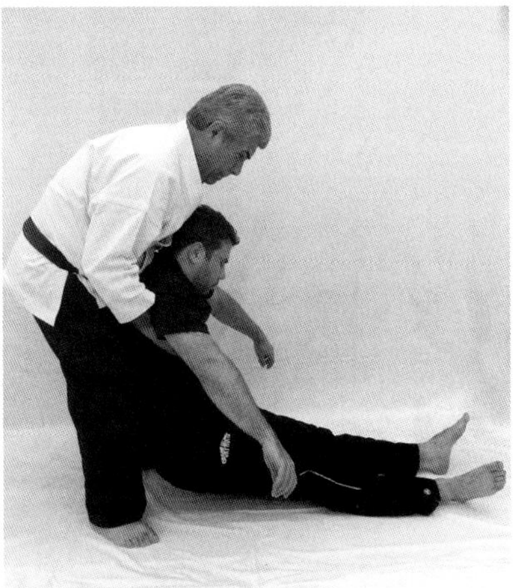

Abb. 325

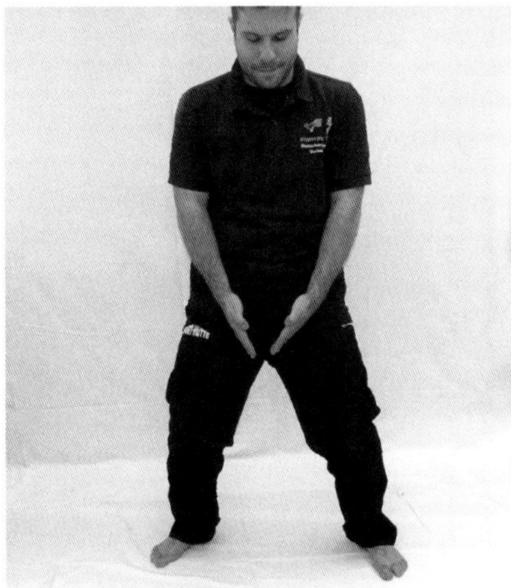

Abb. 326

Kehlkopf-Wiederherstellung

Ist der Kehlkopf eingedrückt oder eingeschlagen, besteht größte Erstickungsgefahr. Sollte kein Arzt vor Ort sein, kann man dem Betroffenen mit einer sogenannten Kehlkopfpresse helfen.

Durch die akute Atemnot gerät der Geschädigte fast immer in Panik, daher sollte er von mindestens zwei Personen stehend (bzw. wie in den

Abbildungen 327 und 328 gezeigt, im Sitzen) festgehalten werden, um eine Wiederherstellung überhaupt durchführen zu können. Der Helfer legt eine Hand als Stütze in das Genick (Abb. 327) und schlägt mit der ausgestreckten anderen Hand zweimal kräftig auf die Schädeldecke (Abb. 328). Dies bewirkt eine spezielle Stauchung der Wirbelsäule, bei der der Kehlkopf wieder in seine Normalstellung zurückschnellt.

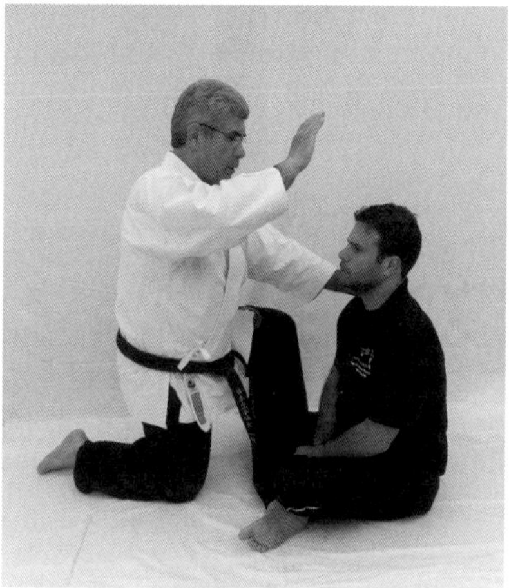

Abb. 327

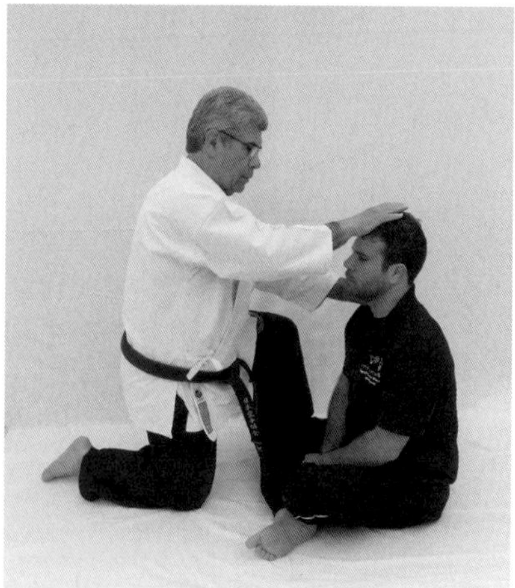

Abb. 328

Grundregeln für die Reanimation

Die in den letzten Abschnitten geschilderten Techniken der Wiederherstellung und Reanimation sind essentiell für alle Kyusho-Übenden. Im Zentrum des Kyusho steht die energetische Wiederherstellung. Dies ist eine grundsätzlich andere Herangehensweise als sie im Fall der Erste-Hilfe-Techniken, wie sie im Westen bekannt sind, praktiziert wird. Allerdings wird der fortgeschrittene Kyusho-Übende hier auch Überschneidungen erkennen: So enthält die aus Asien stammende medizinische Tradition des Kuatsu auch herzstimulierende Techniken (Shinzo-Kuatsu), die der modernen Herzdruckmassage ähneln, wie sie zur kardiopulmonalen Reanimation, das heißt zur Herz-Lungen-Wiederbelebung, eingesetzt werden (siehe Seite 221-223).

Kyusho-Techniken sind in erster Linie energetische Angriffe. Werden sie als solche geübt und angewandt, so stellen die verschiedenen Techniken der energetischen Wiederherstellung die beste Hilfe dar, weil sie genau auf diesen Fall abzielen. In einer Trainingssituation sollten Übungsleiter und Übungspartner die Art und Wirkung des jeweiligen Kyusho-Angriffs stets bekannt sein. Daher können und sollen sie die energetische Störungen möglichst rasch und zielgerichtet auch wieder aufheben, den Betroffenen also »wiederherstellen«.

Dennoch sollte der Kyusho-Übende auch mit den *Prinzipien der Ersten Hilfe* und vor allem der *Herz-Lungen-Wiederbelebung* vertraut sein. Wenn ein Notfall nicht direkt auf energetische Angriffe zurückgeführt werden kann oder gar das schädigende Ereignis unbekannt ist, dann sollte die Hilfeleistung im Rahmen der Möglichkeiten des Einzelnen nach westlich-medizinischen Standards erfolgen.

Für die Herz-Lungen-Wiederbelebung sind zuletzt im Herbst 2015 die offiziellen Empfehlungen des European Resuscitation Council (ERC) aktualisiert worden. Zusammenfassend gelten für Laienhelfer gemäß den aktuellen Empfehlungen die folgenden Richtlinien:

1. Ist eine leblose Person nicht ansprechbar und keine normale Atmung mehr feststellbar, dann ist ein Herz-Kreislaufstillstand anzunehmen.
2. Notruf absetzen! Bei Notfällen in Gebäuden oder im Gelände möglichst einen weiteren Helfer als Einweiser für den Rettungsdienst beauftragen.
3. Herzdruckmassage einleiten mit 100-120 Kompressionen pro Minute mit einer Tiefe von ca. 5 Zentimetern. Herzdruckmassage bis zum Eintreffen des Rettungsdiensts fortsetzen.
4. Soweit möglich, nach jeweils 30 Kompressionen 2 Atemspenden (Mund-zu-Mund-Beatmung, gegebenenfalls mit Hilfsmitteln wie Maske) durchführen.
5. Soweit verfügbar, zusätzlich Laien-Defibrillation durch Einsatz eines automatischen externen Defibrillators (AED).

Weitere Maßnahmen sind dann den professionellen Rettungskräften vorbehalten. Auch wenn diese kurze Darstellung selbstverständlich keine

Schulung in Erster Hilfe ersetzen kann, sei auf folgende wichtige Gesichtspunkte hingewiesen:

Bei leblosen Personen zur Feststellung des Herzstillstands rasch Ansprechbarkeit und reguläre Atemtätigkeit prüfen (eigene Hand seitlich an Brustkorb der Person); eine Pulskontrolle durch Laienhelfer kann hingegen unterbleiben.

Nach Absetzen eines Notrufs hat dann die Herzdruckmassage absolute Priorität. Deren Unterbrechungen sollten bis zu einem Eintreffen des Rettungsdienstes auf ein Minimum beschränkt werden – empfohlen werden maximal 10 Sekunden Unterbrechung für die Beatmung.

Die Kombination von Herzdruckmassage und Atemspende ist geschulten Laienhelfern möglich. Wenn ein Laienhelfer aber die zusätzliche Beatmung nicht sicher durchführen kann, soll er sich auf die Herzdruckmassage beschränken.

Aufgrund guter Erfahrungen wird die Laien-Defibrillation mit einem Automatisierten Externen Defibrillator (AED) empfohlen. Daher sind im öffentlichen Bereich, aber gerade auch in Turnhallen und Sportstätten zunehmend AED-Geräte vorhanden. Diese können von Laien sicher benutzt werden, weil sie per Sprachausgabe die Bedienung vorgeben und nur, wenn dies wirklich erforderlich ist, elektrische Impulse freigeben. Um ein AED rasch einsetzen zu können, ist ein zusätzlicher Helfer hilfreich, der das Gerät holt sowie dessen Einsatz vorbereitet.

Jeder Notfall ist verschieden, aber man sollte auf die Möglichkeit grundsätzlich mental vorbereitet sein, um im Ernstfall einen kühlen Kopf zu bewahren. Dabei sind für eine Reanimations-Situation zwei Szenarien zu bedenken:

1. Ich bin als Helfer allein. Dann muss ich mich auf das Wesentliche konzentrieren und eine Maßnahme nach der anderen angehen.
2. Im Training können viele potentielle Helfer anwesend sein. Damit diese sinnvoll eingesetzt werden können und keine Unordnung aufkommt, muss aber ein Helfer die Struktur vorgeben und die Aufgaben verteilen.

Diese Grundgedanken gelten für die energetische Wiederherstellung genauso wie für Herz-Lungen-Wiederbelebung. Außerdem gilt in beiden Fällen: Nichts zu unternehmen ist die schlechteste von allen möglichen Varianten.

Anhang

Kyusho-Jitsu-Prüfungsprogramm im Deutschen Karate Verband e. V.

Das folgende Prüfungsprogramm für Kyusho-Jitsu stellt einen Entwurf dar, über den die Erkenntnisse des Kyusho-Jitsu in das Karate nach der Satzung des Deutschen Karate Verband e. V. (DKV) integriert werden sollen. Entsprechend wird prinzipiell auf erhöhte Trefferwirkung verzichtet.

Basis der Prüfungsordnung sind Kata und Kihon, die im sogenannten Pflichtteil abgehandelt werden. Die theoretischen Grundlagen des Kyusho-Jitsu, wie Kenntnisse über Lage, Aktivierungsart, Aktivierungsrichtung der Vitalpunkte, über Kuatsu und allgemeine Aspekte zählen aufgrund der Wichtigkeit ebenfalls zum Pflichtteil der Prüfungsordnung. Im Wahlteil der Prüfung kann zwischen der Verwendung des Kyusho-Jitsu in Bunkai (Anwendungen der Kata-Techniken) oder bei der Selbstverteidigung gewählt werden.

Grundsätzlich sind die im Pflichtteil angesiedelten theoretischen Grundlagen zu den Vitalpunkten eben nur als »Grundlage« zu sehen. Das Ziel der Ausbildung ist jedoch die praktische Anwendung des theoretischen Wissens in Bunkai und/oder in der Selbstverteidigung, die Gegenstand des Wahlteils ist. Hierbei sind zwingend einfache wie auch komplexe *anwendungsbereite* Kenntnisse der Prinzipien des Kyusho-Jitsu erforderlich.

Die für die Prüfungen relevanten Kata werden jeweils aus den Stilrichtungen Shotokan-Ryu, Goju-Ryu und Wado-Ryu gewählt.

<table>
<tr><th colspan="4">9. Kyu – weißer Gürtel</th></tr>
<tr><th colspan="2">Pflichtteil</th><th colspan="2">Wahlteil</th></tr>
<tr><th>Kata – Kihon</th><th>Theorie</th><th>Bunkai</th><th>Selbstverteidigung</th></tr>
<tr>
<td>1 Kata aus der jeweiligen Stilrichtung des Geprüften
• Shotokan: z. B. Taikyoku Shodan
• Goju-Ryu: z. B. Taikyoku Shodan
• Wado-Ryu: z. B. Kihon Kata
5 Kihon-Sequenzen
Je Kihon-Bahn 3-5 Einzeltechniken bzw. Kombinationen aus der gewählten Kata oder in Bezug zur gewählten Kata, ggf. nach Ansage des Prüfers.</td>
<td>Allgemeine Erläuterungen zu den folgenden Themen:
• 5 Elemente
• 12 Meridiane
• 2 Gefäße
• Maßeinheit cun</td>
<td>Bunkai-Umsetzung von:
2 Kata-Sequenzen
• 1 x Demonstration Kata-Sequenz
• 1 x Bunkai langsam mit Erläuterung
• 1-2 x Bunkai schnell mit Kime</td>
<td>1 Abwehr- und Kontertechnik gegen folgende Angriffe:
• Handgreifen von vorn
• Greifen von hinten
Ausführung jeweils 1-2 x langsam/ schnell.
Abwehr und Gegenangriff sind grundsätzlich frei wählbar.</td>
</tr>
</table>

<table>
<tr><th colspan="4">8. Kyu – gelber Gürtel</th></tr>
<tr><th colspan="2">Pflichtteil</th><th colspan="2">Wahlteil</th></tr>
<tr><th>Kata – Kihon</th><th>Theorie</th><th>Bunkai</th><th>Selbstverteidigung</th></tr>
<tr>
<td>1 Kata aus der jeweiligen Stilrichtung des Geprüften
• Shotokan: z. B. Heian Shodan
• Goju-Ryu: z. B. Gekisai-Dai-Ichi
• Wado-Ryu: z. B. Pinan Shodan
6 Kihon-Sequenzen
Je Kihon-Bahn 3-5 Einzeltechniken bzw. Kombinationen aus der gewählten Kata oder in Bezug zur gewählten Kata, ggf. nach Ansage des Prüfers.</td>
<td>Kenntnisse zu Lage und Aktivierung:
• Lu 1, 5, 8, 9, 10
• Di 4, 5, 10, 13, 17, 18, 20
3 Zyklen
1 Kuatsu-Variante</td>
<td>Bunkai-Umsetzung von:
3 Kata-Sequenzen
• 1 x Demonstration Kata-Sequenz
• 1 x Bunkai langsam mit Erläuterung
• 1-2 x Bunkai schnell mit Kime</td>
<td>1 Abwehr- und Kontertechnik gegen folgende Angriffe:
• Handgreifen von vorn
• Griff an Kleidung von vorn
Ausführung jeweils 1-2 x langsam und schnell.
Abwehr und Gegenangriff sind grundsätzlich frei wählbar.</td>
</tr>
</table>

<table>
<tr><th colspan="4">7. Kyu – oranger Gürtel</th></tr>
<tr><th colspan="2">Pflichtteil</th><th colspan="2">Wahlteil</th></tr>
<tr><th>Kata – Kihon</th><th>Theorie</th><th>Bunkai</th><th>Selbstverteidigung</th></tr>
<tr>
<td>1 Kata aus der jeweiligen Stilrichtung des Geprüften
• Shotokan: z. B. Heian Nidan
• Goju-Ryu: z. B. Gekisai-Dai-Ni
• Wado-Ryu: z. B. Pinan Nidan
6-8 Kihon-Sequenzen
Je Kihon-Bahn 3-5 Einzeltechniken bzw. Kombinationen aus der gewählten Kata oder in Bezug zur gewählten Kata, ggf. nach Ansage des Prüfers.</td>
<td>Kenntnisse zu Lage und Aktivierung:
• Lu 1, 5, 8, 9, 10
• Di 4, 5, 10, 13, 17, 18, 20
• Ma 2, 3, 5, 6, 7, 9, 11, 12, 15, 18, 25, 34, 36
• Mi 6, 9, 10, 11, 17, 21
3 Zyklen
2 Kuatsu-Varianten</td>
<td>Bunkai-Umsetzung von:
4 Kata-Sequenzen
• 1 x Demonstration Kata-Sequenz
• 1 x Bunkai langsam mit Erläuterung
• 1-2 x Bunkai schnell mit Kime</td>
<td>1 Abwehr- und Kontertechnik gegen folgende Angriffe:
• Armgreifen von vorn
• Greifen von hinten
• Faustschlag gerade
• Tritt gerade (Mae-Geri)
Ausführung jeweils 1-2 x langsam und schnell. Abwehr und Gegenangriff sind grundsätzlich frei wählbar.</td>
</tr>
</table>

<table>
<tr><th colspan="4">6. Kyu – grüner Gürtel</th></tr>
<tr><th colspan="2">Pflichtteil</th><th colspan="2">Wahlteil</th></tr>
<tr><th>Kata – Kihon</th><th>Theorie</th><th>Bunkai</th><th>Selbstverteidigung</th></tr>
<tr>
<td>1 Kata aus der jeweiligen Stilrichtung des Geprüften
• Shotokan: z. B. Heian Sandan
• Goju-Ryu: z. B. Saifa
• Wado-Ryu: z. B. Pinan Sandan
6-8 Kihon-Sequenzen
Je Kihon-Bahn 3-5 Einzeltechniken bzw. Kombinationen aus der gewählten Kata oder in Bezug zur gewählten Kata, ggf. nach Ansage des Prüfers.</td>
<td>Kenntnisse zu Lage und Aktivierung:
• Lu 1, 5, 8, 9, 10
• Di 4, 5, 10, 13, 17, 18, 20
• Ma 2, 3, 5, 6, 7, 9, 11, 12, 15, 18, 25, 34, 36
• Mi 6, 9, 10, 11, 17, 21
• He 1, 2, 3, 4, 5, 6, 8
• Dü 6, 16, 17, 18, 19
3 Zyklen
3 Kuatsu-Varianten</td>
<td>Bunkai-Umsetzung von:
4 Kata-Sequenzen
• 1 x Demonstration Kata-Sequenz
• 1 x Bunkai langsam mit Erläuterung
• 1-2 x Bunkai schnell mit Kime</td>
<td>1-2 Abwehr- und Kontertechniken gegen folgende Angriffe:
• Greifen einseitig, beliebig
• Griff an Kleidung, einseitig
• Umklammerung von hinten
• Faustschlag gerade
• Tritt gerade (Mae-Geri)
Ausführung jeweils 1-2 x langsam und schnell. Abwehr und Gegenangriff sind grundsätzlich frei wählbar.</td>
</tr>
</table>

<table>
<tr><th colspan="4">5. Kyu – blauer Gürtel</th></tr>
<tr><th colspan="2">Pflichtteil</th><th colspan="2">Wahlteil</th></tr>
<tr><th>Kata – Kihon</th><th>Theorie</th><th>Bunkai</th><th>Selbstverteidigung</th></tr>
<tr>
<td>1 Kata aus der jeweiligen Stilrichtung des Geprüften
• Shotokan: z. B. Heian Yondan
• Goju-Ryu: z. B. Gekisai-Dai-Ni
• Wado-Ryu: z. B. Pinan Yondan

6-8 Kihon-Sequenzen

Je Kihon-Bahn 3-5 Einzeltechniken bzw. Kombinationen aus der gewählten Kata oder in Bezug zur gewählten Kata, ggf. nach Ansage des Prüfers.</td>
<td>Kenntnisse zu Lage und Aktivierung:
• Lu 1, 5, 8, 9, 10
• Di 4, 5, 10, 13, 17, 18, 20
• Ma 2, 3, 5, 6, 7, 9, 11, 12, 15, 18, 25, 34, 36
• Mi 6, 9, 10, 11, 17, 21
• He 1, 2, 3, 4, 5, 6, 8
• Dü 6, 16, 17, 18, 19
• Bl 2, 10, 13, 14, 15, 23, 55, 56, 57
• Ni 1, 2, 6, 23, 27

3 Zyklen

4 Kuatsu-Varianten</td>
<td>Bunkai-Umsetzung von:

4 Kata-Sequenzen
• 1 x Demonstration Kata-Sequenz
• 1 x Bunkai langsam mit Erläuterung
• 1-2 x Bunkai schnell mit Kime</td>
<td>1-2 Abwehr- und Kontertechniken gegen folgende Angriffe:
• Arm-/Handgreifen beidseitig
• Griff an Kleidung beidseitig
• Umklammerung von vorn
• Faustschlag gerade
• Tritt gerade (Mae-Geri)
• Tritt im Halbkreis (Mawashi-Geri)

Ausführung jeweils 1-2 x langsam und schnell. Abwehr und Gegenangriff sind grundsätzlich frei wählbar.</td>
</tr>
</table>

<table>
<tr><th colspan="4">4. Kyu – blauer Gürtel</th></tr>
<tr><th colspan="2">Pflichtteil</th><th colspan="2">Wahlteil</th></tr>
<tr><th>Kata – Kihon</th><th>Theorie</th><th>Bunkai</th><th>Selbstverteidigung</th></tr>
<tr>
<td>1 Kata aus der jeweiligen Stilrichtung des Geprüften
• Shotokan: z. B. Heian Godan
• Goju-Ryu: z. B. Seienchin
• Wado-Ryu: z. B. Pinan Godan

6-8 Kihon-Sequenzen
Je Kihon-Bahn 3-5 Einzeltechniken bzw. Kombinationen aus der gewählten Kata oder in Bezug zur gewählten Kata, ggf. nach Ansage des Prüfers.</td>
<td>Kenntnisse zu Lage und Aktivierung:
• Lu 1, 5, 8, 9, 10
• Di 4, 5, 10, 13, 17, 18, 20
• Ma 2, 3, 5, 6, 7, 9, 11, 12, 15, 18, 25, 34, 36
• Mi 6, 9, 10, 11, 17, 21
• He 1, 2, 3, 4, 5, 6, 8
• Dü 6, 16, 17, 18, 19
• Bl 2, 10, 13, 14, 15, 23, 55, 56, 57
• Ni 1, 2, 6, 23, 27
• Pe 1, 2, 3, 6, 7, 8
• 3E 3, 10, 11, 12, 15, 17, 21, 23

3 Zyklen
5 Kuatsu-Varianten</td>
<td>Bunkai-Umsetzung von:
5 Kata-Sequenzen
• 1 x Demonstration Kata-Sequenz
• 1 x Bunkai langsam mit Erläuterung
• 1-2 x Bunkai schnell mit Kime</td>
<td>1-2 Abwehr- und Kontertechniken gegen folgende Angriffe:
• Arm-/Handgreifen beidseitig
• Griff an Kleidung beidseitig
• Umklammerung von vorn
• Faustschlag gerade
• Tritt gerade (Mae-Geri)
• Tritt im Halbkreis (Mawashi-Geri)
• Seitlicher Tritt; Yoko-Geri

Ausführung jeweils 1-2 x langsam und schnell.
Abwehr und Gegenangriff sind grundsätzlich frei wählbar.</td>
</tr>
</table>

3. Kyu – brauner Gürtel			
Pflichtteil		Wahlteil	
Kata – Kihon	Theorie	Bunkai	Selbstverteidigung
1 Kata aus der jeweiligen Stilrichtung des Geprüften • **Shotokan:** z. B. Tekki Shodan • **Goju-Ryu:** z. B. Tensho • **Wado-Ryu:** z. B. Naihanchi **6-8 Kihon-Sequenzen** Je Kihon-Bahn 3-5 Einzeltechniken bzw. Kombinationen aus der gewählten Kata oder in Bezug zur gewählten Kata, ggf. nach Ansage des Prüfers.	**Kenntnisse zu Lage und Aktivierung:** • **Lu** 1, 5, 8, 9, 10 • **Di** 4, 5, 10, 13, 17, 18, 20 • **Ma** 2, 3, 5, 6, 7, 9, 11, 12, 15, 18, 25, 34, 36 • **Mi** 6, 9, 10, 11, 17, 21 • **He** 1, 2, 3, 4, 5, 6, 8 • **Dü** 6, 16, 17, 18, 19 • **Bl** 2, 10, 13, 14, 15, 23, 55, 56, 57 • **Ni** 1, 2, 6, 23, 27 • **Pe** 1, 2, 3, 6, 7, 8 • **3E** 3, 10, 11, 12, 15, 17, 21, 23 • **Gb** 2, 8, 9, 13, 14, 15, 20, 21, 22, 24, 25, 31, 32, 34 • **Le** 7, 8, 9, 13, 14 **3 Zyklen** **6 Kuatsu-Varianten**	Bunkai-Umsetzung von: **6 Kata-Sequenzen** • 1 x Demonstration Kata-Sequenz • 1 x Bunkai langsam mit Erläuterung • 1-2 x Bunkai schnell mit Kime	**2 Abwehr- und Kontertechniken gegen folgende Angriffe:** • Stoß, beliebig • Greifen, beliebig • Umklammerung, beliebig • Faustschlag, beliebig • Faustschlag-Kombination • Tritt, beliebig, hinteres Bein • Stockangriff von oben *Ausführung jeweils 1-2 x langsam und schnell.* *Abwehr und Gegenangriff sind grundsätzlich frei wählbar.*

2. Kyu – brauner Gürtel

Pflichtteil		Wahlteil	
Kata – Kihon	**Theorie**	**Bunkai**	**Selbstverteidigung**
1 Kata aus der jeweiligen Stilrichtung des Geprüften • **Shotokan:** z. B. Bassai-Dai • **Goju-Ryu:** z. B. Sanseru • **Wado-Ryu:** z. B. Naihanchi **6-8 Kihon-Sequenzen** Je Kihon-Bahn 3-5 Einzeltechniken bzw. Kombinationen aus der gewählten Kata oder in Bezug zur gewählten Kata, ggf. nach Ansage des Prüfers.	**Kenntnisse zu Lage und Aktivierung:** • **Lu** 1, 5, 8, 9, 10 • **Di** 4, 5, 10, 13, 17, 18, 20 • **Ma** 2, 3, 5, 6, 7, 9, 11, 12, 15, 18, 25, 34, 36 • **Mi** 6, 9, 10, 11, 17, 21 • **He** 1, 2, 3, 4, 5, 6, 8 • **Dü** 6, 16, 17, 18, 19 • **Bl** 2, 10, 13, 14, 15, 23, 55, 56, 57 • **Ni** 1, 2, 6, 23, 27 • **Pe** 1, 2, 3, 6, 7, 8 • **3E** 3, 10, 11, 12, 15, 17, 21, 23 • **Gb** 2, 8, 9, 13, 14, 15, 20, 21, 22, 24, 25, 31, 32, 34 • **Le** 7, 8, 9, 13, 14 • **LG** 20, 26, 27 • **KG** 3, 4, 5, 12, 14, 17, 24 **3 Zyklen** **7 Kuatsu-Varianten**	Bunkai-Umsetzung von: **6 Kata-Sequenzen** • 1 x Demonstration Kata-Sequenz • 1 x Bunkai langsam mit Erläuterung • 1-2 x Bunkai schnell mit Kime	**2 Abwehr- und Kontertechniken gegen folgende Angriffe:** • Würgen von vorn • Greifen, beliebig • Umklammerung, beliebig • Faustschlag-Kombination • Tritt, beliebig, vorderes Bein • Stockangriff von oben • Stockangriff von außen *Ausführung jeweils 1-2 x langsam und schnell.* *Abwehr und Gegenangriff sind grundsätzlich frei wählbar.*

1. Kyu – brauner Gürtel			
Pflichtteil		**Wahlteil**	
Kata – Kihon	**Theorie**	**Bunkai**	**Selbstverteidigung**
1 Kata aus der jeweiligen Stilrichtung des Geprüften • **Shotokan:** z. B. Jion, Kanku-Dai, Empi • **Goju-Ryu:** z. B. Sanseru, Sanchin • **Wado-Ryu:** z. B. Chinto **6-8 Kihon-Sequenzen** Je Kihon-Bahn 3-5 Einzeltechniken bzw. Kombinationen aus der gewählten Kata oder in Bezug zur gewählten Kata, ggf. nach Ansage des Prüfers.	**Kenntnisse zu Lage und Aktivierung:** • **Lu** 1, 5, 8, 9, 10 • **Di** 4, 5, 10, 13, 17, 18, 20 • **Ma** 2, 3, 5, 6, 7, 9, 11, 12, 15, 18, 25, 34, 36 • **Mi** 6, 9, 10, 11, 17, 21 • **He** 1, 2, 3, 4, 5, 6, 8 • **Dü** 6, 16, 17, 18, 19 • **Bl** 2, 10, 13, 14, 15, 23, 55, 56, 57 • **Ni** 1, 2, 6, 23, 27 • **Pe** 1, 2, 3, 6, 7, 8 • **3E** 3, 10, 11, 12, 15, 17, 21, 23 • **Gb** 2, 8, 9, 13, 14, 15, 20, 21, 22, 24, 25, 31, 32, 34 • **Le** 7, 8, 9, 13, 14 • **LG** 20, 26, 27 • **KG** 3, 4, 5, 12, 14, 17, 24 • **M-HN** 3, 18 **3 Zyklen** **8 Kuatsu-Varianten**	Bunkai-Umsetzung von: **6 Kata-Sequenzen** • 1 x Demonstration Kata-Sequenz • 1 x Bunkai langsam mit Erläuterung • 1-2 x Bunkai schnell mit Kime	**2 Abwehr- und Kontertechniken gegen folgende Angriffe:** • Würgen von vorn • Würgen von hinten • Greifen, beliebig • Umklammerung, beliebig • Faustschlag-Kombination • Tritt-Kombination • Stockangriff von oben • Stockangriff von außen • Stockangriff Rückhand *Ausführung jeweils 1-2 x langsam und schnell.* *Abwehr und Gegenangriff sind grundsätzlich frei wählbar.*

<table>
<tr><th colspan="4">1. Dan – schwarzer Gürtel</th></tr>
<tr><th colspan="2">Pflichtteil</th><th colspan="2">Wahlteil</th></tr>
<tr><th>Kata – Kihon</th><th>Theorie</th><th>Bunkai</th><th>Selbstverteidigung</th></tr>
<tr>
<td rowspan="2">2 Kata aus der jeweiligen Stilrichtung des Geprüften
• Shotokan:
z. B. Jion, Tekki, Bassai-Dai, Kanku-Dai, Empi, Hangetsu
• Goju-Ryu:
z. B. Sanchin, Seisan
• Wado-Ryu:
z. B. Kushanku, Naihanchi

6-8 Kihon-Sequenzen
Je Kihon-Bahn 3-5 Einzeltechniken bzw. Kombinationen aus der gewählten Kata oder in Bezug zur gewählten Kata, ggf. nach Ansage des Prüfers.</td>
<td rowspan="2">Kenntnisse zu Lage und Aktivierung:
• Lu 1, 5, 8, 9, 10
• Di 4, 5, 10, 13, 17, 18, 20
• Ma 2, 3, 5, 6, 7, 9, 11, 12, 15, 18, 25, 34, 36
• Mi 6, 9, 10, 11, 17, 21
• He 1, 2, 3, 4, 5, 6, 8
• Dü 6, 16, 17, 18, 19
• Bl 2, 10, 13, 14, 15, 23, 55, 56, 57
• Ni 1, 2, 6, 23, 27
• Pe 1, 2, 3, 6, 7, 8
• 3E 3, 10, 11, 12, 15, 17, 21, 23
• Gb 2, 8, 9, 13, 14, 15, 20, 21, 22, 24, 25, 31, 32, 34
• Le 7, 8, 9, 13, 14
• LG 20, 26, 27
• KG 3, 4, 5, 12, 14, 17, 24
• M-HN 3, 18

3 Zyklen
9 Kuatsu-Varianten</td>
<td>Demonstration einer weiteren Kata sowie Bunkai-Umsetzung von:
6 Kata-Sequenzen
• 1 x Demonstration Kata-Sequenz
• 1 x Bunkai langsam mit Erläuterung
• 1-2 x Bunkai schnell mit Kime</td>
<td>1 Abwehr- und Kontertechnik gegen folgende Angriffe:
• Greifen, beliebig
• Umklammerung, beliebig
• Würgen, beliebig
• Faustschlag, beliebig
• Tritt, beliebig
• Faustschlag-Kombination
• Tritt-Kombination
• Stockangriff, beliebig
Ausführung jeweils 1-2 x langsam und schnell.
Abwehr und Gegenangriff sind grundsätzlich frei wählbar.</td>
</tr>
<tr><td colspan="2">Zwingende Verwendung der folgenden Prinzipien:
einfach: Zerstörung/Schwächung, Yin-Yang
komplex: Stände, Töne, Go-Ju</td></tr>
</table>

<table>
<tr><th colspan="4">2. Dan – schwarzer Gürtel</th></tr>
<tr><th colspan="2">Pflichtteil</th><th colspan="2">Wahlteil</th></tr>
<tr><th>Kata – Kihon</th><th>Theorie</th><th>Bunkai</th><th>Selbstverteidigung</th></tr>
<tr>
<td rowspan="2">2 Kata aus der jeweiligen Stilrichtung des Geprüften
• Shotokan:
z. B. Kanku-Sho, Nijushiho, Jiin, Empi, Tekki Nidan, Bassai-Dai
• Goju-Ryu:
z. B. Tensho, Kururunfa
• Wado-Ryu:
z. B. Chinto, Seishan

6-8 Kihon-Sequenzen
Je Kihon-Bahn 3-5 Einzeltechniken bzw. Kombinationen aus der gewählten Kata oder in Bezug zur gewählten Kata, ggf. nach Ansage des Prüfers.</td>
<td rowspan="2">Kenntnisse zu Lage und Aktivierung:
• Lu 1, 5, 8, 9, 10
• Di 4, 5, 10, 13, 17, 18, 20
• Ma 2, 3, 5, 6, 7, 9, 11, 12, 15, 18, 25, 34, 36
• Mi 6, 9, 10, 11, 17, 21
• He 1, 2, 3, 4, 5, 6, 8
• Dü 6, 16, 17, 18, 19
• Bl 2, 10, 13, 14, 15, 23, 55, 56, 57
• Ni 1, 2, 6, 23, 27
• Pe 1, 2, 3, 6, 7, 8
• 3E 3, 10, 11, 12, 15, 17, 21, 23
• Gb 2, 8, 9, 13, 14, 15, 20, 21, 22, 24, 25, 31, 32, 34
• Le 7, 8, 9, 13, 14
• LG 20, 26, 27
• KG 3, 4, 5, 12, 14, 17, 24
• M-HN 3, 18

3 Zyklen

9 Kuatsu-Varianten</td>
<td>Demonstration einer weiteren Kata sowie Bunkai-Umsetzung von:
6 Kata-Sequenzen
• 1 x Demonstration Kata-Sequenz
• 1 x Bunkai langsam mit Erläuterung
• 1-2 x Bunkai schnell mit Kime</td>
<td>1 Abwehr- und Kontertechnik gegen folgende Angriffe:
• Greifen, beliebig
• Umklammerung, beliebig
• Würgen, beliebig
• Faustschlag, beliebig
• Tritt, beliebig
• Kombination Faust/Fuß
• Stockangriff, beliebig
Ausführung jeweils 1-2 x langsam und schnell.
Abwehr und Gegenangriff sind grundsätzlich frei wählbar.
Prüfung zusätzlicher Varianten, auch gegen mehrere Angreifer, möglich.</td>
</tr>
<tr><td colspan="2">Zwingende Verwendung der folgenden Prinzipien:
einfach: Zerstörung/Schwächung, Yin-Yang
komplex: Stände, Töne, Go-Ju, Symmetriebruch</td></tr>
</table>

<table>
<tr><th colspan="4">3. Dan – schwarzer Gürtel</th></tr>
<tr><th colspan="2">Pflichtteil</th><th colspan="2">Wahlteil</th></tr>
<tr><th>Kata – Kihon</th><th>Theorie</th><th>Bunkai</th><th>Selbstverteidigung</th></tr>
<tr>
<td rowspan="2">2 Kata aus der jeweiligen Stilrichtung des Geprüften
• Shotokan: z. B. Sochin, Jitte, Gankaku, Gojushiho-Sho, Bassai-Sho, Kanku-Dai
• Goju-Ryu: z. B. Tensho, Suparimpei
• Wado-Ryu: z. B. Bassai, Wanshu
6-8 Kihon-Sequenzen
Je Kihon-Bahn 3-5 Einzeltechniken bzw. Kombinationen aus der gewählten Kata oder in Bezug zur gewählten Kata, ggf. nach Ansage des Prüfers.</td>
<td rowspan="2">Kenntnisse zu Lage und Aktivierung:
• Lu 1, 5, 8, 9, 10
• Di 4, 5, 10, 13, 17, 18, 20
• Ma 2, 3, 5, 6, 7, 9, 11, 12, 15, 18, 25, 34, 36
• Mi 6, 9, 10, 11, 17, 21
• He 1, 2, 3, 4, 5, 6, 8
• Dü 6, 16, 17, 18, 19
• Bl 2, 10, 13, 14, 15, 23, 55, 56, 57
• Ni 1, 2, 6, 23, 27
• Pe 1, 2, 3, 6, 7, 8
• 3E 3, 10, 11, 12, 15, 17, 21, 23
• Gb 2, 8, 9, 13, 14, 15, 20, 21, 22, 24, 25, 31, 32, 34
• Le 7, 8, 9, 13, 14
• LG 20, 26, 27
• KG 3, 4, 5, 12, 14, 17, 24
• M-HN 3, 18
3 Zyklen
9 Kuatsu-Varianten</td>
<td>Demonstration einer weiteren Kata sowie Bunkai-Umsetzung von:
6 Kata-Sequenzen
• 1 x Demonstration Kata-Sequenz
• 1 x Bunkai langsam mit Erläuterung
• 1-2 x Bunkai schnell mit Kime</td>
<td>1 Abwehr- und Kontertechnik gegen folgende Angriffe:
• Greifen, beliebig
• Umklammerung, beliebig
• Würgen, beliebig
• Faustschlag, beliebig
• Tritt, beliebig
• Kombination Faust/Fuß
• Stockangriff, beliebig
Ausführung jeweils 1-2 x langsam und schnell.
Abwehr und Gegenangriff sind grundsätzlich frei wählbar.
Prüfung zusätzlicher Varianten, auch gegen mehrere Angreifer, möglich.</td>
</tr>
<tr><td colspan="2">Zwingende Verwendung der folgenden Prinzipien:
einfach: Zerstörung/Schwächung, Yin-Yang
komplex: Stände, Töne, Go-Ju, Symmetriebruch</td></tr>
</table>

<table>
<tr><th colspan="3">4. Dan – schwarzer Gürtel</th></tr>
<tr><th colspan="2">Pflichtteil</th><th>Wahlteil</th></tr>
<tr><th>Kata – Kihon</th><th>Theorie</th><th>Bunkai – Selbstverteidigung</th></tr>
<tr><td>2 Kata aus der jeweiligen Stilrichtung des Geprüften
• Shotokan: z. B. Tekki-Sandan, Bassai-Sho, Jitte, Sochin, Wankan, Meikyo
• Goju-Ryu: z. B. Shisochin, Seipai
• Wado-Ryu: z. B. Rohai, Niseishi
6-8 Kihon-Sequenzen
Je Kihon-Bahn 3-5 Einzeltechniken bzw. Kombinationen aus der gewählten Kata oder in Bezug zur gewählten Kata, ggf. nach Ansage des Prüfers.</td><td>Nachweis der Kenntnisse aus allen bisherigen Prüfungen</td><td>Vom Prüfling gewähltes freies Thema. Das Thema soll eine umfangreiche praktische Demonstration beinhalten. Die Themen können folgenden Bereichen entnommen werden:
Geschichte/Philosophie
Beschreibung von Technikabläufen
Beschreibung von Trainingsformen
Karatespezifische Untersuchungen
Verpflichtend müssen alle bisherigen einfachen und komplexen Prinzipien beinhaltet sein. Zusätzlich müssen weiterführende Inhalte präsentiert werden.</td></tr>
</table>

<table>
<tr><th colspan="3">5. Dan – schwarzer Gürtel</th></tr>
<tr><th colspan="2">Pflichtteil</th><th>Wahlteil</th></tr>
<tr><th>Kata – Kihon</th><th>Theorie</th><th>Bunkai – Selbstverteidigung</th></tr>
<tr><td>2 Kata aus der jeweiligen Stilrichtung des Geprüften
• Shotokan: z. B. Unshu, Gojushiho-Dai, Meikyo, Chinte, Jiin
• Goju-Ryu: z. B. Shisochin, Seienchin
• Wado-Ryu: z. B. Jion, Jitte
6-8 Kihon-Sequenzen
Je Kihon-Bahn 3-5 Einzeltechniken bzw. Kombinationen aus der gewählten Kata oder in Bezug zur gewählten Kata, ggf. nach Ansage des Prüfers.</td><td>Nachweis der Kenntnisse aus allen bisherigen Prüfungen</td><td>Vom Prüfling gewähltes freies Thema. Das Thema soll eine umfangreiche praktische Demonstration beinhalten. Die Themen können folgenden Bereichen entnommen werden:
Geschichte/Philosophie
Beschreibung von Technikabläufen
Beschreibung von Trainingsformen
Karatespezifische Untersuchungen
Verpflichtend müssen alle bisherigen einfachen und komplexen Prinzipien beinhaltet sein. Zusätzlich müssen weiterführende Inhalte präsentiert werden.</td></tr>
</table>

<table>
<tr><th colspan="3">6. Dan – schwarzer Gürtel</th></tr>
<tr><th colspan="2">Pflichtteil</th><th>Wahlteil</th></tr>
<tr><th>Kata – Kihon</th><th>Theorie</th><th>Bunkai – Selbstverteidigung</th></tr>
<tr><td>2 Kata eigener Wahl</td><td>Nachweis der Kenntnisse aus allen bisherigen Prüfungen</td><td>Vom Prüfling gewähltes freies Thema. Das Thema soll eine umfangreiche praktische Demonstration beinhalten. Die Themen können folgenden Bereichen entnommen werden:
Geschichte/Philosophie
Beschreibung von Technikabläufen
Beschreibung von Trainingsformen
Karatespezifische Untersuchungen
Verpflichtend müssen alle bisherigen einfachen und komplexen Prinzipien beinhaltet sein. Zusätzlich müssen weiterführende Inhalte präsentiert werden.</td></tr>
</table>

<table>
<tr><th colspan="3">7. Dan – schwarzer Gürtel</th></tr>
<tr><th colspan="2">Pflichtteil</th><th>Wahlteil</th></tr>
<tr><th>Kata – Kihon</th><th>Theorie</th><th>Bunkai – Selbstverteidigung</th></tr>
<tr><td>2 Kata eigener Wahl</td><td>Nachweis der Kenntnisse aus allen bisherigen Prüfungen</td><td>Vom Prüfling gewähltes freies Thema. Das Thema soll eine umfangreiche praktische Demonstration beinhalten. Die Themen können folgenden Bereichen entnommen werden:
Geschichte/Philosophie
Beschreibung von Technikabläufen
Beschreibung von Trainingsformen
Karatespezifische Untersuchungen
Verpflichtend müssen alle bisherigen einfachen und komplexen Prinzipien beinhaltet sein. Zusätzlich müssen weiterführende Inhalte präsentiert werden.</td></tr>
</table>

8. Dan – schwarzer Gürtel		
Pflichtteil		**Wahlteil**
Kata – Kihon	**Theorie**	**Bunkai – Selbstverteidigung**
2 Kata eigener Wahl	**Nachweis der Kenntnisse aus allen bisherigen Prüfungen**	Vom Prüfling gewähltes freies Thema. Das Thema soll eine umfangreiche praktische Demonstration beinhalten. Die Themen können folgenden Bereichen entnommen werden: **Geschichte/Philosophie** **Beschreibung von Technikabläufen** **Beschreibung von Trainingsformen** **Karatespezifische Untersuchungen** Verpflichtend müssen alle bisherigen einfachen und komplexen Prinzipien beinhaltet sein. Zusätzlich müssen weiterführende Inhalte präsentiert werden.

Glossar für physiologische Begriffe

Kopf:

Carotis: Halsschlagader
Larynx: Kehlkopf
Maxilla: Oberkieferknochen
Mandibula: Unterkieferknochen
Musculus sternocleidomastoideus: Halswendemuskel
Nervus mentalis: Kinnnerv; dieser wird in der deutschsprachigen Fachliteratur üblicherweise als »mentaler Nerv« bezeichnet – mental (Anatomie) = zum Kinn gehörend
Os nasale: Nasenbein
Protuberantia mentalis: Kinnvorsprung

Oberkörper:

Axilla: Achselhöhle
Axillarlinien: Gedachte Linien, die von der Achselhöhle ausgehen und senkrecht an der Körperseite nach unten verlaufen. Es gibt vordere, mittlere und hintere Axillarlinien, die entsprechend am vorderen Ansatz der Achselhöhle, in deren Mitte und am hinteren Ansatz beginnen.
Clavicula: Schlüsselbein
Costa: Rippen
dorsal: zum Rücken gehörend
Glandula mammaria: Brustwarze
Interkostalraum: Raum zwischen zwei benachbarten Rippen
Plexus coeliacus: Solarplexus
Scapula: Schulterblatt
Spinalnerv: dem Rückenmark entstammender Nerv
Sternum: Brustbein
ventral: zum Bauch gehörend

Arme:

Humerus: Oberarmknochen
Olecranon: Ellenbogen
Ossa metacarpi: Mittelhandknochen
Phalanges: Finger- und Zehenknochen
Radius: Speiche (Daumenseite)
Ulna: Elle (Kleinfingerseite)

Nagelfalzwinkel: Unter Nagelfalzwinkel bzw. Nagelwinkel versteht man den Hautbereich, an dem der Nagel eines Fingers oder eines Zehs aus der Nagelfalz – der Haut, die den Nagel umschließt – frei hervortritt. Siehe Abbildung 329.

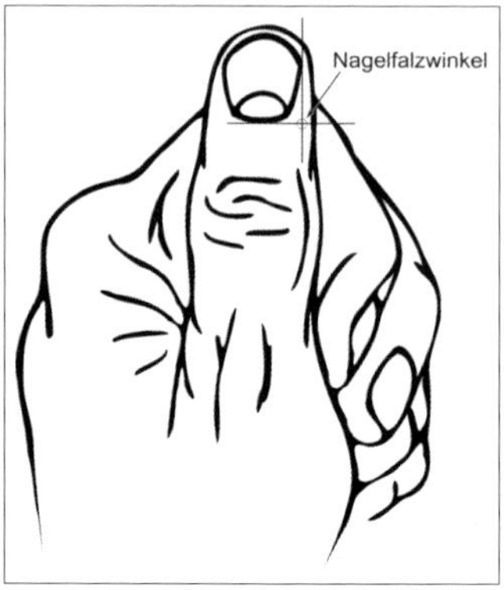

Abb. 329

Beine:

Femur: Oberschenkelknochen; in Zusammensetzungen »Femoral...«, wie z. B. in Femoralnerv

Fibula: Wadenbein

Ossa metatarsi: Mittelfußknochen

Tibia: Schienbein

Übersicht über die im Buch verwendeten Abkürzungen für die Meridianpunkte und zusätzliche Punkte

Lu	–	Lungenmeridianpunkt
Di	–	Dickdarmmeridianpunkt
Ma	–	Magenmeridianpunkt
Mi	–	Milzmeridianpunkt
He	–	Herzmeridianpunkt
Dü	–	Dünndarmmeridianpunkt
Bl	–	Blasenmeridianpunkt
Ni	–	Nierenmeridianpunkt
Pe	–	Herzbeutelmeridianpunkt (Perikardmeridianpunkt)
3E	–	Dreifacherwärmermeridianpunkt
Gb	–	Gallenblasenmeridianpunkt
Le	–	Lebermeridianpunkt
KG	–	Konzeptionsgefäßpunkt (Renmaipunkt)
LG	–	Lenkergefäßpunkt (Dumaipunkt)
M-HN	–	Zusätzlicher Punkt (Kopf und Hals)
M-UE	–	Zusätzlicher Punkt (obere Gliedmaßen)
M-CA	–	Zusätzlicher Punkt (Brust und Bauch)
M-BW	–	Zusätzlicher Punkt (Rücken und Hüfte)
M-LE	–	Zusätzlicher Punkt (untere Gliedmaßen)

Literaturverzeichnis

Gichin Funakoshi: Karate-Do Kyohan, The Master Text. Tokio: Kodansha International Ltd. 1973

Roland Habersetzer: Bubishi. An der Quelle des Karatedo. Chemnitz: Palisander Verlag 2004

Roland Habersetzer: Koshiki Kata. Die klassischen Kata des Karatedo. Chemnitz: Palisander Verlag 2005

Howard Reid und Michael Croucher: Der Weg des Kriegers. Kampfsportarten, Tradition, Technik, Geist. München Hugendubel 1986

Rick Clark: Pressure Point Fighting, A Guide to the Secret Heart of Asian Martial Arts. North Clarendon: Tuttle Publishing 2000

Evan Pantazi: Kyusho-Jitsu – Die vitalen Punkte des menschlichen Körpers in den Kampfkünsten. Madrid: Kampfkunst International 2014

Evan Pantazi: Polizei-Kyusho – Die vitalen Punkte und ihre Anwendung für das Sicherheitspersonal. Weiden: Sportimex 2009

Achim Keller: Kyusho-Combat – Das Kompendium. Norderstedt: Books on Demand 2013

Werner Lind: Karate Grundlagen, Kihon – Kumite – Kata, Bensheim: Budo Studien Kreis 2005

Werner Lind: Klassisches Karate-Do. Berlin: Sportverlag 1997

Dr. med. Carl-Hermann Hempen: dtv-Atlas Akupunktur. München: dtv 1999

Dr. med. Bernhard Kampik: Propädeutisches Kompendium der Akupunktur. Stuttgart: Hippokrates Verlag 2005

M. Hammes, N. Kuschick, K. H. Christoph: Akupunktur kompakt. Köln: Lehmanns 2012

Robert Käsermann: Kuatsu – Fernöstliche Methoden der Wiederbelebung und der Ersten Hilfe. Sprendlingen: Budo-Verlag Sport Rhode 1978

Eckard Strohm: Kuatsu – Die asiatische Geheimkunst der Wiederbelebung. Windeck: Essenisches Schulungs- und Handelszentrum GmbH 1996

Dr. Gabriel Stux, Dr. Niklas Stiller, Prof. Bruce Pomeranz: Akupunktur, Lehrbuch und Atlas. Berlin: Springer Verlag 2008

Cyndi Dale: Der Energiekörper des Menschen, Handbuch der feinstofflichen Anatomie. Lotos-Verlag 2012

Abbildungsnachweis

Die Fotos stammen von Dominik Breiter und Fritz Oblinger. Alle Zeichnungen in diesem Buch mit Ausnahme der Zeichnungen von Abbildungen 1, 4 und 5 wurden von Dr. Doreen Wachner angefertigt. Als Vorlagen für die Zeichnungen dienten die folgenden Bücher:

- Dr. med. C.-H. Hempen: dtv-Atlas Akupunktur. München: dtv, 11., korrigierte Auflage 2013
- M. Hammes, N. Kuschick, K. H. Christoph: Akupunktur kompakt. Köln: Lehmanns 2012 Akupunktur kompakt. Herausgeber H. P. Ogal und B. C. Kolster. Marburg: KVM, 4., aktualisierte Auflage 2007

©
www.dw-kunstatelier.de

M. Albrecht & F. Rudolph: Tigersturz und Ringerbrücke

Ein west-östliches Trainingsbuch für Kampfkünstler und Sportler

Dieses Buch stellt einige der effektivsten Trainingsmethoden aus West und Ost vor. Der Leser lernt Übungen kennen, die eine flexible dynamische Kraft aufbauen. Übungen mit und ohne Hilfsmittel werden in Text und Bild vorgestellt, grundsätzlich jedoch ausschließlich Übungen, die man ohne die technischen Geräte und Maschinen der Fitnessstudios praktizieren kann.

Es geht in diesem Werk um erprobte Trainingsformen, die den Körper so schmieden, dass er die Fähigkeit gewinnt, sich im Kampf oder im Wettkampf effektiv zu bewegen. Vor allem geht es um Methoden, die neben ihrem Trainingseffekt den Körper auch auf Dauer gesund erhalten. Derartige ganzheitliche Trainingsmethoden erfordern Disziplin, Leidenschaft und ein umfangreiches Wissen um unser wertvollstes Gut – den Körper. Aus diesem Grund wird im Buch auch ausführlich auf die physiologischen Grundlagen des Trainings eingegangen, so z. B. auf die Rolle der Faszien – des den ganzen Körper durchziehenden Bindegewebes.

Die in dem Buch dargestellten Trainingsmethoden sind für alle Kampfkünste und Sportarten sinnvoll. Der Kampfkünstler, egal welchen Stils, wird sich in seiner Kunst und seiner Kampfkraft erheblich verbessern. Der Leistungssportler kann seine Leistungsfähigkeit steigern, und der Freizeitsportler bleibt fit und gesund.

Maik Albrecht ist Schüler eines der herausragendsten Wushu-Meister Chinas, Li Zhengua. Frank Rudolph praktiziert verschiedene europäische und asiatische Kampfkünste.

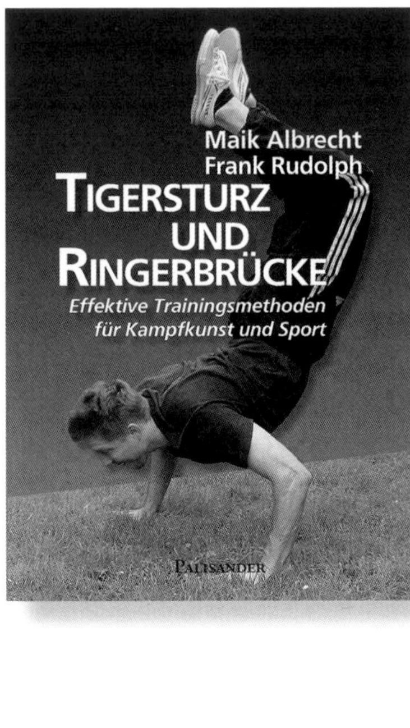

Maik Albrecht und Frank Rudolph
Tigersturz und Ringerbrücke
Effektive Trainingsmethoden für Kampfkunst und Sport
304 Seiten, 580 Abbildungen
ISBN 978-3-938305-73-7
19,90 €

Von der Form einer Kampfkunst

Die Kata als zentrales Übungskonzept des Karate

Die traditionell überlieferten Formen des Karate, die Kata, enthalten sämtliche Facetten des Karatetrainings. Doch dieses Wissen wird nur dann umfassend zugänglich, wenn die Kata auf eine Weise analysiert werden, die das Weltbild der Menschen, die sie vor langer Zeit geschaffen haben, berücksichtigt, das heißt ihre religiösen Anschauungen, ihre Kenntnisse in traditioneller chinesischer Medizin, ihr Wissen über den Fluss des Ki (Qi) und vieles mehr.

Auf der Grundlage von über 40 Jahren eigener Übungs- und Unterrichtspraxis sowie umfangreicher Forschungsarbeit gelingt es dem Autor, anhand zahlreicher praktischer Beispiele und origineller Analysen darzustellen, wie es möglich ist, die Kata so zu entschlüsseln, dass der Karateka daraus vielfältiges anwendbares Wissen gewinnen kann. Erst mit solchem Wissen kann Karate wieder zu der echten und hocheffektiven Kampfkunst werden, als die es einst geschaffen wurde.

Das Werk beginnt mit Erläuterungen zu Aufbau und Struktur der Karate-Kata und zur potentiellen Wirkungsweise der enthaltenen Techniken; die Gesetze der Physik werden hierbei ebenso berücksichtigt wie alternativmedizische Modellbetrachtungen. Im zweiten Teil wird ausführlich auf das Üben der Kata und deren Umsetzung im freien Kampf eingegangen. Im dritten Teil werden einzelne für das heutige Karate besonders bedeutende Kata beschrieben und miteinander verglichen, so z. B. die Kata Naifanchin und Bassai.

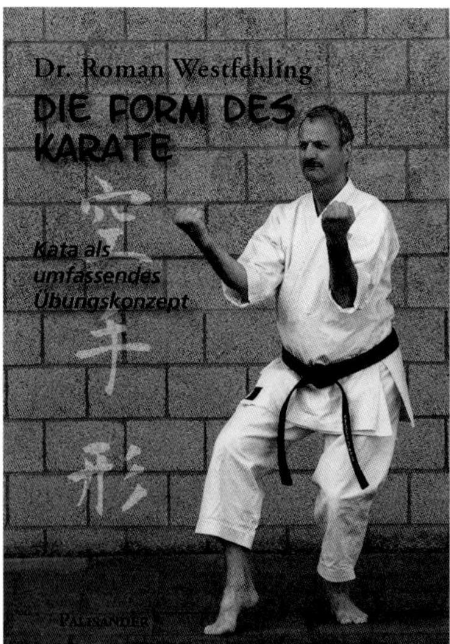

Dr. Roman Westfehling, 5. Dan, möchte den Leser ermutigen, immer wieder Altbekanntes in Frage zu stellen, damit er weiterkommt auf dem Weg der leeren Hand, dem Karate-dō. Dieses Buch richtet sich an jeden fortgeschrittenen Karateka – unabhängig von seiner Stilrichtung –, und auch dem interessierten Anfänger kann es als Wegweiser und Wegbegleiter dienen.

Dr. Roman Westfehling
Die Form des Karate
Kata als umfassendes Übungskonzept
408 Seiten mit 106 Abbildungen
1. Auflage 2015
ISBN 978-3-938305-84-3
24,80 €

Karate der Meister – Mit Körper und Geist

Eine harmonisch entwickelte Einheit von Körper und Geist

Dieses Lehrbuch wendet sich an fortgeschrittene Karateka. Es hat den Anspruch, sie tiefer in die Welt des Karatedô zu führen und ihnen dadurch zu ermöglichen, den grundlegenden Dingen ihrer Kampfkunst näherzukommen.

Der französische Karatemeister Roland Habersetzer, 9. Dan, möchte mit seinem Werk dem erfahrenen Karateka Perspektiven eröffnen, die es ihm erlauben, Karate als lebenslangen Weg zu betreiben, während er die drei klassischen Entwicklungsstufen (Shu-Ha-Ri) vom Schüler zum Meister durchschreitet. Karatedô heißt für den Autor, »kämpfen zu lernen mit Aktivierung der inneren Energie (Ki), die in jedem Wesen existiert, aber meistens verborgen bleibt«.

Nach einem Abschnitt über Tradition und Karate wird im ersten Teil des Buches auf zentrale Themen wie Aktivierung der Kraft des Hara, Kime und die Beherrschung der Distanz im freien Kampf sowie verschiedene Abwehrtechniken, z. B. die Abwehr mit doppelter Wirkung, eingegangen.

Der zweite Teil behandelt Kampfstrategien. Es wird gezeigt, wie man passives und aktives Verhalten nutzen kann, um dem Angreifer Fallen zu stellen, und welche Mittel der Täuschung es außerdem gibt. Ein weiteres Kapitel beschreibt Techniken von Tiger, Kranich und Drachen.

Den Leser erwarten eine Vielzahl anspruchsvoller Techniken, dargestellt mittels klarer und übersichtlicher Zeichnungen, zahlreicher Fotos und ausführlicher Beschreibungen, eingebettet in den philosophischen und geistigen Hintergrund des Karatedô.

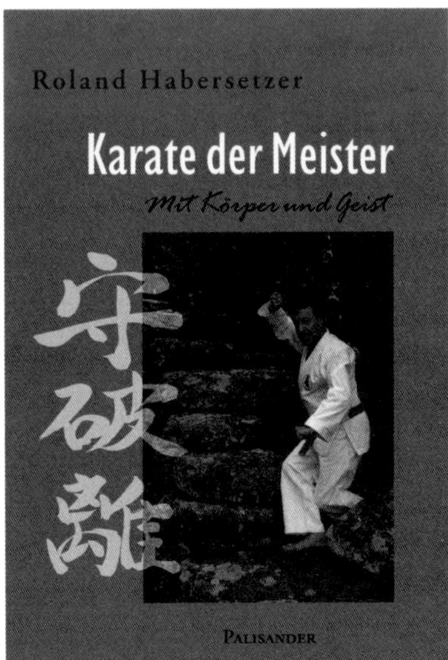

Roland Habersetzer
Karate der Meister
Mit Körper und Geist
264 Seiten, mit zahlreichen Abbildungen
1. Auflage 2010
ISBN 978-3-938305-16-4
24,90 €

Tai Chi als Gesundheitsübung für Kampfkünstler

Um das Jahr 1200 lebte in einem Tempel in den Wudang-Bergen ein daoistischer Mönch mit Namen Chang San-feng, ein Meister der Kampfkünste, um ein Leben im Einklang mit der Natur zu führen und den Regeln des Dao zu folgen. Der Legende nach beobachtete er eines Tages den spielerisch wirkenden Zweikampf eines Kranichs und einer Schlange. Der Sieger war Chang San-Feng: Nach Beobachtung und Analyse dieses Kampfes entwickelte er den Vorläufer des heutigen Tai Chi.

Das Wissen der »Alten« in ein neues Zeitalter zu überführen, ist das Anliegen dieses Buches. Im Unterschied zu anderen traditionellen Formen werden in der Kranichform des Tai Chi Bewegungen von Füßen und Zehen, Händen und Fingern stärker betont, um die Blutzirkulation, die Funktion des Lymphsystems und letztendlich den Fluss der Lebensenergie in den Meridianen zu fördern.

Die Kranichform des Tai Chi ist für jeden, der nach Verbesserung von Gesundheit und Wohlbefinden durch ein sanftes, leicht erlernbares Bewegungssystem sucht, geeignet. Die jahrzehntelangen Erfahrungen des Autors als Kampfkünstler und Heiler machen dieses Buch auch besonders wertvoll für Praktizierende von Kampfkünsten, die einen Ausgleich zu den harten Techniken ihrer Kunst suchen.

Zusätzlich zur Kranichform des Tai Chi, deren essentiellen Bestandteile ausführlich und nachvollziehbar vorgestellt werden, enthält das Buch auch eine detaillierte Darstellung der über 2000 Jahre alten Qigong-Form »Die sechs heilenden Laute«.

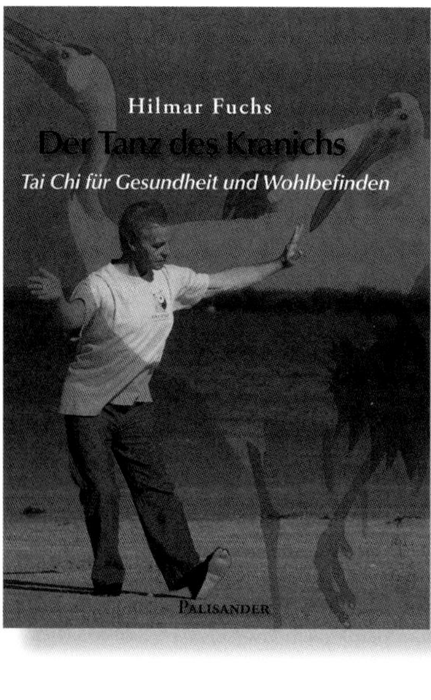

Hilmar Fuchs, Jahrgang 1948, ist Träger des 8. Dan im Karate. Zu seinen wichtigsten Lehrern zählten Dr. Georg Stiebler, Roland Habersetzer, Shigehiro Matsumura, Yasuhiko Noda und George Alexander. Durch letzteren kam er erstmals mit der Kranichform des Tai Chi in Berührung. Er ist als Heilpraktiker mit einer eigenen Praxis für Homöopathie, Isopathie und chinesische Medizin tätig.

Mabuni Kenei: Leere Hand – Vom Wesen des Budô-Karate

Das Vermächtnis eines Großmeisters des Karatedô

Budô ist der Weg der traditionellen japanischen Kampfkünste. Mabuni Kenei ist diesem Weg bis heute durch nahezu acht Jahrzehnte gefolgt. Er gehört zu den letzten Meistern, die bei den Gründervätern des modernen Karatedô in die Lehre gegangen sind. Der Sohn und Erbe Mabuni Kenwas, des Gründers des Shitô ryû, ist im Laufe seines Lebens zu einem tiefen Verständnis vom Wesen des Karate als Budô-Kampfkunst gelangt. Auf lebendige, fesselnde Weise versteht er es, dem Leser dieses außerordentlich komplexe und vielschichtige Wissen nahezubringen. Dies geschieht in Form von Lebenserinnerungen, technischen Erläuterungen, historischen und philosophischen Ausführungen, Legenden und anekdotischen Begebenheiten aus dem Leben berühmter Samurai und Budôka (u. a. Meister des Schwertkampfes, des Aikidô, des Okinawa-te und des Karate).

Mabuni Kenei (1918-2015) wurde auf Okinawa, dem Ursprungsort des Karate, geboren. Als Sohn eines der bedeutendsten Karateexperten in der Geschichte der Kampfkünste lernte er in seiner Jugend viele der großen Meister des Budô kennen, so z. B. Miyagi Chôjun, Motobu Chôki, Konishi Yasuhiro, Fujita Seiko und Funakoshi Gichin. Im Alter von 34 Jahren übernahm er den Vorsitz des Shitô ryû. Er war Inhaber des 10. Dan. Noch mit über 90 Jahren hielt er regelmäßig Lehrgänge in verschiedenen Teilen der Welt ab, in denen er authentisches Karatedô vermittelte.

Dieses Werk, aus dem eine ebenso vergessene wie wertvolle Vergangenheit zu uns spricht, ist eine Einladung, dem Weg des »vollendeten Menschen« zu folgen, welcher der wahre Weg des Karatedô ist. Sôke Mabuni geht sogar über diesen Weg hinaus, indem er Verbindungen zu buddhistischer, daoistischer und konfuzianischer Spiritualität knüpft. Möge seine Botschaft gelesen und verstanden werden.

Roland Habersetzer

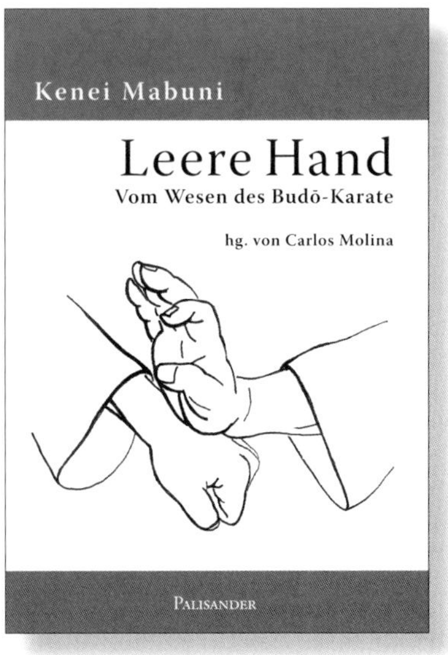

Kenei Mabuni
Leere Hand – *Vom Wesen des Budô-Karate*
Aus dem Japanischen von Bernd Winter
Herausgegeben von Carlos Molina
256 Seiten mit 100 Abbildungen
4. Auflage 2024
ISBN 978-3-938305-05-8
21,90 €

Enzyklopädie der Kampfkünste des Fernen Ostens

Das Lebenswerk eines Großmeisters des Budo

Diese Enzyklopädie ist das Ergebnis von fünf Jahrzehnten der Praxis verschiedener Kampfkünste sowie des Sammelns und der methodischen Aufarbeitung des Wissens über die traditionellen Kampfkünste, welche seit vielen Jahrhunderten in allen Ländern des Fernen Ostens praktiziert werden. Diese Arbeit hatte im Lauf der Zeit zur Entstehung von insgesamt 80 Werken über die Kampfkünste geführt.

Mit Unterstützung seiner Frau Gabrielle hat Roland Habersetzer, 9. Dan Karatedo, es vollbracht, die Quintessenz seiner Forschungen auf dem Gebiet der Kampfkünste in Form von ca. 9 400 Haupteinträgen in einem Werk von etwa 1 200 Seiten zusammenzufassen. Die Einträge beleuchten technische, historische, philosophische, religiöse, kulturelle und biographische Aspekte der Kampfkünste aus Japan, China, Korea, Indien, Malaysia, Vietnam, Kambodscha, Birma, Thailand, Indonesien und den Philippinen. Insbesondere grundlegende Konzepte und herausragende Persönlichkeiten werden mit großer Ausführlichkeit und beispielhafter Tiefgründigkeit dargestellt.

Damit stellt dieses Werk die weltweit umfangreichste und umfassendste Darstellung dieser Thematik war. Die französische Originalausgabe erschien erstmals im Jahr 2000 und wird seither von den Autoren kontinuierlich erweitert und aktualisiert.

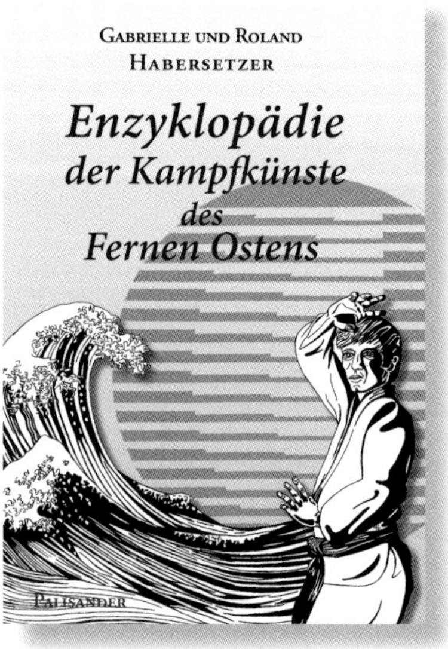

Gabrielle und Roland Habersetzer
Enzyklopädie der Kampfkünste
des Fernen Ostens
Aus dem Französischen von Frank Elstner
1 214 Seiten mit über 1 000 Abbildungen
1. Auflage 2019
ISBN 978-3-957840-29-5
69,90 €

www.palisander-verlag.de